아주 작은
건강 습관의 기술

The Health Habit

Copyright © Amantha Imber, 2024.

First published by Penguin Life, 2024.

This edition published by arrangement with Penguin Random House Australia Pty Ltd.

Korean Edition Copyright © 2025 Hyundae Jisung Publishing Co., Ltd., Seoul.

이 책의 한국어판 저작권은 알렉스리 에이전시 ALA를 통해
Penguin Life와 독점 계약한 ㈜현대지성에 있습니다.
저작권법에 의해 한국 내에서 보호를 받는 저작물이므로 무단전재와 복제를 금합니다.

당신의 수면·운동·식사를 바꾸는
17가지 건강 자동화 시스템

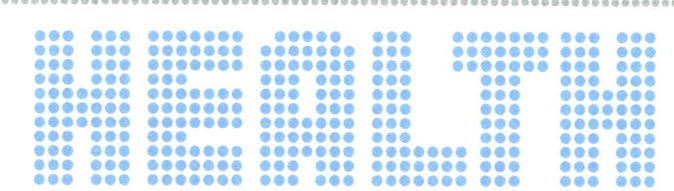

아주 작은 건강 습관의 기술

어맨사 임버 지음 장혜인 옮김

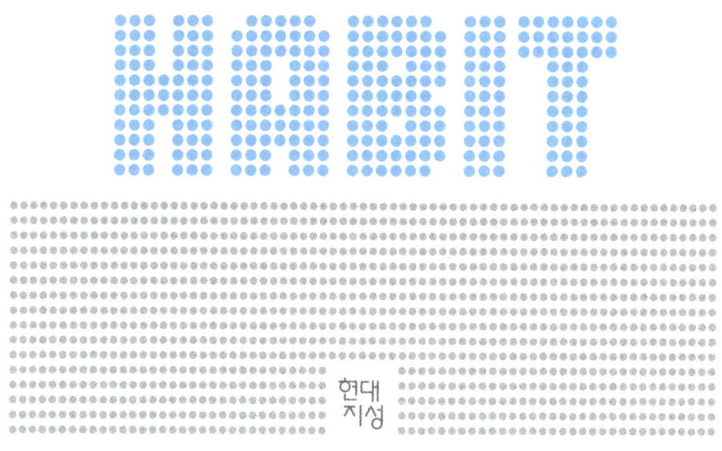

현대
지성

사랑하는 내 딸, 프랭키에게

어른이 되면 이 책을 꼭 읽어보렴.
어린 시절 네가 왜 그렇게 케일을 좋아했는지,
우리 강아지 루나가 왜 그렇게 브로콜리를 달라고
재롱을 부렸는지 알게 될 거란다.

★

몸을 잘 돌봅시다.
내가 평생 살아갈 유일한 장소니까요.

-짐 론 Jim Rohn(미국의 기업가)

추천의 글

내 옆의 친절한 '습관 코치' 같은 책

"왜 저는 건강 습관을 계속 못 지킬까요?"
가정의학과 의사로서 환자들로부터 가장 많이 듣는 고민이자 저 역시 늘 해왔던 질문입니다. 건강의 중요성은 알지만 실천으로 이어지지 않아 죄책감만 느끼셨던 분들께 『아주 작은 건강 습관의 기술』은 '마지막 해답'이 되어줄 책이라고 확신합니다.
우리는 건강해지기 위해 대단하고 극적인 변화를 시도해야 한다고 생각합니다. 식단을 완전히 새로 짜고, 매일 새벽 운동에 도전하고, 커피·야식·단 음식을 한 번에 끊어야 한다고 생각합니다.
그러나 저자가 알려주는 길은 완전히 다릅니다. 핵심은 단 하나, '작게 그러나 자동화되게'. 이 책은 우리가 건강 습관을 실천하지 못하도록 방해하는 요인을 정확히 짚어내고, '의지력'이 아니라 '작은 행동 설계'로 일상을 바꾸는 법을 알려줍니다.
'식후 10분 산책', '사탕 대신 건과일', '아침에 물 한 컵', '기상 후 SNS 대신 3분 스트레칭' 등 누구나 쉽게 따라 할 수 있는 작은 행동이 어떻게 '건강 자동화 시스템'으로 진화하는지, 이 책은 그 원리를 명확하게 설명합니다.

어렵지 않습니다. 힘들지 않습니다. "작게 설계하면, 건강은 자동으로 굴러갑니다."

무엇보다 이 책이 특별한 이유는 수많은 연구와 임상 경험 속에서 검증된 가장 효과적인 17가지 기술만을 뽑아 정리했다는 점입니다. 마치 옆에서 조용히 코칭해주는 '친절한 습관 코치' 같다고 할까요. 복잡한 이론 대신 "이것만 지키면 됩니다!"라는 분명하고 실천 가능한 가이드를 제시합니다.

건강은 우리 삶을 움직이는 엔진입니다. 이 책이 제시하는 '아주 작은 변화'의 힘을 믿고 따라 해보세요. 곧 인생 전체가 활력과 행복으로 가득 차는 놀라운 경험을 하게 될 것입니다. 건강한 내일을 꿈꾸는 모든 독자들에게 이 책을 강력하게 추천합니다.

이동환 ★ 가정의학과 전문의, 110만 유튜버 《교육하는 의사! 이동환TV》

드디어, 쉬운 의학 지식에 읽는 재미까지 가득한 실용적인 건강 책이 나왔다!

애덤 그랜트 ★ 와튼스쿨 교수, 베스트셀러 『애덤 그랜트의 생각 수업』 저자

잘 자고, 잘 먹고, 잘 운동하고, 잘 살아가기 위한 실질적인 조언으로 가득하다. 누구에게든 큰 도움이 될 책!

니르 이얄 ★ 베스트셀러 『초집중』 저자

어맨사 임버는 건강 돌보기를 '억지로 챙기는 의무'에서 '내 몸으로 하는 즐거운 실험'으로 완전히 뒤바꾸어 놓았다! 이 책에 담긴 조언을 내 삶에 적용하는 과정은 정말 즐거웠다. 간단하고 실용적이면서도 아주 효과적이다.

닉 코츠워스 ★ 의학 박사, 전 호주 보건복지부 부국장

이 책은 건강해지는 법을 친절히 가르치고 용기도 북돋아주는 다정한 친구다. 건강 상태를 획기적으로 개선해줄 쉬운 조언과 즐겁게 따라 할 수 있는 간단한 생활 습관이 가득하다. 독자 여러분도 이 책이 마음에 들 것이라고 확신한다. 건강 자기계발서의 혁신 같은 책!

앨리슨 대도 ★ 여성 건강서 스테디셀러 『퀸 메노포즈Queen Menopause』 저자

온갖 조언이 난무하는 혼란스러운 세상에서 저자는 어지러운 잡동사니를 걷어내고 과학적 근거에 기반한 쉬운 조언과 요령을 바탕으로 일주일 만에 건강 상태를 개선할 방법을 제시한다. 일상에서 건강을 지킬 통찰력 넘치는 방법이 수없이 담겨 있다. 이 책을 펴고 죄책감 없이 건강하게 간식을 즐길 방법을 만나보시라!

펠리시티 할리 ★ 팟캐스트 《건강하다는 느낌Healthy-ish》 진행자

건강 관리와 웰빙에 관심 있는 사람, 신체 능력에 관한 최신 지식을 알고 싶은 모든 이에게 꼭 필요한 책. 영양소 섭취와 운동을 다루는 최신 생물학, 현실적으로 적용 가능한 쉬운 건강 관리 조언, 저자의 개인적인 통찰이 세 박자를 이룬다. 이론과 실천을 잇는 이 책에서 권하는 대로만 따라가면 누구든 지금보다 건강한 삶을 누릴 수 있다.

수지 버렐 ★ 팟캐스트 《영양 코치The Nutrition Couch》 진행자

귀중한 통찰과 의학 지식, 무엇보다 각자의 생활 방식에 맞추어 적용하면 건강에 실질적인 도움을 얻을 수 있는 조언으로 가득한 놀라운 책이다.

세라 베리 ★ 런던대학교 킹스칼리지 교수,
영양 및 건강 스타트업 조에ZOE 수석과학자

더 건강해지고 싶은 모든 사람을 위한 필독서. 탄탄한 연구를 바탕으로 한 실용적인 조언과 습관 개선법을 제시한다.

마틴 기발라 ★ 맥마스터대학교 교수, 『인터벌의 정석』 저자

잘 먹고, 잘 자고, 더 효율적으로 운동하라는 시중의 수많은 건강서 중 단연 돋보인다. 저자는 임상 연구에 기반한 내용을 간단하고 유용한 개인 맞춤형 조언으로 바꾸어 독자에게 전한다. 지금 당장 적용할 수 있고, 앞으로 평생 이어갈 수 있는 지극히 쉽고 간단한 조언들이다.

배리 브라운 ★ 콜로라도주립대학교 건강운동과학부 학과장

들어가며

습관만 조금 바꿔도
당신의 몸이 달라진다

2012년, 뼈가 시릴 정도로 추운 어느 겨울 저녁이었다.

멜버른 교외 모내시의료센터 진료실, 나는 흰 시트가 깔린 삐걱거리는 철제 침대 위에 홀로 누워 있었다. 몸 구석구석과 머리에는 40개가 넘는 전극이 붙어 있었고, 전선은 침대 옆 협탁에 놓인 거대한 사각형 기계로 복잡하게 이어져 있었다. 잠시라도 잠을 청하려 뒤척이는 내 모습은 침대 쪽을 향해 나를 감시하는 작은 적외선카메라를 통해 의료진에게 그대로 생중계되었다. 그렇게 진료실에 누워 있는 이유는 단 하나, '잠을 제대로 자기 위해서'였다.

나는 오랫동안 불면증에 시달렸다. 20대를 몽땅 불면과 싸우며 보낸 탓에 내 뇌는 잠자는 시간을 공포로 인식하도록 학습되어버렸다. 침대에 누우면 온갖 불안감이 밀려와 잠들지 못했고

뜬눈으로 밤을 새우기 일쑤였다. 어쩌다 깜빡 잠이 든 날에도 알람이 울리기 전부터 몇 번이나 깨길 반복했다. 밤을 망치니 낮이 멀쩡할 리 없었다. 나는 늘 수면 부족 상태의 좀비처럼 비몽사몽하며 하루를 버텼다.

20대 중반, 시드니에 살 때의 일이었다. 제시간에 출근하려면 아침 8시쯤 차를 몰고 하버브리지를 건너야 했는데, 매일같이 꼼짝없이 교통 체증에 갇히곤 했다. 그러던 어느 날 아침, 평소처럼 피곤에 절어 멍한 상태로 차를 몰다가 갑자기 머릿속에 이런 질문이 떠올랐다.

'아침마다 개운하게 눈뜨는 사람이 정말 있을까?
종일 지치지 않고 활력이 넘치는 사람은?'

내가 내린 결론은 '그렇다'는 것이었다. 종일 진 빠진 채 맥없이 하루를 견뎌내는 나의 일상이 정상은 아니라는 것을 마침내 깨달은 것이다. 그리고 그 순간, 활력 넘치게 살기 위해 당장 달라져야 한다는 생각이 들었다. 내 인생을 바꾼 중대한 자각이었다. 그러고도 한참을 더 헤매다가 결국 앞에서 묘사한 것처럼 병원 침대에 누워 잠자는 모습을 낱낱이 감시당하는 처지에 놓였다. 건강하지 못한 수면 습관을 '고치기' 위해서 말이다.

그러나 그 무렵 내 문제는 수면만이 아니었다. 나는 단것에도 완전히 중독되어 있었다. 달콤한 간식에 얼마나 빠져 있었는지

온 집안을 뒤져 초콜릿이나 비스킷을 찾다가 아무것도 나오지 않자 '당이 떨어졌다'는 핑계로 설탕을 퍼먹는 모습을 가족에게 들킨 적도 있었다. 그 이야기는 차차 더 자세히 들려주겠다.

가뜩이나 수면 장애로 활력이 부족한 와중에 초콜릿으로 당을 충전하며 하루하루 버티다 보면 자연스럽게 건강한 생활과 멀어지고 운동은 꿈도 꿀 수 없었다. 게다가 나는 애초에 운동에 소질이 있는 사람도 아니었다. 10대 때부터 학교에서 팀 경기라도 있는 날이면 누구도 나를 팀에 넣어주려 하지 않았다(이는 나의 자존심을 긁었다. 내가 뭐 어때서!).

불행 중 다행인 것은, 내 직업이 행동과학자라는 점이었다. 나는 지난 20년간 행동과학자로 일하며 섭렵한 최신 연구 결과들을 내 몸에 적용해 생활 습관을 바로잡고 차츰 설탕 중독에서 벗어날 수 있었다. 그렇게 10년 정도 지난 지금은 두 다리의 근력만으로 체중의 세 배쯤 되는 무게를 지탱할 수도 있고, 매 끼니 건강한 식사를 챙기며, 밤마다 깨지 않고 8시간 동안 통잠을 잔다.

여기까지 읽고 독자 여러분은 이렇게 생각할 수도 있다.

'그게 그렇게 쉽나? 의지력이 뛰어난 사람이겠지.'

그러나 나는 내가 결코 의지력이 특출난 사람이라고 생각하지 않는다. 단지 행동심리학을 활용해 행동을 설계하고, 건강에 좋은 습관을 '자동으로' 형성할 수 있었던 것뿐이다.

내 이력을 간략히 소개하자면 박사 학위를 따고 몇 년간 소비자 심리를 연구하며 소비자를 설득해 지갑을 열도록 마케팅 전략을 세우는 일을 했다. 어떻게 하면 사람들이 초콜릿을 더 많이 사게 만들지(아이러니하게도 그런 방법은 나에게는 더 이상 통하지 않는다), 좀 더 비싼 상품을 선택하게 유도할지 연구했다.

그러나 아이들과 부모를 상대로 초콜릿 파는 일에 질린 나는 결국 광고 업계를 떠나 '인벤티움Inventium'이라는 컨설팅 회사를 설립했다. 인벤티움은 사람들에게 긍정적인 자극을 주어 행동 변화를 이끌고 더 좋은 방향으로 나아가도록 돕겠다는 비전과 사명을 가지고 있다. 지금까지 남극을 제외한 모든 대륙의 수많은 국가에서 구글, 애플, 레고, 디즈니, 딜로이트Diloitte, 유니레버, 마스터카드, 비자 등 세계적인 회사의 직원 수십만 명을 만나 더 효율적으로 일하고 더 건설적인 방식으로 사고하고 더 현명하게 시간을 활용하도록 이끌었다.

나는 고객을 컨설팅할 때 쓰는 변화 전략을 내 일상에 적용해 큰 효과를 보았다. 단것을 끊고 건강해졌고, 불면증도 해결했다. 신체가 건강해지자 열의가 생겼고, 덕분에 가족과 함께 더없이 행복하고 만족스러운 삶을 꾸려가고 있다.

알면서도 실천하지 못하는 우리

내 이야기는 여기까지 하고, 이제 독자 여러분 이야기를 해보자. 아마 당신도 건강에 관심이 있어 이 책을 집어 들었을 것이다. 바람 빠진 풍선처럼 축 늘어진 기분으로 사는 데 지쳤거나 최근 계속해서 몸 상태가 예전 같지 않다는 비상등이 켜졌을지도 모른다. 아침마다 거울 속의 칙칙하고 푸석푸석한 자신을 보며 변화가 필요하다는 생각이 들었는가?

아마 당신이 건강서를 집어든 게 이번이 처음은 아닐 거다. 전에도 온갖 식단과 운동법을 시도하며 자신에게 맞는 방법을 찾아 헤맸으리라. 인터넷에 검색하면 독특한 식이요법과 온갖 건강 관리법이 나온다. 나도 오랜 시간 건강에 관심을 가지고 찾아보았다. 매일 웰빙 관련 논문과 기사를 찾아 읽고, 쏟아져나오는 건강 책을 수백 권 탐독했다. 이렇게 생각하는 사람도 있겠지.

'행동심리학자가 마음 건강도 아니고 신체 건강 책을 썼다고?'

사실 내가 오랫동안 고민해 온 문제는 이것이다. 서점에는 해마다 획기적인 체중 감량법, 독소 제거법, 숙면법, 활력을 되찾는 법을 알려준다는 책들이 쏟아져 나온다. 많은 독자가 그런 책을 읽고, 개중에는 효과를 보는 사람도 있다. 하지만 그 변화를 꾸준히 이어가는 사람은 극히 드물다. 대부분 며칠 혹은 몇 주간 반짝 실천하다가 결국 포기하고 이전의 삶으로 돌아가고 만다. 다음 달이면 또 다른 새 책을 사서 며칠간 따라 하다 그만두기를 반복한다. 심지어 뇌를 재설계해 새로운 습관을 만들어주겠다는 책들도 있지만, 대부분 일시적인 행동 요령만 알려줄 뿐 근본적으로 '무엇'을 바꿔야 하는지는 가르쳐주지 않는다. 좋은 건강 정보는 차고 넘치지만, 정작 그것을 내 삶에 적용해 지속하기는 여전히 어렵다.

뉴스를 보면 비만율은 가파르게 상승 중이다. 주변을 둘러보면 다들 각종 넷플릭스 시리즈는 밤새워 정주행하면서 정작 운동할 시간은 부족하고 늘 피곤하다고 투덜거린다. 매일 아침에 일어나자마자 피로감에 시달리며 오늘은 꼭 8시간을 자겠다고 다짐하지만 결국 새벽까지 스마트폰을 스크롤한다. 수많은 현대인이 같은 문제를 겪고 있다. 무언가 이상하지 않은가? 다들 문제점을 알고 있으면서도 달라지지 못하다니. 이런 상황에서 내가 할 수 있는 일이 있을까 생각하다가 문득 아이디어가 떠올랐다.

'잘 먹고 잘 자고 잘 움직이기 위해 중요한 행동 전략을 가르쳐 주고, 심리학을 접목해 그 변화를 평생 지속할 수 있게 돕는 책을 쓰면 어떨까? 이론과 현실 사이의 간극을 메워주는 책, 건강한 습관은 물론이고 그 습관을 유지할 마인드셋까지 장착시켜 주는 책이라면 많은 독자에게 도움이 되지 않을까?'

나는 전문가들을 인터뷰하며 쉽게 따라 할 수 있는 건강 관리법을 조사했고, 이 책에 담았다. 그러나 선택은 모두 당신에게 달려 있다. 영화를 보면 때때로 주인공이 다른 선택을 했다면 펼쳐질 다른 미래가 파노라마처럼 그려진다. 여러분이 스스로 영화 속 주인공이 되었다고 생각하며 읽어보길 권한다. 어쩌면 이 책을 읽고 놀랍고 예상치 못한 습관을 갖게 될지도 모른다. 선택은 모두 여러분의 몫이다. 그러나 무조건 좋은 결과를 가져다 주리라 확신한다.

건강해지는 습관 그리고 습관을 유지할 기술

이 책은 크게 1부와 2부로 나뉜다. 먼저 1부에서는 건강을 유지하는 큰 축인 수면·운동·식사를 어떻게 최적화할지 스스로 진단하고 택할 수 있다. 모두 중요한 부분이지만 한 번에 모든 영역을 개선하는 것은 너무 버거우니 우선 셋 중 하나에 집중하라.

1부를 쓰면서 아주 구체적인 목표를 설정했다. 사실 '잘 자고', '잘 운동하고', '잘 먹는' 방법은 누구나 알고 있다. 잠자리에 눕기 1~2시간 전부터는 스마트폰을 멀리하고, 가능하면 가까운 거리는 걸어 다니고, 당류 간식은 줄이고 채소와 단백질로 이루어진 균형 잡힌 식단을 유지해야 한다. 나는 그런 뻔한 잔소리를 늘어놓고 싶지 않았다. 그래서 누구나 알고 있지만 실천하지 못하는 건강 습관을 유지할 '전략'만 추려 담기로 했다. 새로운 습관을 들이기는 어렵지만 노력할 가치는 충분하다는 확신을 주기 위해서다.

이 책을 쓰며 나는 하버드대학교, 옥스퍼드대학교, 맥마스터대학교, 런던대학교 킹스칼리지 등 세계 유명 기관의 저명한 교수들을 인터뷰했다. 과학자이자 역도 선수이고 동시에 건강 관리 컨설팅사 '바이오레인Biolayne'을 운영하는 레인 노턴Layne Norton, '글루코스 여신'으로 널리 알려진 인기 생화학자 제시 인차우스페Jessie Inchauspé, 의학 전문 저널리스트 노먼 스완Norman Swan 등 대중 친화적인 의사와 건강 전문가를 만나 조언을 듣기도 했다. 그들과 대화를 나누며 건강에 아주 중요하지만 널리 알려지지 않아 사람들이 제대로 활용하지 못하는 '전략'을 찾아냈다. 그 보석 같은 정보들이 1부에 담겨 있다.

2부는 좀 더 개인적인 이야기를 담고 있다. 많은 사람이 훌륭한 건강서를 읽고도 평생은커녕 단 하루도 달라지지 못하는 데에는 이유가 있다. 그런 책은 대체로 사람들이 건강에 좋지 '않은' 습관에 빠진 이유, 즉 근원적인 심리를 파고들지 않는다. 브로콜리나 양배추 같은 십자화과(배추과) 채소를 먹는 것이 건강에 좋다는 사실은 누구나 알고 있다.

그러나 그것들을 챙겨 먹기가 왜 그렇게 어려운지, 왜 입맛에 당기지 않는지 아무도 설명하지 않는다. 어떤 건강서를 읽고도 조언을 꾸준히 따르기 어려웠다면, 당신의 의지력 문제가 아니라 그 책이 획일적이고 뻔한 해결책만 제시했기 때문일 확률이 높다. 여러분에게 진짜 필요한 조언은 각자의 심리와 환경을 고려한 맞춤형 접근법이다.

그래서 나는 먼저 건강 습관에 방해가 되는 갖가지 어려움을 살펴보기로 했다. 이 책에서는 그런 장애물을 당신만의 '습관 도둑Habit Hijacker'이라고 부른다. 2부에는 이 습관 도둑을 차단할 해결책이 담겨 있다. 쉽게 말해 당신이 건강 습관을 형성하는 데 방해가 될 심리적, 환경적 요인에서 어떻게 벗어날지에 대한 전략이 담겨 있다. 이 책을 읽으며 당신의 습관 도둑이 무엇인지 깨닫는다면 그때부터 행동을 바꾸는 것은 시간 문제다.

일주일이 만드는 확실한 변화

건강 관리에 너무 비장함을 가지면 오히려 좋은 습관을 들이기 어려워진다. 그러니 이 책을 '실험'하는 가벼운 마음으로 읽길 바란다. 초등학교 과학 시간을 떠올려보자. 처음 보는 비커와 실험 도구들을 보고 설레지 않았는가? 호기심과 탐구심, 새로운 것을 기꺼이 발견하려는 의지가 중요하다. 문제나 상황을 단숨에 해결해야 한다는 압박감은 잠시 내려놓고, 내 몸을 배우고 발견할 기회로 삼으라는 의미다.

이제 나는 생활 습관을 바꿀 때 자연스럽게 이런 마음가짐을 유지한다. '반드시 완전히 변해야지'라고 결심하기보다, '딱 일주일만 이 변화를 유지해 볼까?' 하고 실험해 보는 것이다. 그러면 뇌는 부담감을 덜 느끼고 변화를 훨씬 쉽게 받아들인다. 실험이라고 생각하면 실패해도 그만, 성공하면 데이터가 남는다는 여유가 생기기 때문이다.

인간이 새로운 습관을 들이는 데는 얼마나 오랜 시간이 필요할까? 학자에 따라 다르지만 1개월이면 충분하다는 관점도, 반년쯤 걸린다는 관점도 있다. '12주 만에 내 몸 건강 체질로 바꾸기'와 같은 프로그램은 수없이 많다. 그러나 습관을 형성하는 데 걸리는 시간이 획기적으로 짧다는 의견도 있고, 심지어 단 3주일이면 된다는 연구 결과도 있다. 사실 이런 숫자는 절대적이지 않다.

『유럽 사회심리학 저널*European Journal of Social Psychology*』에 게재

된 어느 연구에 따르면 습관을 들이는 데 걸리는 시간은 18일에서 254일까지 천차만별이지만 평균적으로 66일 정도 걸린다. 2021년 『영국 건강심리학 저널British Journal of Health Psychology』에 실린 연구는 습관이 '정점'에 이르는 데 평균 59일이 걸린다고 발표했다. 이 수치대로라면 대략 8주, 두 달이면 특정 행위를 일상 속 루틴으로 만들 수 있다는 뜻이다.

하지만 일주일 단위로 쪼개면 성공 확률은 비약적으로 높아진다. 이것은 확실히 말할 수 있다. 이 책에 담긴 전략을 적용해 변화를 느끼는 데는 일주일이면 충분하다.

2023년 초, 우리 회사 인벤티움은 600명 이상의 참가자를 모집해 실험을 했다. 참가자들은 이 책에 담긴 건강 습관을 하나 택하고, 각자의 '습관 도둑'을 찾아낸 뒤 이를 극복할 전략을 실천하기로 했다. 일주일 뒤에 그 전략을 5일 이상 실천한 사람들의 비율을 조사해봤더니 놀라웠다.

- 참가자의 75퍼센트는 큰 활력을 얻었고, 평상시 기분이 나아졌다.
- 참가자의 65퍼센트 이상은 수면의 질이 좋아졌다.
- 참가자의 60퍼센트는 스트레스를 덜 받았다.
- 대다수 참가자가 일주일간의 실험 동안 습관을 바꾸기가 쉬웠고, 앞으로도 꾸준히 유지할 수 있을 것 같다고 답했다.

그러니 딱 일주일만 속는 셈 치고 도전해보자. 압박감을 내려놓고 '실험'이라고 생각하면 부담은 훨씬 적어지고 성공 가능성은 커진다. 실험에는 실패가 없다는 사실을 늘 기억하라. 이 일주일의 실험을 8번만 반복하면 어느새 당신에게 필요한 건강 습관이 몸에 배어 있을 것이다. 이 책을 끝으로 앞으로 당신에게 더 이상의 건강서는 필요 없을 것이라고 자신있게 약속한다.

그럼, 건강해지는 생활 습관을 알고 내 삶에 적용하기 위한 여정을 시작하자. 건투를 빈다!

차례

- 추천의 글 ... 10
- 들어가며 습관만 조금 바꿔도 당신의 몸이 달라진다 ... 15

1부 지금 바로 시작하는 17가지 건강 습관
활기찬 하루를 위한 수면·운동·식사법

 1장 수면 | 편안하게 숙면하는 법 ... 35

- □ **수면 습관 1** 정해진 기상 시간을 유지하라 ... 43
- □ **수면 습관 2** 잠들기 전에 머리를 비우는 법 ... 50
- □ **수면 습관 3** 침대에 너무 오래 누워 있지 마라 ... 56
- □ **수면 습관 4** 침대에서 할 일은 잠과 휴식뿐 ... 65
- □ **수면 습관 5** 아침에 일어나면 잠시라도 햇빛을 쬐어라 ... 69

2장 운동 | 움직일수록 활력이 생기는 마법 ... 76

- **운동 습관 1** 간헐적 고강도 활동, 빌파VILPA로 활력을 찾자 ... 83
- **운동 습관 2** 하루에 7,500걸음씩만 걸어라 ... 89
- **운동 습관 3** 심혈관을 지켜주는 40초의 비밀 ... 94
- **운동 습관 4** 혈당 관리는 식후 30분으로 충분하다 ... 101
- **운동 습관 5** 당신의 노년을 책임질 최소한의 운동 ... 105

3장 식사 | 균형 잡힌 식습관은 장수의 지름길 ... 116

- **식사 습관 1** 먹는 순서가 당신의 노후를 결정한다 ... 122
- **식사 습관 2** 몸에 좋은 음식은 입에 쓰다 ... 128
- **식사 습관 3** 장에 쉴 틈을 주는 시간제한 식사법 ... 134
- **식사 습관 4** 가공식품과 초가공식품은 가급적 피하라 ... 139
- **식사 습관 5** 식물성 식품이 만드는 미생물의 세계 ... 144
- **식사 습관 6** 간식이 필요할 땐 발효 식품과 견과류를 먹자 ... 150
- **식사 습관 7** 당신의 근육을 책임지는 단백질 ... 156

2부	작심삼일에서 벗어나기 위한 24가지 전략
	건강을 가로막는 습관 도둑 퇴치법

💡 4장 동기 | '하고 싶다'는 마음이 모든 것을 이긴다 ... 173

☐ 동기 유지하기 1 하기 싫은 일과 하고 싶은 일 묶기 ... 176
☐ 동기 유지하기 2 힘든 일을 즐거운 일로 재해석하자 ... 180
☐ 동기 유지하기 3 게임에서 레벨업하듯 습관을 실천하라 ... 184
☐ 동기 유지하기 4 습관 트래커로 매일 조금씩 승리하라 ... 189
☐ 동기 유지하기 5 '왜?'라고 물으면 분명해진다 ... 195
☐ 동기 유지하기 6 나의 내면에 솔직하게 물어보기 ... 199
☐ 동기 유지하기 7 실천하지 못한 자, 벌을 받을지니 ... 203

👥 5장 관계 | 무엇이든 '함께' 하면 훨씬 쉽다 ... 208

☐ 관계 지속하기 1 달성할 목표를 세상에 널리 알려라 ... 212
☐ 관계 지속하기 2 '책임감 친구'를 만들어라 ... 216
☐ 관계 지속하기 3 남에게 조언하면 나에게도 도움이 된다 ... 222
☐ 관계 지속하기 4 당신의 건강은 주변 사람들의 행복 ... 225
☐ 관계 지속하기 5 소셜 미디어를 건강 지도로 활용하라 ... 229

6장 환경 | 자연스럽게 할 수 있는 환경을 만들어라 ... 234

- 환경 바꾸기 1 기본 설정부터 바꾸어라 ... 237
- 환경 바꾸기 2 건강 습관 '알람' 설정하기 ... 241
- 환경 바꾸기 3 주변 배치를 바꾸면 행동도 달라진다 ... 246
- 환경 바꾸기 4 안 좋은 습관에 장벽을 쌓아라 ... 251
- 환경 바꾸기 5 무엇이든 '할 수 있는' 환경 만들기 ... 255
- 환경 바꾸기 6 '실행 의도'를 설정해 성취감 얻기 ... 258
- 환경 바꾸기 7 무조건 반사처럼 실행하기 ... 262

7장 의지 | 당신의 자제력에 힘을 더하라 ... 266

- 의지 지키기 1 새 시작은 의지력을 극대화시킨다 ... 270
- 의지 지키기 2 '건강한 나'라는 자아 정체성을 세워라 ... 274
- 의지 지키기 3 완벽하기보다 조금씩 발전하기 ... 279
- 의지 지키기 4 의지력을 길러주는 언어의 힘 ... 284
- 의지 지키기 5 순간의 유혹은 '언젠가'로 미루어라 ... 288

- **나가며** 건강은 당신의 삶 전체를 바꾼다 ... 294
- **감사의 말** ... 297
- **참고 자료** ... 299
- **부록** 내 몸을 바꾸는 건강 습관 실천 노트 ... 314

1부

지금 바로 시작하는 17가지 건강 습관

활기찬 하루를 위한 수면·운동·식사법

1부는 3개 장으로 구성되어 있다. 각 장은 수면, 운동, 식사를 다룬다. 이 전략들은 대체로 서로 영향을 미친다. 예를 들어 식습관이 건강하면 상대적으로 숙면을 취하기도 쉽다(못 먹는 것도 억울한데 잠까지 못 잔다니! 참 억울하고 안타까운 일이다). 하지만 시작부터 욕심낼 필요는 없다. 세 영역 가운데 여러분의 삶에서 가장 시급하게 개선해야 할 부분이 무엇인지 먼저 생각해보자. 쉽게 말해 딱 하나만 바꿀 수 있다면 무엇이 당신의 컨디션을 획기적으로 바꿔줄까? 골랐다면 해당 장으로 넘어가면 된다.
　이런 질문이 떠오르는 독자도 있을 것이다.
　'그렇다면 마음은? 정신 건강도 중요하지 않나?'
　물론 정신 건강도 육체 건강만큼, 때로는 그 이상으로 중요하다. 나도 이 책을 기획하며 정신 건강 파트를 1부의 마지막 장으로 넣을지 생략할지 고민하다가 결국 신체에 집중하기로 했다. 신체 건강을 개선하면 정신 건강에도 상당히 좋은 영향을 미치기 때문이다.

각 장에는 수면, 운동, 식사 습관을 개선하는 데 적용할 만한 여러 건강 전략이 담겨 있다. 전혀 부담스럽지 않고 누구나 읽으면 바로 시도해볼 수 있는 것들이다.

홍콩과학기술대학교 마케팅학부의 에이미 달튼Amy N. Dalton 교수와 UCLA 경영대학원 스티븐 스필러Stephen A. Spiller 교수의 연구에 따르면 여러 목표보다 하나의 목표를 두고 적절한 '실행 계획'을 세웠을 때 가장 달성률이 높았다고 한다. 1부에 나온 여러 습관의 접근 방식에는 특별한 정답이 없으니 언제든 원하는 장을 천천히 읽고 시도해보자. 각 습관은 모두 상·중·하로 난이도를 표기했다. 스스로 끈기가 부족하다고 생각하면 난이도가 낮은 것부터 접근해보자.

성공의 핵심은 '반복'이다. 쉬운 습관부터 시작해 몸이 자동으로 반응할 때까지 반복하고, 그다음 단계로 넘어가라. 이 과정에서 오래된 나쁜 습관을 버려야 할 수도 있고, 낯선 시도를 해야 할 수도 있다. 하지만 장담컨대 그 끝에서 당신은 전보다 훨씬 활기차고 상쾌하며 에너지가 넘치는 새로운 자신을 마주하게 될 것이다.

자, 그럼 이제 당신만의 건강 전략을 찾아 모험을 떠나보자.

1장 수면

편안하게
숙면하는 법

나는 30대 중반에 처음으로 수면 전문의를 찾아갔다. 검사를 위해 병원에서 하룻밤을 자야 한다는 의사의 말에 나는 우연히 스케줄이 비어 있던 그날 밤 바로 입원해 수면다원검사를 받기로 했다. 의사 선생님은 평소 잘 자지 못하던 사람은 수면다원검사를 받는 동안에도 푹 자지 못하는 경우가 많으나 너무 부담을 느끼진 말라고 미리 주의를 주었다.

검사는 병원 진료실 한쪽에 마련된 공간에서 진행되었다. 아늑한 침실보다는 서재나 옷방으로 쓰일 법한 작은 공간이었다. 벽지는 분홍색, 카펫은 짙은 밤색이었다. 침구는 오래된 시골 모텔에서 가져온 것처럼 낡고 색이 바랬다. 침대 옆 나무 협탁에는 올리브색의 오래된 독서등이 놓여 있었다. 이상하기는 했지만 좋게 보면 병원이 아니라 가정집 같은 느낌이었다. 좀 더 편안한 마음으로 잠을 청하라는 의미였을까?

나는 저녁을 먹고 양치를 한 뒤 잠옷으로 갈아입었다. 그러자 의료진이 끝에 고무가 달린 작은 전극을 내 머리와 몸 구석구석에 붙였다. 심지어 머리카락까지 붙여놔서 검사가 끝난 다음 날 머리를 감은 뒤에도 두피에 엉겨 붙어 있는 접착제 찌꺼기를 발견해 떼어내야 했다. 검사 자체는 낯설었지만 그 과정은 난생처음 겪는 재미있고 새로운 경험이었다.

그렇게 여러 개의 전극을 몸에 붙이고 잠시 책을 읽다가 소등 시간이 되었다. 어린 시절 부모님이 이제 잘 시간이라며 불을 꺼주셨던 것과 비슷했다. 단지 몸 이곳저곳에 40개쯤 되는 전선이 기계로 이어져 있고, 침대에서 뒤척이며 어떻게 해야 잠깐이라도 잠들 수 있을지 걱정하는 모습이 적외선카메라에 고스란히 녹화되고 있다는 점을 제외하면 말이다.

그럭저럭 5시간 정도 잔 뒤 다음 날 아침에 일어나 결과를 받았다. 당시 나는 정말 심각한 수면 장애를 겪고 있었는데 어떻게 그런 결과가 나왔는지는 모르겠으나 의사 선생님은 생리학적으로 아무런 문제가 없다고 했다. 사람들이 가장 흔하게 겪는 장애인 수면 무호흡증도, 주기성 사지 운동장애도, 렘수면 행동 장애도 없었다. 나의 문제는 순전히 심리적인 것이었다. 의학적으로는 딱히 고칠 방법이 없다는 뜻이었다.

10년 이상 지난 지금은 어떨까? 요즘 나는 정말이지 누가

'업어 가도 모를 정도로' 잘 잔다. 침대 옆 스탠드 조명을 끄면 5~10분 만에 잠들어 밤새 거의 한 번도 깨지 않는다. 아침에 일어나면 대체로 상쾌하고 하루를 시작할 에너지가 넘친다(여러분께 푹 자는 방법을 곧 알려드릴 테니 이 정도의 자랑은 너그러이 넘어가시라). 물론 저절로 된 건 아니다. 나는 병원을 전전하고 수많은 논문과 책을 파고들었다. 그리고 낡은 습관을 버리고 새로운 전략을 내 몸에 이식한 끝에야 비로소 '꿀잠'을 얻을 수 있었다. 지금부터 그 전략을 하나하나 파헤쳐 여러분께 제공할 것이다. 어려운 것은 하나도 없다.

깨지 않고 오래 자는 것이 무조건 정답일까?

이 장을 쓰기 전까지만 해도 나는 밤마다 깨지 않고 8시간을 연이어 자는 것이 가장 이상적인 수면 패턴이라고 믿었다. 하지만 전문가를 만나고 연구 결과를 파헤쳐 보니 이 생각은 틀렸다! 8시간 통잠은 아름답고 완벽해 보이지만 현실에는 존재하지 않는 전설의 동물 유니콘과 비슷하다.

호주 최대의 수면장애 전문 병원인 멜버른수면장애센터의 공동 책임자 데이비드 커닝턴David Cunnington 박사는 지난 20년간 수많은 환자를 진단했다. 그는 서구 사회가 '이상적인 잠'에 대한 불가능하고 비현실적인 기준을 세워 놓았다고 비판한다.

"보통 사람들은 길게 통잠을 자는 것이 중요하다고 생각하죠. 하지만 중간에 잠깐씩 깨는 것은 자연스러운 일입니다. 우리 몸은 완전히 전원을 껐다가 필요할 때만 켤 수 있는 컴퓨터와는 다르기 때문이죠. 잠깐 깨는 걸로 숙면에 크게 방해가 되지는 않아요."

그는 오히려 자다가 깨는 것이 지극히 정상적인 수면 패턴이라고 본다. 수면은 주기적인 현상이다. 우리는 자면서도 대략 90분마다 각성 상태가 되어 주변이 안전한지 확인한다. 뇌에서 안전하다고(누군가 침실로 침입하지 않았다고) 판단하고 나면 다시 깊은 잠에 빠지는 것이다. 이는 사나운 맹수들에 쫓기던 인류의 먼 조상 때부터 유전자에 새겨져 전해지는 수면 습관이다. 커닝턴 박사는 이렇게 덧붙인다.

"서구 사회가 산업화되기 전까지 사람이 8시간 이상 통잠을 자야 한다고 주장하는 사람은 없었습니다. 항상 중간에 깨는 시간이 있었죠. 다른 포유류도 마찬가집니다. 밤새 쭉 이어서 자는 동물은 아마 없을 겁니다."

결론적으로 그는 밤에 절대 잠에서 깨지 않아야 한다는 목표는 내려놓고 조금 다르게 생각하라고 조언한다. 자다가 깨면 억지로 다시 자려 하지 말고, 수면 주기가 한 바퀴 돌았다고 생각하라. 잠시 화장실에 다녀오거나 머리를 비우면 다시 깊은 잠에 들 수 있으니 부담을 내려놓자. 잠깐 깼다고 당신의 내일이 망가지지는 않는다.

숙면을 위한 6가지 필수 조건

이제 본격적인 숙면 전략을 소개할 차례다. 앞으로 나올 습관들 중 당신에게 필요한 것을 골라 적용하면 된다. 가령 침대에서 일하거나 간식을 먹는 습관이 있다면 '수면 습관 4'를, 낮 동안의 스트레스가 문제라면 '수면 습관 2'를 참고하라.

하지만 그보다 앞서, 침대에 눕기 전에 반드시 지켜야 할 '숙면의 기본 조건 6가지'를 먼저 점검해보자. 이것은 건강한 잠을 위한 기초 공사와도 같다.

1. 잠들기 10시간 전부터는 카페인 끊기

당신이 커피를 아주 좋아하더라도 잠들기 10~12시간 전부터는 커피를 마시지 말자. 연구 결과, 성인의 카페인 반감기는 평균 5~6시간이라고 한다. 만약 당신이 오후 4시쯤 커피나 홍차를 마시고 밤 10시에 잠자리에 눕는다면 아직 아까 마신 커피의 카페인 함량 중 절반 정도는 몸에 남아 있는 셈이다.

카페인이 잠을 방해하는 원리는 무엇일까? 우리 몸에는 '아데노신'이라는 신경전달물질이 있다. 몸이 피로해지면 아데노신을 점차 축적해 졸음을 유도하는데, 카페인 성분은 아데노신에 반응하는 'A2A 수용체'에 먼저 달라붙어 그 신호를 차단한다. 뇌가 피로를 느끼지 못하니 잠들기 어려울 수밖에 없다. 그러니 예민한 편이라면 점심 이후엔 커피잔을 내려놓자.

2. 낮잠 자지 않기

오후에 낮잠을 자는 것은 커피를 마시는 것만큼 숙면을 방해하는 행위다. 낮잠을 자면 몸속의 아데노신 수치가 초기화된다. 이는 밤에 충분히 피곤하고 졸음을 느끼기 위한 적정량의 아데노신이 다시 생성되어야 한다는 뜻이다.

그러니 만약 당신이 밤에 잠을 이루지 못한다면 낮에 낮잠을 너무 길게 자지 않았는지 확인해보자. 짧은 낮잠이 활력을 준다는 말은 밤잠도 잘 잤을 때의 이야기다. 수면 습관을 개선해야 한다고 느낀다면 가급적 낮잠은 피하라.

3. 음주로 잠을 청하지 않기

주변에 잠이 안 올 때 어떻게 하는지 물어본 적이 있는가? 이렇게 물으면 자기 전에 와인이나 위스키를 한 잔 마신다는 사람이 꼭 하나씩은 있기 마련이다. 적정량의 알코올은 중추신경계를 억제하는 진정 작용을 해서 금방 잠들게 해준다. 그러나 술을 마시고 자는 것은 결코 건강한 습관은 아니다.

문제는 수면 후반부에 시작된다. 몸에서 알코올이 어느 정도 분해되면 다시 몸이 각성 상태로 돌아간다. 이때 중간중간 잠에서 깨고 더 뒤척이게 된다. 또한 알코올은 뇌가 회복하는 렘수면 단계를 방해하기 때문에 겉으로는 많이 잔 것 같아도 아침에 일어나면 몸이 천근만근 무겁다. 술은 수면제가 아니라 수면 방해꾼이다.

4. 잠들기 1시간 전부터 스마트폰 멀리하기

연구 결과에 따르면 전자기기에서 나오는 블루라이트는 수면 호르몬인 멜라토닌의 분비를 억제한다. 더 큰 문제는 '정보 자극'이다. 잠들기 직전 스마트폰을 보면 뇌는 쉴 틈 없이 새로운 정보를 처리하느라 각성 상태를 유지한다. 블루라이트 차단 모드를 쓴다고 해결될 일이 아니다. 소셜 미디어의 끝없는 스크롤은 뇌를 흥분시켜 잠을 쫓아낸다. 잘 자고 싶다면 잠들기 1시간 전, 스마트폰과는 작별 인사를 나누고 침실 밖으로 내보내자.

5. 아날로그 알람 시계 맞추기

"스마트폰 알람 때문에 머리맡에 둘 수밖에 없어요!"

심정은 이해한다. 그러니 다른 방법을 제안하겠다. '아날로그 알람시계'를 하나 장만하라. 단돈 몇천 원이면 살 수 있는 탁상시계 하나가 당신의 수면 질을 바꾼다. 스마트폰 알람을 끄다 무심코 SNS를 켜고, 쏟아지는 뉴스에 정신이 팔려 아침 시간을 허비한 적이 얼마나 많은가? 의지력만으로 스마트폰 사용을 절제하는 일은 너무나도 어렵다. 그러니 아날로그의 도움을 받자.

6. 불 켜놓고 자지 않기

주변이 환하면 생체 시계는 일어날 시간이라고 생각한다. 카지노가 창문을 없애고 조명을 조절해 손님들의 시간 감각을 지워버리는 것과 같은 원리다. 그러니 잘 때는 집안의 조도를 낮추는 것이 좋다. 꼭 조명이 필요하다면 은은한 간접 조명만 켜 생체 시계가 밤이라고 인식할 수 있도록 하자. 조명도 당신의 숙면을 결정하는 중요한 요소임을 간과하지 말라.

지금까지 안내한 6가지 조건은 숙면을 취하기 위한 기본이다. 다음 페이지부터 나올 습관을 실천하기 앞서 이런 환경을 먼저 조성하라. 그럼, 이제는 당신의 수면 습관을 개선하기 위한 전략을 알아볼 시간이다.

□ 난이도 ★★

| 수면 습관 1 | 정해진 기상 시간을 유지하라 |

나는 아침형 인간이지만 주말에는 늘 늦잠을 자곤 했다. 아무런 일정 없는 휴일이면 점심때까지 침대에서 느긋하게 뒹굴거리는 호사를 누렸다. 그런 생활 습관이 수면에 얼마나 나쁜 영향을 미치는지 알기 전까지 말이다. 침대에서 평소보다 2~3시간 더 누워 있는 것이 우리 건강에 어떤 영향을 미칠까?

나는 호주 멜버른에 살며 가끔 바다 건너 이웃 국가인 뉴질랜드로 출장이나 휴가를 떠난다. 비행기로 3시간밖에 걸리지 않고, 시차는 고작 2시간이다. 언제나 '2시간쯤이야, 시차가 없는 거나 마찬가지지'라고 생각하지만 막상 떠나면 어김없이 시차 적응에 어려움을 겪는다.

최근에는 뉴질랜드에 점심쯤 도착하는 비행기를 탔는데 도착해서 생각해보니 내 생체 시계는 아직 아침 먹을 시간밖에 되지 않았다고 느끼고 있었다. 게다가 무지 졸렸다. 전날 밤까지 전혀 피곤하지 않았는데, 왜 그랬을까? 그렇게 나흘 정도 보내니 시차 적응이 되었지만 호주로 돌아와서 다시 시차 적응을 해야 했다. 인간의 생체 시계는 생각보다 예민해 작은 변화에도 뒤죽박죽 뒤바뀌어 버린다.

평일에는 아침 6시에 일어나던 사람이 주말에 8시나 9시까지 (혹은 더 늦게까지) 늦잠을 잔다면 이는 호주에서 뉴질랜드로 여행을 떠나는 것과 같다. 주말 내내 생체 시계가 시차를 겪어 혼란스러울 뿐만 아니라 출근을 위해 다시 6시에 눈을 뜨는 순간, 우리 몸은 뉴질랜드에서 막 호주로 돌아온 것 같은 충격을 받는다. 시차 후유증으로 수요일이나 목요일까지 컨디션이 바닥을 친다. 그러다 금요일쯤 겨우 몸이 회복되면? 또다시 주말이 오고, 우리는 다시 시차 여행을 떠난다. 악순환이다.

생체 시계의 비밀: 우리 몸은 풍선과 같다

UCLA 샌프란시스코캠퍼스 불면증클리닉의 애릭 프레이더Aric Prather 교수는 많은 수면 장애 환자를 치료해온 전문가다. 뿐만 아니라 대학에서 정신 질환과 행동과학 연구를 병행하면서 『수면 처방전The Sleep Prescription』이라는 책도 출간했다. 잠과 불면증에 대해 오랜 시간 연구해온 그는 단호하게 조언한다.

"매일 불면증에 시달린다면 당장 실천할 수 있는 가장 쉬운 해결책은 매일 같은 시간에 일어나는 겁니다. 기상 시간을 고정해야 생체 시계가 맞춰지고, 그래야 일정한 수면 패턴이 자리 잡습니다.

프레이더는 인간의 몸을 24시간 멈추지 않고 돌아가는 시계처럼 생각해보라고 제안한다. 우리 몸에는 각성과 휴식의 주기가 있다. 몸은 직관적으로 언제 자고 일어나야 할지를 안다. 각성과 휴식 주기는 한낮에 정점을 찍고, 잠든 뒤 3~4시간 뒤에 최저점에 도달한다. 아래 그래프를 보자.

프레이더 교수는 사람의 생체 주기를 풍선에 비유해 표현한다.

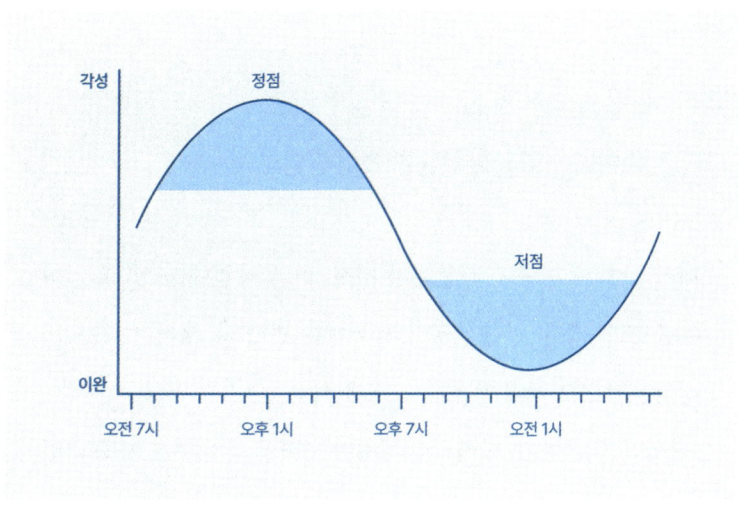

시간에 따른 각성과 휴식 그래프 사람의 몸은 일정 시간마다 각성과 이완을 반복하는 '생체 시계'와 같다. 낮에는 각성 상태가 정점을 찍고, 오후로 갈수록 이완해 저점을 찍는다.

"온종일 천천히 졸린 느낌이 채워지며 부풀다가 늦은 저녁에는 아주 커집니다. 그렇게 졸리다는 신호를 받아 잠자리에 들면 밤새 바람이 천천히 빠지는 것이지요. 몸이 각성하고 이완하는 과정은 풍선에 바람이 들어가고 빠지는 것과 비슷합니다."

매일 아침 같은 시간에 일어나면 풍선이 거의 비슷한 속도로 부풀어 오른다. 보통 우리가 하루에 사용하는 에너지의 총량이 비슷하기 때문이다. 일어나는 시간이 들쭉날쭉하면 풍선은 종잡을 수 없이 아무 때나 부풀고 다시 바람이 빠지며 생활 패턴이 망가지는 것이다. 프레이더 교수는 다음과 같이 당부했다.

"너무 늦게 일어나면 문제가 생깁니다. 평소보다 2시간 늦게 일어나면 그날 밤은 잠들던 시간에 누워도 잠이 오지 않을 겁니다. 생체 시계를 유지하는 것이 매우 중요해요."

아침에는 졸리고 나른한 것이 당연하다

내가 한창 불면증에 시달리던 시절, 이른 아침에 어쩔 수 없이 눈을 뜨면 몸은 천근만근이고 머리는 멍했다. 그러면 내 뇌는 신경질적으로 이렇게 소리치곤 했다.

'어젯밤도 전혀 못 잤어! 푹 자려던 노력은 다 헛수고가 돼버렸잖아. 완전히 실패했군! 이제 오늘 하루는 틀림없이 피곤하고,

집중도 안 되고, 말 그대로 엉망일 거야!'

이런 생각이 들면 우리 몸은 본능적으로 문제를 해결하기 위해 침대에 그대로 누워 조금이라도 더 잠을 자려고 애쓰게 된다. 하지만 사실 이는 잘못된 해결책이다. 아침에 조금 더 잔다고 피로가 싹 풀리거나, 그날 하루가 달라지지는 않는다.

데이비드 커닝턴 박사는 많은 사람에게 이상적인 아침 기상에 대한 강박이 있다고 주장한다. 당신이 생각하는 상쾌한 아침은 어떤 것인가? 알람이 울리기 전에 눈을 뜨고 깨자마자 침대 밖으로 나와 양치질을 하러 욕실로 향하는 것? 이건 현실에서 이루어질 수 없는 판타지다. 대부분은 이렇게 상쾌하게 일어나지 못한다. 아침에는 피곤한 것이 당연하다. 커닝턴 박사는 다음과 같이 말했다.

"생체 시계 주기가 24시간보다 짧거든요. 아침 일찍 저절로 눈이 떠지고 에너지가 넘치는 사람은 지구상의 전체 인구 중 고작 3퍼센트밖에 되지 않을 겁니다."

그러니까 평범한 사람 100명 중 97명은 알람을 듣고 깨서 피곤한 상태로 비몽사몽하는 것이 당연하다는 뜻이다. 그러니 아침에 졸린다고 해서 잠을 잘 못 잤다고 자책할 필요는 없다. 커닝턴 교수는 사람의 몸에 맞는 적정 생활 주기는 24시간 20분이라고 주장한다. 날마다 20분씩 더 자지 않는 한, 적정 생체 시간보다 조금 일찍 일어났기 때문에 나른한 것이 당연하다는 것이다.

안타깝게도 올빼미형 인간의 생체 주기는 최대 25시간으로 훨씬 길다. 따라서 매일 아침 같은 시간에 일어난다고 해도 당신의 몸속 알람은 조금씩 어긋나게 되어 있다. 결과적으로 정해진 시간에 일어나는 일은 매일 아침 몸속 알람과 전쟁을 치르는 것과 같다.

"수면 관성Sleep inertia이란 잠에서 깨어났지만 나른하고 졸려 다시 자고 싶은 상태를 가리킵니다. 우리가 아무리 잘 자도 아침에 일어날 때 피곤한 것은 당연한 일이지요. 기상 후 인지력과 각성이 80퍼센트 수준까지 회복되는 데에는 평균적으로 2시간이 걸립니다."

그는 진료실에서 수면 관성 때문에 걱정하는 사람을 많이 마주친다고 했다. 그들은 "잠에서 완전히 깨서 일할 준비가 되기까지 30분이나 걸려요"라며 심각하게 고민을 털어놓는다. 그러나 그는 이것이 지극히 지극히 정상적이고 당연한 일이라며 안심시킨다.

그러니 당신도 일어나서 곧바로 정신이 맑아지지 않는다고 걱정하지 말라. 기상 후 2시간 동안 천천히 시동을 건다고 생각하자. 예를 들어 아침 7시에 일어나 아이들 옷을 입히고 준비물을 챙겨 학교 셔틀버스에 태워 보내고, 아침을 먹고 샤워를 한 뒤 9시쯤 책상 앞에 앉았을 때 비로소 정신이 맑아졌다면 당신은 아주 정상이다. 기상 직후의 피로감은 당신의 잘못이 아니다. 지극히 당연하고 자연스러운 일이니 에너지 넘치고 상쾌한 아침을 맞이하려고 강박적으로 애쓸 필요는 없다.

☐ 난이도 ★

수면 습관 2 | 잠들기 전에
머리를 비우는 법

밤 10시, 오랜만에 일찍 누워 잠을 청한다. 하지만 여러 가지 생각이 꼬리에 꼬리를 물고 이어진다. 주방 세제를 다 써서 조만간 마트에 장을 보러 가야 하고, 내일 발표해야 할 매출 분석 자료의 잘못된 오류를 아침에 수정해야 한다. 냉장고 안쪽에는 시들대로 시들어 운명을 다해가는 불쌍한 브로콜리가 있으니 내일 아침이나 저녁으로 반드시 해치워야 한다. 이런저런 생각을 하다 보면 쉽사리 잠들지 못한다.

인간의 뇌는 이상하게도 세상의 모든 문제를 고민하기에 새벽 2시가 딱 적당한 시간이라고 착각하는 듯이, 밤과 새벽이 깊어갈수록 여러 생각을 떠올린다. 그러나 새벽 2시에 떠올린 해답은 아무짝에도 쓸모가 없다. 당신이 당장 밤을 새워야 하는 상황이 아니라면 말이다.

잠을 방해하는 가장 큰 적, 미래에 대한 불안

미국 국립수면협회에 따르면 미국의 성인 중 약 40퍼센트는 한 달에 적어도 며칠은 잠을 이루지 못해 고생한다. 이들의 잠을 방해하는 주요 원인은 불확실한 미래에 대한 불안과 걱정, 여기에 꼬리를 무는 잡념이었다.

수면 심리학 연구들을 살펴보면 흥미로운 지점이 있다. 어떤 사람들은 오늘 저지른 실수나 과거의 불쾌한 일을 되새기느라 잠을 못 잔다. 이미 엎질러진 물인데도 말이다. 하지만 그보다 훨씬 많은 사람이 '미래' 때문에 잠을 설친다. 즉 우리를 잠들지 못하게 방해하는 것은 과거보다 미래라고 할 수 있다.

베일러대학교에서 심리학과 신경과학을 연구하는 마이클 스컬린Michael K. Scullin 교수는 잠자리에 눕기 전에 미리 미래에 대한 걱정을 끝낸다면 더 쉽게 잠들 수 있다는 가설을 세웠다. 그는 57명의 실험 참가자를 반으로 나누어 절반은 불을 끄고 잠자리에 들기 전 5분간 앞으로 며칠간 해야 할 일의 목록을 작성하도록, 나머지 절반은 그날을 포함해 지난 며칠간 했던 일을 작성하도록 했다. 전자는 미래의 일을, 후자는 과거의 일을 쓰게 한 것이다. 그리고 참가자들의 몸에 전극을 길게 부착해 수면다원검사를 실행했다. 스컬린 교수가 가장 집중했던 데이터는 실험자들이 '실제로 잠드는 데 걸린 시간'이었다.

결과는 놀라웠다. 과거의 성취(끝낸 일)를 적은 사람들보다, 미래의 할 일 목록을 적은 사람들이 훨씬 빨리 잠들었다. 심지어 목록을 구체적이고 상세하게 적을수록 입면 시간은 더 단축되었다.

스컬린 교수는 그 이유를 명쾌하게 설명한다. 자기 전에 할 일을 종이에 쏟아낸 사람들은 미래에 대한 걱정과 부하를 뇌에서 종이로 옮겨놓을 수 있었다. 반면 과거의 일만 적은 사람들은 여전히 머릿속으로 '내일 뭐 해야 하지?'를 고민하느라 잠들지 못했다.

"낮에는 졸려서 꾸벅대다가도, 베개에 머리만 대면 정신이 말똥말똥해진다는 사람이 정말 많습니다. 눕는 순간 뇌가 '자, 이제 내일 걱정을 시작해 볼까?' 하고 스위치를 켜는 거죠."

깨어 있는 동안에는 정신없이 할 일을 하거나 쉰다고 해도 스마트폰과 노트북을 비롯한 온갖 디지털 기기가 당신의 주의력을 사로잡는다. 그러나 잘 준비를 마치고 스마트폰을 내려놓고 침대에 누우면 그때부터 온갖 걱정이 시작되고 스트레스의 쓰나미가 밀려온다.

인간의 뇌는 수십만 년에 걸쳐 진화했지만 안타깝게도 언제든 일할 태세가 되어 있어야 하는 21세기 사회는 예측하지 못했다. 우리 중에는 완전히 스위치를 끄지 못하는 사람이 많다. 아니, 원할 때 스위치를 끄고 휴식 모드에 들어갈 수 있는 사람은 아마 없을 것이다. 나도 마찬가지다. 노트북 앞에 앉아 원고를 쓰거나 필요한 자료를 찾을 때 외에도 일상생활 중에 문득 책 작업을 해야 한다는 사실이 떠오른다. 특히 자려고 누워서 원고를 잘 저장했는지, 내일은 목표 분량을 다 채울 수 있을지 자주 걱정했다. 이처럼 우리는 해야 할 일에 대해 끊임없이 생각하느라 잠을 이루지 못한다.

해결책은 간단하다. 모두 적어 놓으면 그만이다. 스컬린 교수는 메모를 남기면 뇌에 신호를 보낼 수 있다고 조언한다. 다 적었으니 더 이상 불안해하거나 내일 할 일을 떠올리지 말고, 마음 놓고 쉬라는 신호다. 내일 해야 할 일을 구체적으로 적을수록 뇌에는 더 큰 평화가 찾아온다. 펜을 놓은 순간 당신도 비로소 편안하게 잠들 수 있다.

잠이 오지 않을 때, 수면제 대신 향수?

당신의 침실에서는 어떤 냄새가 나는가? 몇 년 전의 나라면 이런 질문을 받고 적잖이 당황했을 것이다. 그러나 이제는 바로 답할 수 있다. 내 침실에서는 라벤더 꽃이 만개한 들판 한가운데에서 날 법한 향기가 난다.

『라이프 타임, 생체시계의 비밀』을 출간한 저자이자 옥스퍼드 대학교 수면신경과학연구소 러셀 포스터Russell Foster 교수는 잠을 잘 자고 싶다면 나만의 향을 찾아 침실을 꾸미라고 조언한다. 특정한 향기를 맡으면 잠이 온다는 공식을 뇌에 심어주는 것이다. 파블로프의 개가 종소리만 듣고도 침을 흘렸듯, 우리 뇌도 특정 향기를 맡으면 '아, 잘 시간이구나' 하고 반응하게 만들 수 있다.

몇 년 전까지 나는 낯선 공간에서 잠드는 데 어려움을 겪었다. 그러다 내 방 침실에 라벤더 아로마를 뿌리기 시작한 뒤로, 낯선 곳으로 떠날 때 같은 향수를 꼭 소분해서 가져간다. 처음 방문하는 호텔에서도 침대에 라벤더 향을 뿌리면 포근하고 익숙한 느낌이 들어 나도 모르게 편안하게 스르르 잠에 빠진다.

몇몇 학자들은 수면을 돕는 향기가 어떤 것인지 연구해 논문을 발표했는데 그중 다수가 라벤더 향이 좋다고 결론지었다(숙면 아이템을 검색하면 온통 보라색 라벤더 제품이 뜨는 이유가 있다).『시간생물학회지 Chronobiology International』에 실린 한 연구에서도 잠들기 전에 라벤더 향을 맡은 사람은 평범한 증류수 냄새를 맡은 사람보다 더 길게 자고 아침에 더 활력 있게 깨어난다고 발표했다. 중환자실에서 실시한 무작위 대조군 연구에서도 라벤더 오일 향을 맡은 환자는 수면의 질이 눈에 띄게 개선되고 불안감도 줄었다.

라벤더 향은 긴장을 풀고 정신을 이완하도록 돕는다.『대체보완의학회지 Journal of Alternative and Complementary Medicine』에 발표된 한 연구에서는 요실금 검사를 앞둔 환자에게 라벤더 향을 맡게 했더니 호흡이 크게 안정되었다. 같은 저널에는 라벤더 오일 패치를 붙이고 잔 불면증 환자가 훨씬 상쾌하게 아침을 맞이했다는 또 다른 연구 결과도 실려 있다.

꼭 라벤더가 아니라도 좋다. 좋아하는 은은한 향을 꾸준히 침실에 뿌리고 잠을 자보길 권한다. 이런 습관이 들면 어디서라도 그 향기만 맡으면 숙면을 취할 수 있다. 후각은 평온한 밤을 보내기 위한 훌륭한 조력자다.

☐ 난이도 ★★★

수면 습관 3 | 침대에 너무
오래 누워 있지 마라

처음으로 찾아갔던 수면 전문의는 내게 생리적으로는 아무런 문제가 없다고 진단했다. 그가 건넸던 조언은 침대에서 보내는 시간을 줄이라는 거였다. 당시 나는 하루에 6시간도 제대로 자지 못하는 상태였고 매일 피곤했다. 분명 '수면 부족'이라고 말했는데 침대에서 보내는 시간을 줄이라니 이게 말이나 되는가? 나는 그에게 되물었다.

"침대에서 시간을 좀 더 보내라는 말씀이시죠? 말씀드렸듯이 저는 잠을 못 자서 하루 종일 피곤한데요."

그러나 그는 단호하게 답했다.

"아뇨, 침대에서 보내는 시간을 줄이시라고요. 침대에 덜 누워 계셔야 합니다."

이렇게 침대에 누워 있는 시간을 '줄이는' 수면 장애 치료가 시작되었다. 알고 보니 이 방법은 내가 그때까지 불면증에서 벗어나기 위해 시도한 수많은 방법 중 가장 효과적인 전략이었다.

프레이더 교수에 따르면 불면증에 시달리는 사람은 대부분 잠이 불쑥 찾아온다고 오해한다. 이들은 수면 메커니즘을 이해하지 못하기 때문에 잠에서 깼을 때 다시 잠이 오길 기다리며 침대에 가만히 누워 있다. 조금이라도 더 자려고 침대에서 시간을 보내는 것이다.

그러나 잠이 오지 않는데도 침대에 누워 있다 보면 어느 순간 침대는 편안하고 포근한 쉼과 휴식의 장소가 아니라 뜬눈으로 누워 버텨야 하는 불편한 공간 또는 시간을 낭비하는 공간이 되어버린다.

침대에서 보내는 시간 VS 실제로 자는 시간

프레이더 교수는 이렇게 말한다.

"침대에서 10시간을 보냈는데 잠은 8시간밖에 자지 못한다면 주어진 시간을 꽉 채워 쓰지 못하는 셈입니다. 멍하니 누워 있는 동안 뇌는 각성 상태를 유지하고, 그러다 잠이 들어도 선잠을 자게 되죠. 이렇게 되면 수면의 질이 떨어지고 회복력은 당연히 나빠집니다."

그는 환자들에게 먼저 수면 일기를 써보라고 권한다. 일단 매일 밤 침대에서 몇 시간을 보내는지 시간을 재고, 그 시간 중 깨어 있는 시간은 얼마나 되는지 살펴보는 것이다. 침대에 누워 있는 전체 시간에서 깨어 있는 시간을 빼면 어떤 결과가 나올까?

예를 들어 어떤 사람이 밤 10시부터 다음 날 아침 7시까지 침대에 있다고 해보자. 9시간 내내 잔 것은 아니고, 그중 3시간 정도는 말똥말똥한 상태로 깨어 보냈다. 실제로 잔 시간은 6시간밖에 되지 않는다.

"침대에 누워있는 시간을 조금씩 줄인다고 생각해봅시다. 하루에 깨어 있는 시간은 일정하게 유지하면서 자러 가는 시간을 조금씩 뒤로 미루는 것이지요. 극단적으로 줄일 필요는 없습니다. 임상적으로 침대에 머무르는 시간을 5시간 이하로 줄이는 것은 권하지 않아요. 그렇게 하면 운전이나 요리를 하다가 졸음이 쏟아져 위험해질 수도 있으니까요."

프레이더 교수는 앞서 말한 사람에게는 밤 10시가 아니라 새벽 1시에 침대에 눕고, 기상 시간은 아침 7시로 고정하라고 조언한다. 잠들기까지 걸리는 시간을 줄이면 '잠 풍선'은 아주 커진다. 사실 밤 10시에 침대에 눕던 사람이 새벽 1시까지 버티는 것이 쉬운 일은 아니다. 하지만 버티면 1시쯤에는 너무 졸려 기절할 지경이 될 것이다. 프레이더 교수의 표현을 빌리자면 '오랜 시간 만나지 못했던 친구와 재회하는 것'과 비슷하다.

"늘 침대에 누워 불면증으로 고생하던 사람이라도 평소 눕던 시간보다 훨씬 늦게 누우면 상대적으로 잠이 잘 옵니다. 마치 오랜 시간 만나지 못했던 친구와 다시 만나는 기분이 들지요. 이렇게 자연스럽게 졸린 느낌이 들면 스스로 원할 때 숙면을 취할 수 있다는 안정감이 듭니다. 대부분의 수면 문제는 제대로 못 자서 다음 날 힘들어질까 봐 걱정하는 데서 오니까요."

만약 당신이 침대에 누워 오랜 시간 잠들지 못하는 문제를 겪고 있다면 아예 잠자리에 드는 시간을 늦추어 보라. 이렇게 하면 잠들지 못한다는 불안감은 사라지고 금세 건강한 수면 습관을 되찾을 수 있다. 불면증으로 고생하면 침대는 불안, 걱정, 고뇌의 장소가 된다. 그러나 잠이 올 때까지 기다렸다 침대로 가서 바로 단잠에 빠지면 침대는 당신을 위한 최고의 휴식 공간이 되어줄 것이다.

생각보다 많이 잘 필요는 없다

수면 관련 정보나 책을 읽으면 매일 7~9시간은 자야 한다는 내용이 담겨 있다. 각종 건강 프로그램에서도 최소 7시간 이상은 자야 한다고 입을 모아 말한다. 그러나 사람들은 실제로 그렇게 오랜 시간 자고 있을까? 이 책을 읽는 당신은 어떠한가? 한때 나에게는 '마의 8시간'이라는 벽이 있었다. 8시간을 채우지 못한 다음 날이면 내 머릿속에서 악마의 속삭임이 들리는 듯했다.

'오늘도 최적의 수면 시간은 채우지 못했군. 분명 종일 피곤하

고 집중도 못할 거야!'

그러나 50년 이상 수면 연구에 전념해온 대니얼 크립키Daniel Kripke 박사의 분석에 따르면 우리가 수면의 질을 개선하려 할 때 가장 범하기 쉬운 실수가 바로 '오래 누워 있는 것'이라고 지적한다.

"많은 사람이 하루에 8시간씩은 자야 한다는 말을 정답처럼 신봉합니다. 하지만 이는 사실이 아닙니다. 그보다 적게 자도 충분한데 그저 8시간을 채워야 한다고 맹신하며 침대에 너무 오래 누워 있는 것이지요."

네이처에서 발간하는 과학 전문지 『사이언티픽 리포트Scientific Reports』에 실린 한 논문은 25건의 연구 자료를 기반으로 사망률과 수면 시간의 상관관계를 분석했다. 그 결과 하루에 8시간이 아니라 7시간 정도 자는 사람이 가장 건강하고 사망률이 낮았다. 8시간 자는 사람의 사망률은 7시간 자는 사람보다 7퍼센트 높았고, 9시간 자는 사람은 21퍼센트, 10시간 자는 사람은 무려 37퍼센트 높았다.

잠을 더 잘수록 사망률이 높아진다니, 매일 잠이 부족해 만성 피로를 겪는 사람에겐 당황스러운 이야기일 것이다. 다른 연구 결과도 살펴보자. 60세 이상을 대상으로 진행한 실험들을 메타 분석한 다른 연구에서도 비슷한 결과가 나왔다. 『수면의학 리뷰 Sleep Medicine Reviews』에 발표된 한 코호트 연구(특정 요인에 노출된 집단을 추적 분석하는 방식)는 기존 연구 40건을 바탕으로 약 220만 명

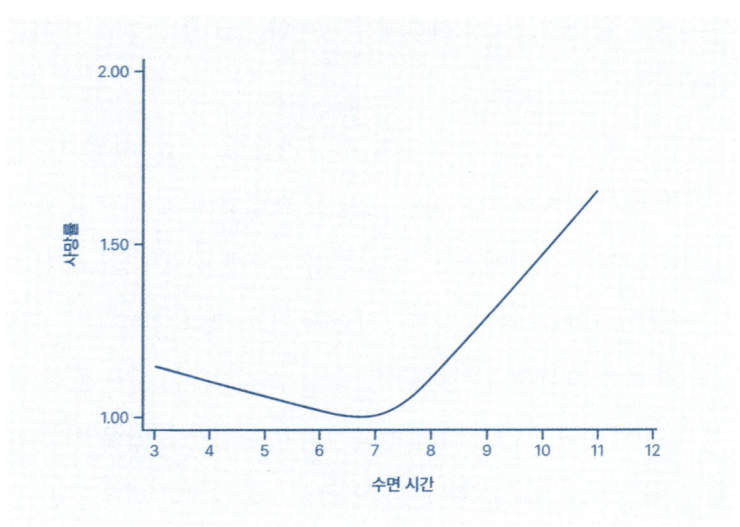

수면 시간에 따른 사망률 변화 수면 시간이 길다고 무조건 건강에 좋은 것은 아니다. 연구에 따르면 수면 시간이 7시간일 때 사망률이 가장 낮고, 7시간 이상으로 증가할수록 사망률이 상승했다.

의 참가자 중 27만 명의 수면 실태를 조사했다. 그 결과 가장 이상적인 수면 시간은 역시 7시간이었다. 과하게 자는 사람일수록 부족하게 자는 사람보다 오히려 사망률이 높아진다는 결과도 나왔다. 크립키 박사는 이렇게 덧붙인다.

"침대에 너무 오래 있으면 잘 못 자게 됩니다. 전 세계 수많은 수면 전문의가 실시한 50건 이상의 임상 조사에 따르면 7시간 또는 6시간을 자는 게 8시간 이상 자는 것보다 생존율이 높습니다. 당연히 이런 연구들에서는 BMI 같은 여러 건강 변수도 광범위하게 통제했고요. 즉 비슷한 신체 조건의 사람들을 대상으로 연구해도 잠을 많이 자는 게 건강에 유의미하게 좋은 영향을 미치진 않습니다."

크립키 박사의 또 다른 실험도 흥미롭다. 그는 매일 8시간 30분씩 잔다는 50~70대 성인 42명을 모집해 두 그룹으로 나눴다. 한 그룹은 수면 시간을 그대로 유지하게 했고, 다른 그룹은 수면 시간을 90분 줄여 하루 7시간만 자게 했다. 10주 후, 수면 시간을 줄인 그룹은 침대에 누워 있는 시간 대비 '실제 수면 시간' 비율이 높아졌고 누워서 잠들기까지의 시간도 짧아졌다. 잠을 줄였더니 더 쉽게 잠들게 된 것이다. 우울감이나 피로 같은 부작용도 없었고, 일상생활 수행 능력도 떨어지지 않았다. 심지어 실험이 끝난 후 이들은 자발적으로 침대 체류 시간을 평균 1시간 더 줄였다.

연구 결과들은 이렇게 다른 메시지를 보내는데 우리는 대체 왜 8시간이나 9시간씩 자야 건강에 좋다는 미신을 믿게 된 걸까? 우리가 얻는 수면 건강 관련 정보는 대부분 광고와 마케팅, 홍보의 결과다. 수면제를 비롯해 다양한 건강 보조제를 만드는 제약 회사는 불면증을 마치 전 세계에 퍼진 치료하기 어려운 전염병처럼 과장하고 하루에 8시간 또는 그 이상 자지 못하면 건강을 잃을지 모른다는 걱정에 사로잡히게 한다. 그래야 불면증 치료제 판매량을 늘리고 매출을 높일 수 있기 때문이다.

2022년, 미국의 유명 배우 제니퍼 애니스턴은 스위스 제약 회사 이도르시아idorsia의 홍보 모델로 활동했다. 당시 이도르시아가

내걸었던 슬로건은 '밤과 낮을 모두 누려라Seize the night and day'로, 새로 만든 수면제를 홍보하기 위함이었다. 수면제 광고에서 제니퍼 애니스턴은 밤새 잠을 이루지 못하고 계속해서 시계를 바라본다. 개인적으로 겪었던 수면 장애 이야기를 풀어놓기도 한다. 제약 회사 이도르시아는 불면증으로 괴로워하는 미국 성인들에게 희망의 등불을 밝혀주겠다며 이 캠페인을 진행하고 수면을 돕는 의약품을 출시했다. 그러나 사실 이는 몸을 이완시키는 것이 아니라 뇌가 각성 상태를 유지하게 하는 호르몬이나 신경전달물질을 인위적으로 차단하는 성분이 포함된 약이었다.

국가 기관이나 비영리 단체의 캠페인도 크게 다르지 않다. 그들의 자금줄이 어디인지 알면(대개 제약사나 의료기기 회사다), 왜곡된 정보가 판치는 이유를 짐작할 수 있다.

제약 회사와 수면제 이야기가 나온 김에 좀 더 살펴보자. 대니얼 크립키 교수는 1990년대 후반부터 2012년까지 10년 이상 수면제 복용과 사망률의 상관관계를 추적 조사했다. 그 결과, 수면제를 매일 복용하든 가끔 복용하든 복용한 사람의 사망률이 복용하지 않은 사람보다 현저히 높았다. 인구통계학적 요인과 생활 방식 요인, 다른 신체와 정신 건강 요인을 통제해도 마찬가지였다. 즉 수면제는 그 순간에 잠들 수 있도록 해줄지는 모르나 장기적으로는 건강에 해롭다.

여기서 우리가 얻을 수 있는 교훈은 하나다. 잠은 하루에 7시간 정도면 충분하다. 사람마다 차이가 존재하고 피곤하면 조금 더 잘 수 있겠지만 몇 시간이나 자야 하는지 스스로의 몸에 귀를 기울여 판단해보자. 내 몸이 원할 때 자고, 개운하면 일어나는 것. 제약 회사의 공포 마케팅에 속지 말고 내 몸의 소리에 귀 기울여 보자.

☐ 난이도 ★

수면 습관 4

침대에서 할 일은 잠과 휴식뿐

과거에 나는 침대에서 굉장히 많은 일을 했다. 노트북으로 업무를 처리하고, 텔레비전을 보고, 누워서 친구와 통화하고, 손님이 오면 나란히 누워 밤새 수다를 떨고, 심지어 과자까지 먹었다(커피는 쏟을까 봐 참았다). 하지만 내가 만난 수면 전문의들은 하나같이 입을 모아 경고했다. "침대에서는 딱 '2S'만 하세요." 2S가 뭐냐고? 바로 '잠Sleep'과 '성관계Sex'다. 침대를 TV 시청실, 공부방, 식당으로 쓰면 뇌는 혼란에 빠진다. 막상 자려고 누워도 뇌는 '아, 여기는 TV 보는 곳이지?', '일하는 곳이지?' 하며 각성 모드를 켠다.

침대를 휴식이 아닌 일상생활의 장소로 인식하기 시작하면 당신의 뇌는 잠을 자지 못하고 다른 할 일을 떠올린다. 그러다 보면 오히려 침대에서 점점 각성하도록 훈련되고, 이는 숙면에 굉장히 방해가 된다. 자다가 새벽 3시에 깼다고 해보자. 다시 잠들기 위해 애쓰며 마음속으로 내일 할 일을 떠올릴 것이다. 평소 침대에서 텔레비전을 보는 습관이 있다면 갑자기 텔레비전을 켤지도 모른다. 그러다 보면 잠과의 거리는 걷잡을 수 없이 멀어진다.

잠들 수 없을 때는 침대를 떠나라

데이비드 커닝턴 박사는 한번 잠에서 깼을 때 다시 잠들기는 쉽지 않다며 가장 좋은 방법은 아이러니하게도 '잠들려고 애쓰지 않는 것'이라고 한다. 그는 잠이 오지 않으면 당장 침대를 떠나라고 권한다.

"다른 건강 영역과 달리 잠은 통제가 불가능합니다. 영양제 삼키듯 할 수 있는 일이 아니지요. 자다가 한밤중에 깨면 대부분 그대로 누워 이렇게 생각합니다. '내일 피곤하지 않으려면 다시 자야 해.' 하지만 바로 잠들지 못한다면 침대를 떠나 다른 무언가를 하는 게 낫습니다. 다시 잠이 오게 하는 데에 그게 더 도움이 됩니다. 상황을 통제하려 하면 오히려 스트레스를 받지요."

에릭 프레이더 교수도 한밤중에 자다 깨서 20분 이내에 다시 잠들지 못하면 침대에서 일어나는 것이 낫다고 조언했다. 침실 밖으로 나가 다른 일을 하는 것도 방법이다. 그러나 뇌를 자극하는 서바이벌 리얼리티 쇼나 공포 영화는 금물이다. 걱정을 유발하거나 몰입하게 만드는 일도 피해야 한다.

"지루하고 단순한 일을 하세요. 뇌에 쉼을 주는 일 말입니다. 새벽에 깨서 소셜 미디어를 보는 건 최악입니다. 그건 뇌에게 '계속 깨어 있어라'라고 명령하는 것과 같아요."

새벽 3시에 인스타그램이나 페이스북을 켜는 것은 더 이상 잠을 자지 않겠다는 선언과 같으니, 차라리 침대에서 벗어나 거실을 돌아다니는 것이 낫다. 이때 뇌에 부담을 주지 않는 것이 중요하다. 어두운 조명을 켜고 거실 곳곳을 둘러보며 잠시 멍하게 보내면 금세 졸음이 몰려온다. 그때 침대로 돌아가면 된다.

한밤중에 침대를 벗어나는 게 두려울 수도 있다. 하지만 멀뚱히 누워 있다고 잠이 오던가? 다음번에 잠이 깰 땐 과감히 침실을 탈출해보라. 지루한 책을 읽거나 잔잔한 음악을 들으며 졸릴 때를 기다리는 것, 졸리지 않을 때 침대를 벗어나는 것은 장기적으로 침대와 긍정적인 관계를 맺는 비결이다.

'이상적인 침실'이라는 환상

수면 장애를 겪는 사람들은 종종 강박적으로 침실을 꾸미려 한다. 온도는 섭씨 18도로 맞추고, 방을 어둡게 유지한다며 암막 커튼을 달고, 푹신푹신한 고급 침구를 마련하고, 심지어 방음 공사를 하는 사람까지 보았다. 그러고도 부족한지 침대 옆에 늘 안대와 귀마개를 구비해 잘 때 눈과 귀를 막으려고 한다. 어떤 이들은 심지어 숙면을 돕는다는 백색 소음을 켜놓기도 한다. 잘 자려면 이런 최적의 수면 조건을 만들어야 할까?

커닝턴 교수는 그럴 필요가 없다고 주장한다. 그저 머리를 비우고 편안한 자세로 눕는 것으로 족하다고 말한다.

"먼 조상들을 떠올려보세요. 그들은 땅바닥에서도 잤습니다. 비싼 매트리스나 귀마개, 안대, 수면에 좋은 향수나 백색 소음 장치도 없었죠. 그래도 잘만 잤습니다. 잘 자기 위해 강박적으로 환경을 조성할 필요는 없습니다. 환자들을 만날 때마다 강조하지만 수면에 대해서는 완벽하려고 애쓰는 것이 의미 없어요. '적당히' 하면 됩니다."

침실 환경보다 중요한 것은 나의 몸 상태다. 졸릴 때 눕고, 안 졸리면 일어나는 것. 특히 암막 커튼이나 블라인드로 빛을 완벽히 차단하는 것은 생체 시계에 혼란을 줄 수 있다. 커닝턴 박사는 오히려 반대로 하라고 조언한다. 아침이 되면 햇살이 들어와 자연스럽게 몸이 반응하고 깰 수 있도록 커튼과 블라인드를 열고 자도 된다. 밤낮이 바뀐 교대 근무자가 아니라면, 커튼 틈으로 빛이 조금 새어 들어오는 것쯤은 괜찮다. 너무 예민하게 굴지 말자.

☐ 난이도 ★

수면 습관 5

아침에 일어나면 잠시라도 햇빛을 쬐어라

　당신의 하루는 어떻게 시작되는가? 기상 직후 2시간을 떠올려보라. 침대에서 최대한 밍기적거리다가 알람을 끄고 이미 피곤한 상태로 일어나는가? 아이들 등교 준비를 위해 새벽같이 일어났다가, 8~9시가 되면 이미 방전된 배터리처럼 피로가 몰려오는가? 무언가를 시작하기도 전에 커피부터 찾지는 않는지 루틴을 잘 생각해보자.

　보통 사람들은 아침부터 햇빛을 쬘 기회가 많지 않다(집이 온실이 아닌 이상 말이다). 그러나 아침에 받는 햇빛은 당신이 저녁에 다시 숙면을 취하도록 도움을 준다. 러셀 포스터 교수는 아침에 따뜻한 물로 샤워하듯 뇌를 햇빛으로 씻어줘야 한다고 조언한다. 그에 따르면, 아침마다 30분 정도 야외에서 시간을 보내면 잠의 질이 훨씬 좋아진다.

"아침에 강아지를 산책시키는 사람은 그렇지 않은 사람보다 수면 패턴이 훨씬 안정적이라는 연구 결과가 있습니다. 핵심은 '반려견'이 아니라 '산책'에 있습니다. 반려견을 키우는 사람은 매일 아침 개를 데리고 밖으로 나가야 하고, 그러면 자연스럽게 아침 햇빛을 쬐게 되지요."

당신의 아침을 깨우는 모닝콜, 햇빛

미국 국립정신건강연구소 산하 '빛-일주기리듬부'의 책임자이자 잠을 전문적으로 연구하는 신경과학자 사메르 하타르Samer Hattar는 햇빛 예찬론자다. 그는 아침 햇살이야말로 망가진 생체 리듬을 고치는 최고의 치료제라고 말한다.

"일주기 시계를 깨우는 데는 아침에 15~20분 정도 해를 보는 것이 효과적입니다. 하루를 활기차게 시작할 수 있게 되지요. 햇살 좋은 날이면 5분으로도 충분합니다. 아침마다 비몽사몽하고 늘 피곤하다면 일어나자마자 햇살을 쬐어 보세요."

햇빛은 '수면 관성'(일어나서도 계속 멍하고 졸린 상태)을 물리치는 가장 강력한 무기다. 아침 햇살에는 우리 몸이 하루를 잘 시작하도록 생체 시계에 신호를 보내는 특별한 파장이 담겨 있다.

여기서 잠깐, 고등학교 생물 시간을 떠올려보자. 우리 눈의 망막에는 다양한 시신경 세포가 있다. 사물의 색을 구별하는 원뿔

세포, 어두운 곳에서 명암을 구별하는 막대세포가 대표적이다.

하지만 망막에는 이들 외에 '감광 신경절 세포ipRGCs'라는 특수 부대가 숨어 있다. 이 세포들은 아침에 아주 중요한 임무를 수행한다. 눈으로 빛이 들어오면 이 세포가 감지해 뇌로 직통 신호를 보낸다. "주인님이 깨어났다! 멜라토닌 분비를 당장 중단하라!" 우리가 일어났는데도 계속 졸린 이유는 수면 호르몬인 멜라토닌이 멈추지 않고 분비되기 때문이다. 아침 햇빛은 이 멜라토닌 수도꼭지를 잠그고, 뇌를 '기상 모드'로 전환하는 스위치 역할을 한다.

그렇다면 생체 시계를 아침 모드로 바꾸는 데 얼마나 밝은 빛이 필요할까? 그리고 햇살이 아닌 다른 빛은 효과가 없을까? 일단 빛의 밝기인 조도를 알아야 한다. 몇 럭스 정도의 빛이 있어야 일주기 리듬을 켜고 하루를 활기차게 시작할 수 있을까? 포스터 교수는 일주기 시계를 켜기 위해서는 약 1,000럭스 정도의 빛을 30분 이상 쬐는 것이 좋다고 제안한다. 보통 평범한 가정집의 조도가 100~400럭스 정도 된다. 우리는 보통 실내외 밝기가 비슷하다고 생각하지만 야외 조도는 훨씬 높다. 구름 끼고 흐린 날에는 1~3만 럭스 가까이 되고, 맑고 청명한 날에는 무려 10만 럭스에 이른다. 즉 흐린 날이든 맑은 날이든 야외가 실내보다 확연히 조도가 높다.

수면 건강 임상학자이자 플린더스대학교에서 심리학을 가르치는 레온 랙Leon Lack 교수는 평범한 성인들을 대상으로 일주일간 기상 직후 빛을 쬐는 실험을 했다. 참가자들을 두 그룹으로 나누어 한 그룹은 아침에 일어나자마자 100럭스 정도의 약한 빛을, 다른 그룹은 2,500럭스 정도의 강한 빛을 쬐게 한 것이다. 그 결과 아침에 강한 빛을 쬔 그룹은 약한 빛을 쬔 그룹보다 밤에 1시간가량 일찍 졸음을 느꼈다고 답했다. 후속 연구에 따르면 강한 빛을 쬔 그룹은 수면의 질도 높아졌고 낮에 일상적인 활동을 하면서도 피곤을 덜 느낀 것으로 보고되었다.

최근에 진행된 다른 연구는 침대에서 일어날 때 조명 강도를 높여 2,000럭스 이상의 빛을 쬐면 생체 리듬을 조절하고 창의성을 높이는 데 효과적이라는 결론을 내렸다.

아침 산책이 어렵다면 전등으로도 충분하다

러셀 포스터 교수는 아침에 외출하는 것이 어렵거나 극지방 등 계절에 따라 빛을 보기 어려운 지역에 산다면 조명을 활용해 수면-각성 주기를 개선할 수 있다고 조언한다. 특히 요즘은 원하는 밝기에 맞춰 사용할 수 있도록 조도 조절이 가능한 조명등 제품이 시중에 나와 있다.

"요즘은 라이트 테라피용 램프가 상당히 잘 나옵니다. 2,000럭스부터 1만 럭스까지 조도도 다양하지요. 잘 때 빛을 잘 차단하는 것보다는 기상 직후에 밝은 빛을 쬐는 것이 건강한 숙면에 도움이 됩니다. 잠을 잘 못 자서 힘든 분들께는 기상 시간을 위한 조명을 마련하라고 종종 이야기합니다. 그러면 다들 깨는 데에는 문제가 없고 잠이 안 온다고만 하지만 숙면은 건강한 기상에서 시작되지요."

하타르 박사도 비슷하게 말한다. 그는 아침에 받는 햇살이 잠뿐만 아니라 하루 기분을 조절하는 데에도 큰 역할을 한다고 강조했다.

"꼭 비싼 조명등을 사라는 게 아닙니다. 마트에서 흔히 보이는 저렴한 제품도 상관없습니다. 아침에 식사를 준비하고 집안일을 하느라 산책을 나가서 자연광을 받을 수 없다면 집 안에 조명을 밝히세요. 30분 정도만 쬐어도 충분합니다. 아침에 빛을 쬔 날은 그렇지 못한 날보다 훨씬 잠이 잘 올 거예요. 더불어 아침 햇살은 일주기 시계의 상태를 조절하는 것 이상의 역할을 합니다. 감정을 관리하는 뇌 영역도 활성화시키기 때문이지요. 햇살을 충분히 쬔 날에는 그렇지 못한 날보다 감정을 조절하고 좋은 기분을 유지하기가 쉽습니다."

아침 햇빛은 공짜로 얻을 수 있는 최고의 영양제다. 생체 시계를 재설정해 수면 주기를 유지하는 데 도움이 되고, 정서적 안정감까지 주는 아주 든든한 지원군이다. 햇살을 받는 데에는 큰 노력이 필요하지도 않다. 그저 평소보다 조금 일찍 일어나 바깥으로 나가면 된다. 내일부터는 눈이 떠지면 침대에서 밍기적거리지 말고 힘차게 몸을 일으키자. 잠시 밖으로 나가 10분 정도 산책을 하거나 거실에 밝은 조명을 켜고 충분히 빛을 쬐자. 이런 작은 변화로 당신의 아침 컨디션은 획기적으로 달라질 것이다.

1장 정리

1 매일 같은 시간에 일어나라.
기상 시간 고정은 생체 시계를 유지하는 가장 확실한 방법이다.

2 잠들기 전, 머릿속 걱정을 종이에 털어내라.
기록하는 순간 뇌는 안심하고 휴식 모드로 전환된다.

3 침대에 너무 오래 머물지 마라.
'8시간 통잠' 강박을 버리고, 졸음이 쏟아질 때 침대로 가라.

4 침대는 오직 잠과 휴식을 위한 공간이다.
TV를 보거나 일을 하면 뇌는 침대를 놀이터나 일터로 착각한다.

5 아침에 눈을 뜨면 '햇빛 샤워'를 하라.
하루 30분, 아침에 햇빛을 쬐는 것만으로 그날 밤 꿀잠 잘 수 있다.

2장 운동

움직일수록
활력이 생기는 마법

딸아이의 학교에서 수영 대회가 열리는 날 아침이었다. 프랭키는 학교에 가고 싶지 않다며 유난히 고집을 부리고 버텼다. 칭얼거리는 아이를 어르고 달래며 끝나면 좋아하는 것을 사주겠다고 구슬려 겨우 교문 앞까지 데려갔다. 사실 프랭키는 수영을 꽤 잘한다. 하지만 수백 명의 아이들 앞에서 레인을 몇 바퀴나 돌아야 한다는 생각에 겁을 먹은 것 같았다. 수영 대회를 진심으로 즐기는 아이는 얼마나 될까? 과연 그런 아이가 있기는 할까?

프랭키는 결국 대회를 무사히 마무리했지만 아이가 느끼는 초조함은 고스란히 내게도 전해져 학창 시절을 떠올리게 했다. 생각해보면 나도 마찬가지였다. 초등학교 때부터 고등학교 때까지 내내 수영 대회를 비롯해 온갖 운동회와 체육 대회를 달갑게 생각하지 않았다. 사춘기의 예민함 탓에 수영복 입은 내 모습이 부끄러웠고, 무엇보다 나는 운동 신경이 꽝이었다. 남들보다 어설프게 허우적거리는 내 모습이 싫었고, 자연스럽게 체육 시간은 고문이나 다름없는 시간이었다.

나는 오랜 시간 스스로 운동과는 담 쌓은 사람이라 생각하며 낙담했다. 10대 때 친구들은 종종 나를 '굼벵이'라고 놀렸고, 나는 점점 마음의 문을 닫았다. 적어도 이번 생에는 운동과 가까워질 일은 없다고 생각했다. 종종 농구나 테니스를 즐겼지만 스스로 활동적이거나 운동 신경이 좋다고 생각한 적은 맹세코 한 번도 없었다. 성인이 되고도 비슷했다. 20대 때는 순전히 몸매를 관리하기 위해 운동을 했다. 끝나지 않는 다이어트의 굴레 속에서 운동은 그저 의무이자 고역이었다.

그러나 30대 중반에 아이를 임신하자 무언가 달라졌다. 그때까지 내 몸을 외모로만 평가했다면, 임신을 하니 내 몸이 기적처럼 느껴지기 시작했다. 내 몸에는 다른 생명을 안전하게 보호하고 기르는 경이로운 능력이 있었다. 아이를 낳은 뒤에는 재활과 회복에 집중했다. 그런 과정을 거치며 내 몸이 또 무엇을 할 수 있는지 알아보고 싶어졌다.

나는 20대 초반에 개인 트레이너 자격증을 땄다. 운동 능력과 심리학을 엮으면 유의미한 경력을 쌓을 수 있겠다고 생각했기 때문이다. 그러나 당시에도 나의 전공 분야인 심리학을 몸에 어떻게 접목시킬 수 있을지 고민했을 뿐 운동에 열의가 있던 것은 아니었다. 그러던 내가 출산 후 우연히 새벽까지 인터넷을 뒤지다가 미국에서 산후 체력 단련과 여성 근력 운동을 전문으로 하는 모임을 발견했다. 호기심이 생겨 모임에 등록했고, 여기에서 알게 된 트레이너 덕분에 난생처음으로 근력 운동에 푹 빠지게 되었다.

이제 5년 이상이 된 지금 나는 일주일에 4~5번씩 꾸준히 근력 운동을 하고 있으며, 태어나 처음으로 운동이 내 자아 정체성의 큰 영역을 차지하게 되었다. 나의 몸과 내 몸이 가진 힘, 운동 신경이 무척 만족스럽다. 이제 중년에 접어들었지만 여전히 내 몸으로 무엇이든 할 수 있다고 느낀다. 활력을 되찾았고 거북목 증후군에서도 벗어났다.

늦은 때란 없다, 최적의 시기는 '바로 지금'!

이 책을 읽는 당신은 어떤가? 운동을 즐기는 편인가? 아니면 평소 운동과 담을 쌓고 사는가? 미리 말해두지만 '운동'이 꼭 헬스장에 가서 땀 흘려 바벨을 들어올리는 것이나 운동장에서 경기를 뛰는 것만을 의미하지는 않는다. 산책, 장보기 등 일상 속에서 소소한 활동을 하는 것만으로 신체 상태는 획기적으로 달라진다. 관련 연구도 많이 나와 있다.

그러니 혹여 운동을 전혀 하지 않던 사람이라 해도 짐짓 겁먹을 필요 없다. 전 세계에서 규칙적으로 운동하는 사람의 비중은 매우 적다. 대부분이 당신과 비슷한 상황이라는 뜻이다. 그리고 운동을 하지 않던 사람은 아주 가볍게 시작해도 큰 효과를 볼 수 있다.

영양학 박사이자 근력 운동 전문가 레인 노턴 박사는 주로 앉아서 생활하던 사람이라면 하루에 8,000걸음을 걷는 것만으로도 큰 효과를 볼 수 있다고 격려한다.

"하루에 8,000보 정도만 걸어도 다른 사람들보다 훨씬 뛰어난 셈입니다. 상위 5퍼센트 안에 든다고 할 수 있어요. 저는 이런 말을 자주 합니다. '뛰지 못하면 빠르게 걸어라. 빠르게 걷는 것이 버겁다면 천천히 걸어라. 걷기조차 힘들다면 잠시 일어서서 한 걸음만 떼어 보라.' 무엇이든 시작하세요. 지금 할 수 있는 일을 하는 겁니다."

운동을 전혀 하지 않던 사람이 일주일에 딱 90분만(놀라지 마시라, 하루가 아니라 일주일이다) 운동을 시작해도 어떤 원인으로든 사망할 확률은 14퍼센트 감소하고, 기대 수명은 3년 증가한다. 이 정도 효과를 볼 수 있는 방법은 운동뿐이다. 어떤 건강 보조제나 약품도 할 수 없는 일이다.

운동이 신체뿐만 아니라 정신 건강에도 큰 도움이 된다는 사실은 이미 널리 알려져 있다. 듀크대학교 의과대학의 제임스 블루먼솔James Blumenthal 교수는 운동과 기분의 상관관계를 밝히는 유명한 연구를 진행했다. 가벼운 우울증 진단을 받은 환자 200명을

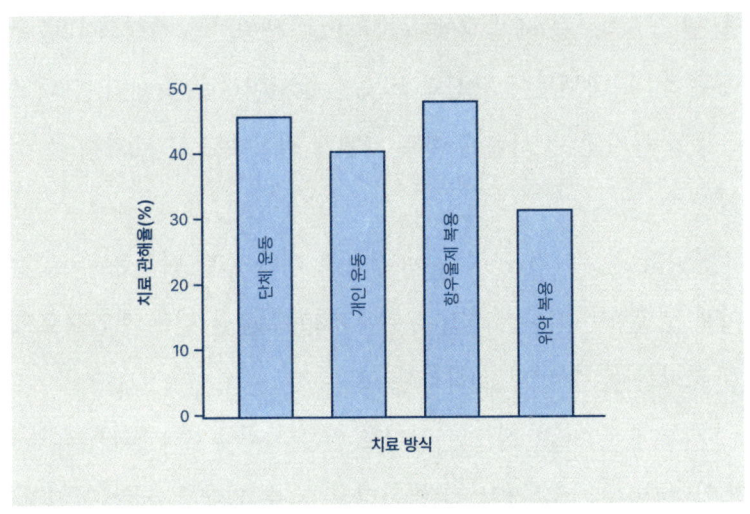

치료 방식에 따른 치료 관해율 차이 듀크대학교 실험 결과, 단체 운동이나 개인적인 운동은 항우울제를 복용하는 것과 비슷한 수준으로 우울감을 줄여주었다.

대상으로 16주간 운동 프로그램과 약물 치료를 실시한 것이다. 환자군을 네 집단으로 나눠 첫 번째 집단은 전문가의 감독하에 단체 운동을, 두 번째 집단은 집에서 개인적인 운동을 하게 하고 세 번째 집단은 항우울제를, 네 번째 집단은 우울증에 효과가 있다며 위약을 복용하게 했다.

연구진은 16주간의 실험이 끝난 뒤 더 이상 우울감을 느끼지 않는 참가자가 얼마나 되는지 확인했다. 그 결과 단체 운동을 한 집단의 45퍼센트, 집에서 운동한 집단의 40퍼센트, 그리고 항우울제를 복용한 집단의 47퍼센트가 더 이상 우울감을 느끼지 않는다고 답했다. 위약을 복용한 대조군은 31퍼센트만이 우울감에서 벗어났다. 이 결과를 통해 운동은 항우울제와 비슷한 수준으로 우울감 개선에 효과가 있다는 사실을 알 수 있다.

규칙적인 운동이 우울감을 관리하고 정신 건강을 개선하는 데 도움이 된다는 사실을 뒷받침하는 다른 자료가 또 있다. 2023년 『영국 스포츠의학 저널British Journal of Sports Medicine』에 실린 메타 분석 연구는 더 확신을 준다.

1,000건 이상의 연구를 종합한 결과, 정신 건강 문제에 있어 운동은 약물 치료나 상담 치료보다 증상 개선에 약 1.5배 더 효과적이라는 결론이 나왔다. 하버드대학교 의과대학의 존 레이티John Ratey 교수 역시 이렇게 독려한다.

"하루 10분만 움직여도 뇌는 변합니다. 엔도르핀 같은 신경전달물질이 쏟아져 나와 스트레스를 날려버리고 기분을 좋게 만듭니다."

당신의 삶을 바꿀 미세 운동 습관

운동을 다루는 이번 장에서는 주로 몸을 어떻게 움직일 것인지를 살펴보고자 한다.

하지만 겁먹을 필요는 없다. 힘든 운동은 시키지 않을 거니까. 아주 간단한 일상 속 운동만으로도 당신의 몸 상태는 아래와 같이 달라질 수 있다.

- **심혈관 건강 개선**: 심장 질환의 발병 위험을 줄인다.
- **근골격 건강 개선**: 나이가 들어도 활동성을 유지하게 돕고, 골다공증 등 노화로 인한 병을 방지한다.
- **혈당 조절**: 식후 혈당 스파이크를 줄여 당뇨병 등 성인병 발병 확률을 낮춘다.

'아직 죽을병 걸린 것도 아닌데 뭘.'

이렇게 생각하는가? 하지만 운동은 당장의 삶을 윤택하게 만든다. 몸은 가벼워지고, 살은 빠지며, 스트레스는 사라지고 행복감은 차오른다. 지금부터 소개할 전략들은 과학적으로 검증되었지만, 놀라울 만큼 쉽고 간단하다. 움츠렸던 몸을 풀고 건강으로 한 걸음 더 나아가자.

□ 난이도 ★

| 운동 습관 1 | 간헐적 고강도 활동, 빌파VILPA로 활력을 찾자 |

앞에서 아주 가벼운 운동을 시작하는 것만으로도 건강을 개선할 수 있다고 했다. 사실 운동이 아니라 일상 속 작은 '움직임'만으로 충분하다. 독자 여러분의 부담을 덜어주려는 위로 차원의 말이 아니다. 실제로 수많은 연구가 증명하고 있다. 힘들게 땀 흘리지 않아도 활력을 찾을 수 있다고. 그러니 제발 '운동은 힘들고 고통스러운 것'이라는 편견부터 버리자. 어렵다고 생각하면 시작조차 하지 못하고 포기하게 된다.

솔직히 '운동'이라고 하면 벌써부터 피곤하게 느껴진다. 일상 속에서 자연스럽게 하는 것이 아니라 시간을 따로 내서 헬스장을 가거나 공원으로 나가야 하고, 땀 범벅이 되면 씻어야 한다. 이 과정이 시간을 너무 많이 잡아먹는다. 그래서 많은 사람이 운동을 시작하기도 전에 걸릴 시간을 생각하고 지레 포기한다. 하지만 지금부터는 포기하지 않아도 된다. 당신은 이미 일상 속에서 충분히 움직이고 있으니까!

순간적인 고강도 활동의 충격적인 효과

각 잡고 하는 운동이 아니더라도 충분히 효과를 보는 일상 속 움직임이 바로 '빌파VILPA'다. 빌파란 '간헐적 고강도 일상 신체 활동Vigorous Intermittent Lifestyle Physical Activity'의 약자로, 최근 몇 년 사이 많은 연구자와 의사들에게 주목을 받고 있는 일상 속 운동법이다. 혹시 최근 평소보다 집에서 조금 늦게 나와 늘 타던 버스를 타기 위해 정류장 앞에서 전력 질주를 한 적이 있는가? 엘리베이터를 기다리다가 너무 오래 걸려 계단을 올라간 경험은? 자녀를 데리고 놀이터에 나갔다가 술래잡기를 하자는 말에 몸을 날렵하게 놀려 아이를 놀아주었던 적은? 이중 하나라도 해당하면 당신은 빌파를 하고 있는 것이다.

과학자들은 숨이 찰 정도로 폭발적인 신체 운동을 간헐적으로 1~2분간 하는 것을 빌파라고 정의한다. 빌파는 일반적으로 운동으로 여길 만큼 시간이 필요하고 집중해야 하는 활동은 아니다. 나는 캐나다 맥마스터대학교 운동학과의 마틴 기발라 교수와 대화를 나누다가 '빌파'라는 단어를 처음 들었다. 그는 『인터벌의 정석』이라는 저서로 나의 운동에 대한 접근법을 완전히 바꿔준,

은인이기도 하다.

내가 그를 인터뷰할 때, 기발라 교수는 마침 『네이처 의학Nature Medicine』에 빌파의 효과를 상세히 분석한 연구를 발표한 참이었다. 그는 평소 운동을 전혀 하지 않던 영국인 2만 5,000명을 대상으로 하루에 3번 이상 고강도 신체 활동을 하는 그룹, 그렇지 않은 그룹으로 나누어 웨어러블 기기를 착용하게 하고 얻은 데이터를 분석했다. 결과는 충격적이었다.

"하루에 3~4번 1분가량 고강도 신체 활동을 하는 집단은 그렇지 않은 집단에 비해 사망률이 최대 40퍼센트나 낮았습니다. 이건 모든 질병에 따른 사망률을 계산한 결과고, 심혈관 질환에 따른 사망률은 그보다 큰 폭으로 떨어졌고요. 말하자면 빌파가 심혈관 질병을 예방하는 데 특효약이라는 것이지요."

시드니대학교 찰스퍼킨스센터의 연구진은 규칙적으로 운동하는 사람 6만 명의 데이터를 분석했는데, 평소 운동은 안 하지만 일상 속에서 하루 4분 정도 숨 가쁘게 움직인 사람들의 심장 질환 사망률은 놀랍게도 일주일에 1시간~2시간 반 동안 격렬하게 운동하는 사람들과 맞먹을 정도로 낮았다.

결론은 이거다. 아침에 지하철을 놓치지 않으려고 20초간 전력 질주하거나 아이와 1분간 미친 듯이 뛰어노는 것만으로도, 당신은 일주일에 5번씩 30분간 달리기하는 사람과 비슷한 건강 효과를 누릴 수 있다. 운동은 어려운 게 아니다. 1분도 안 되는 짧은 순간, 심장이 쿵쿵댈 만큼 움직이는 것. 그거면 충분하다.

틈새 운동으로 충분하다

매일 30분간의 운동은 바쁜 현대인에게는 꿈같은 일이다. 일하고 귀가해 집안일만 해도 하루가 훌쩍 지나가 잘 시간인데, 대체 언제 운동을 하란 말인가? 메이오클리닉 등 유명 의료 기관에서도 매일 최소 30분 정도 중강도 수준의 운동을 하라고 권하지만 정작 그 시간을 내는 방법은 가르쳐주지 않는다. 바쁜 하루 중 대체 언제 어떻게 운동을 해야 할까?

최소 30분씩 운동을 해야 한다고 생각하면 그 순간부터 부담스럽게 느껴진다. 헬스장에 등록하고, 운동복과 운동화를 구입하고, 오가는 시간과 씻는 시간까지 생각하면 '에이, 안 하고 말지'가 절로 나온다. 그러나 앞서 본 것처럼, 굳이 체육관에 가지 않아도 된다. 일상 속에서 잠시 폭발적인 신체 활동을 하는 것만으로도 운동이 된다.

기발라 교수는 오랜 시간 고강도 신체 활동을 연구한 후에 30분씩 통으로 채워 운동할 필요는 없다는 결과를 내놓았다. 뉴욕 타임즈와 월스트리트 저널, CNN 등 매체에서도 비슷한 내용의 연구를 집중적으로 보도했다. 다른 많은 과학자들도 운동 시간을 꼭 채울 필요는 없다고 말했다. 기발라 교수의 말이다.

"조금만 운동해도 큰 효과를 볼 수 있습니다. 물론 하루에 30분 이상 운동을 하는 것도 좋지요. 하지만 그렇게 시간을 내기 힘들다는 핑계로 운동을 하지 않는 사람이 더 많습니다. 그럴 필요가 없어요. 조금만 운동해도 분명히 효과를 봅니다."

콜로라도주립대학교 건강운동과학부 학장인 배리 브라운Barry Braun 교수 역시 '틈새 운동' 예찬론자다. 그는 내가 아는 전문가 중 가장 쉽고 명쾌하게 설명하는 사람이다.

"예전에 저는 마라톤 같은 장거리 운동만 진짜 운동이라고 생각했습니다. 30분 이하는 운동 취급도 안 했죠. 하지만 연구를 거듭하며 생각이 바뀌었습니다. 이제 저는 단 2분만 짬이 나도 운동을 합니다. 줌 회의 쉬는 시간에 스쿼트 100개를 하거나 거실을 빠르게 걷는 식이죠."

나는 전자레인지로 저녁거리를 데울 때나 물이 끓기를 기다릴 때 그의 조언을 자주 떠올린다. 전자레인지나 전기 포트 앞에 하염없이 서 있지만 말고, 그 자리에서 스쿼트나 제자리 높이 뛰기, 까치발을 들며 종아리 운동을 하자. 이 정도 했다고 땀이 뻘뻘 나거나 힘들어지진 않는다. 그러나 건강에 도움이 된다는 뿌듯한 확신을 얻을 수 있다. 성취감은 덤이다. 이런 식으로 따로 운동을 할 시간을 내지 않고도 충분히 운동을 할 수 있다.

그러니 운동을 하기 위해 하루에 30분에서 1시간씩 여유를 내려고 애쓰지 말고, 평소에 2~5분씩 틈새 운동을 하자. 팔벌려 높이뛰기, 제자리 걷기나 뛰기, 스쿼트, 팔굽혀펴기 등은 모두 일상적으로 할 수 있는 고강도 운동이다. 좀 더 강도 높은 운동을 원한다면 버피를 해보자. 스쿼트 자세에서 하체를 뒤로 빼고 플랭크 자세로 내려갔다가 다시 높이 뛰어올라 전신 근육을 자극하는 효과적인 운동으로(웨이트 트레이닝에도 많이 활용된다), 틈마다 이런 운동을 하다 보면 나도 모르는 사이 몸 상태가 달라져 있을 것이다.

☐ 난이도 ★★

| 운동 습관 2 | 하루에 7,500걸음씩만 걸어라 |

1965년, 도쿄에 본사를 둔 시계 회사 야마사에서는 걸음 수를 재는 제품을 만들어 '만보기'라고 이름 붙였다. 일본어로 '만万' 자가 사람이 걷는 형상과 비슷하다는 아이디어에서 착안해 만들어진 제품이다. 요즘은 많은 사람들이 만보기보다는 손목에 스마트워치를 차고 다니며 걸음 수를 확인한다. 하루에 만 걸음 이상 걸으면 건강에 좋다는 미신 같은 말도 널리 퍼져 있는데, 과연 과학적 근거가 있을까? 결론부터 말하자면 그렇지 않다. 만 걸음은 너무 과한 숫자다.

나도 한때는 만 보씩 걸어야 직성이 풀렸다. 사실 코로나 팬데믹이 발생하기 전까지는 노력할 필요도 없었다. 기차를 타고 멜버른 시내까지 출퇴근하고, 커피를 사러 오가고, 점심을 먹으러 돌아다니면 굳이 애쓰지 않아도 하루에 5,000보씩 채워졌다. 그러다 퇴근해서 저녁을 먹고 집 근처를 잠깐 산책하면 만 걸음은 금세 채워졌다.

그러나 2020년 초부터 코로나 팬데믹과 사회적 거리두기로 재택 근무를 시작한 뒤로는 걸음 수가 크게 줄었다(침실에서 서재까지는 20걸음밖에 되지 않는다!). 그때부터 나는 걸음 수에 신경을 쓰기 시작했는데 많이 걷기 위해 내가 택했던 전략 중 하나는 '통화는 걸으며'였다. 펜으로 메모를 하거나 노트북 앞에 앉아 자료를 보며 하는 전화가 아니라면 무조건 걸어다니며 받는 것이다. 날씨가 좋지 않으면 거실을, 날씨가 좋으면 집 근처를 한 바퀴 걸으며 통화를 했다. 특히 월요일 오후에는 팀원들과 전화 회의가 잦았는데, 그런 날에는 일부러 걷는 시간을 내지 않아도 만 걸음을 금방 달성할 수 있었다.

1만 보의 법칙? 아니, 7500보의 법칙!

그렇다면 어느 정도 걸어야 몸에 무리가 되지 않는 선에서 건강해질 수 있을까? 걷기와 건강의 상관관계를 연구한 많은 보고서를 보면 생각보다 부담되지 않는 선에서 건강을 크게 개선할 수 있다. 최근 전 세계 유명 의학자들은 조기 사망 위험을 줄이려면 하루에 몇 보를 걸어야 하는지 연구하고 있다.

미국 매사추세츠대학교에서 운동과 건강을 연구하는 어맨

다 팰루치Amanda Paluch 교수는 30대 후반에서 50대 사이의 성인 2,000명에게 2년간 신체 움직임을 측정하는 장치를 착용하게 했다. 10년 뒤 이들을 추적해 사망률을 분석한 결과, 걸음 수에 대한 유의미한 결론이 나왔다. 하루에 7,000보 이상만 걸으면 그보다 덜 걸은 사람과 비교했을 때 사망률이 50~70퍼센트가량 낮아진 것이다.

하버드대학교 의과대학의 아이민 리I-Min Lee 교수도 걸음 수와 관련한 연구를 진행했다. 그녀는 노년 여성 1만 6,000명을 대상으로 일주일간 걸음 수를 측정했다. 그리고 4년 뒤, 참가자들의 건강 상태를 추적 관찰했다. 하루에 4,000보 이상 꾸준히 걸은 여성은 하루에 2,700보 이하로 걸은 여성(주로 앉아서 생활한 수준)보다 사망률이 41퍼센트가량 낮았다. 하루에 2,000보만 더 걸으면 더 건강하게, 오래 살 수 있는 것이다.

그러나 리 교수가 연구를 통해 밝혀낸 특히 흥미로운 점은 걸음 수가 '일정 수준에 도달하면' 사망률 감소세가 둔화한다는 것이었다. 여기에 해당하는 일정 수준이란 바로 7,500보였다. 하루 걸음 수가 7,500보만 넘으면 아무리 걸음 수가 늘어도 사망률에서 유의미한 차이가 보이지 않았다. 하루에 만 보를 걷든 8,000보를 걷든 건강에는 비슷한 영향을 미친다는 뜻이다.

걸음이 사망률 변화에 미치는 영향을 조사한 다른 연구도 살펴보자. 이 연구에서는 미국에 거주하는 40세 이상 성인 약 5,000명을 대상으로 6일 동안 만보기와 속도 측정 기기를 착용하

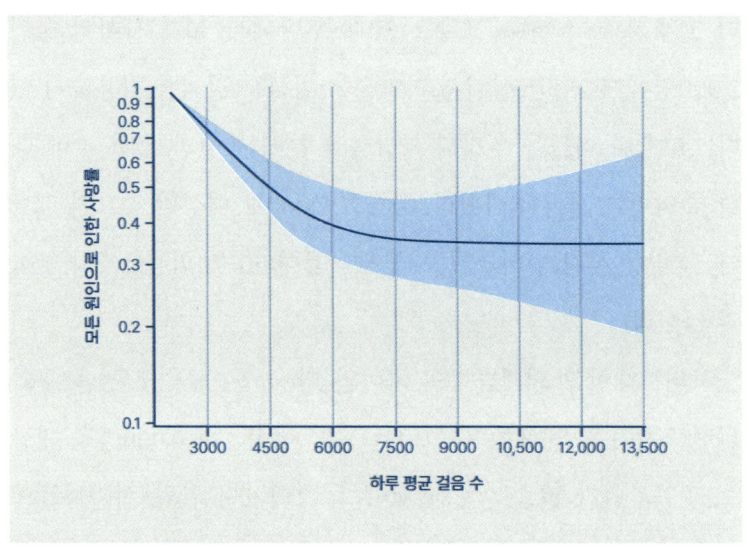

걸음 수에 따른 사망률의 변화 하버드대학교 의과대학 아이민 리 교수의 연구에 따르면 하루 평균 걸음 수가 7,500보 이상인 사람들의 사망률이 가장 낮았고, 그보다 걸음 수가 늘어도 사망률에 큰 변화가 없었다.

게 해 데이터를 수집하고, 10년 뒤 그들을 추적 관찰했다. 그 결과 하루에 4,000보 미만 걷는 사람은 8,000보 이상 걷는 사람보다 사망률이 7배나 높았고, 심장 질환으로 사망할 확률은 10배 높았다. 흥미롭게도 걷는 속도는 사망률에 별다른 영향을 미치지 않았다. 이 말을 정리하면, 하루에 8,000보만 채운다면 빠르게 경보하든 천천히 산보하듯 걷든 건강에 큰 도움이 된다는 뜻이다.

이번 장을 쓰며 다양한 논문을 읽어보기 전까지 나는 만 보를 달성하지 못하고 하루를 끝내면 마음속으로 자책하곤 했다. 하지만 하루에 7,500보를 달성하는 것만으로 충분하다는 사실을 알게 된 지금은 마음이 한결 가볍다. 매일 승자가 된 기분을 즐긴다. 계속 반복하지만 무리하게 시간을 내서 운동할 필요 없다. 일상 속에서 조금 주의를 기울이는 것만으로 충분하다. 퇴근길에 집 주변 10분간 걷고 귀가하기, 가까운 거리는 걸어 다니기 등 할 수 있는 일은 무궁무진하다.

☐ 난이도 ★★

| 운동 습관 3 | 심혈관을 지켜주는 40초의 비밀 |

학창 시절, 체육 대회를 떠올려보자. 장거리 달리기 경주에서 선두로 들어와 결승선을 끊고 마치 세상을 다 가진 것처럼 해맑게 두 손을 흔드는 활기찬 친구가 떠오르는가? 운동 신경이 좋아서 피구나 축구를 할 때 어느 팀에서든 가장 먼저 데려가려고 했던 친구는? 운동장을 몇 바퀴 연속으로 돌고도 여유가 넘치는 친구를 보며 부러움을 느낀 적은 없는가? 나의 경우 상당히 자주 그랬다. 태어나기 전 엄마 뱃속에서부터 운동 신경이 좋았을 것 같은 몇몇 친구를 보며 벽을 느꼈다.

나는 운동 신경이 뛰어나진 않지만 30대에 조깅을 하며 한껏 자부심을 느꼈다(사실 내 조깅은 달리기보다 경보에 가까웠지만 말이다). 딸 프랭키를 낳고 나는 운동 중 그나마 쉬운 조깅을 시작했다. 아이를 유모차에 태우고 인도 위를 천천히 달렸다. 잔잔하게 흔들리는 유모차 안에서도 아이가 어찌나 곤히 잘 자던지, 매일의 소소한 행복이었다. 그러나 곧 무릎에 부상을 입고, 통증이 심해져서 유모차 조깅을 그만두어야 했다.

달리면서 느끼던 즐거움을 대체할 무언가가 필요했다. 그때부터 나는 수많은 건강 정보를 찾아다녔다. 그러다 발견한 것이 마틴 기발라 교수의 연구였다.

힘든 운동을 끊어서 반복하라

건강 전문 기자이자 작가 마이클 모슬리Michael Mosley 박사는 BBC 다큐멘터리 《운동에 관한 진실The Truth About Exercise》에서 기발라의 연구를 대중에게 소개했다. 나는 여기에 소개된 '강도 조절 인터벌 트레이닝'에 대해 더 자세히 알고 싶어 내가 운영하는 팟캐스트 《나는 어떻게 일하는가How I work》에 모슬리 박사를 초대해 이야기를 나누었다. 그는 강도 조절 인터벌 트레이닝에 대해 다음과 같이 말했다.

"가성비를 따진다면 강도 조절 인터벌 트레이닝은 최고의 운동법입니다. 80년간의 연구가 누적된 결과물이지요. 강도 조절 인터벌 트레이닝이란 짧은 시간 강도 높은 운동을 하고 휴식을 취한 다음, 다시 강도 높은 운동을 짧게 하는 것을 뜻합니다. 여기서 말하는 '짧게'는 고작 15~20초가량이고요."

모슬리 박사는 학자이면서 동시에 '운동 덕후'다. 그는 다큐멘터리에서 자신이 직접 실천하는 운동법, 일명 '레히트REHIT, Reduced-Exertion High-Intensity Interval Training'(강도 조절 고강도 인터벌 트레이닝)를 보여주었다. 방법은 간단하다. 실내 자전거를 타고 20초간 미친 듯이 전력 질주한다. 이걸 3번 반복한다. 그는 이 훈련을 일주일에 딱 3번, 4주간 지속했다. 결과는? 유산소 운동 능력은 15퍼센트나 향상되었고, 혈당 수치는 뚝 떨어졌다.

"20초씩 3회가 별거 아닌 것 같지만, 꽤 힘들어요. 순간적으로 강력한 운동을 하면 몸에 과부하가 걸리기 때문이지요. 제 실험을 도와 신체 능력을 측정해준 한 전문가는 제가 했던 운동의 효과가 하루에 40분씩, 일주일에 5일 달리는 것과 비슷한 수준이라고 하더군요."

그의 다큐멘터리가 처음 방송을 탄 이후 학자들은 더 적게 운동하고 큰 효과를 거둘 수 있다는 사실에 주목했다. 배스대학교에서 진행된 한 연구에 따르면 20초씩 2번 전력 질주하는 훈련을 일주일에 3번씩 6주만 지속해도 최대산소섭취량VO2max(신체 기능을 최대로 활용할 때 체중 1킬로그램당 1분에 소비하는 최대 산소량)이 12~15퍼센트가량 늘어난다고 밝혀졌다.

의사나 전문가가 아니고서야 '최대산소섭취량'이라는 말이 낯설 것이다. 이는 심혈관 건강의 척도이자 신체 상태를 보여주는 중요한 지표다. 『미국 의학협회 저널Journal of the American Medical Association』에 발표된 한 연구에 따르면 표본 집단 12만 명 중 최대산소섭취량이 높은 사람일수록 낮은 사람보다 사망률이 압도적으로 낮았다. 각 성별과 나이대에서 최대산소섭취량이 평균 이하인 사람들은 상위 25퍼센트인 사람에 비해 사망 위험이 2배나 높았다.

2020년에 발표된 연구에서는 최대산소섭취량을 늘리기 위해 강도 조절 고강도 인터벌 트레이닝을 하던 사람이 운동 빈도를 주에 3~4회에서 2회로 줄여도 건강 상태가 유지되었다. 이 말은 한동안 훈련을 해서 건강 상태를 개선해놓으면 운동 빈도를 줄여도 몸 상태를 고스란히 유지할 수 있다는 뜻이기도 하다.

여기까지 읽고 강도 조절 고강도 인터벌 트레이닝을 시작하고 싶지만 집에 실내용 사이클이나 달릴 만한 공간이 없어 불가능하다고 생각하는 독자들도 있으리라. 그런 사람들을 위한 맨몸 운동을 하나 추천하고자 한다. 바로 '버피Burpee'다. 엎드렸다 일어나면서 점프하는 이 동작은 악마의 운동이라 불릴 만큼 힘들지만 근력과 유산소 효과를 동시에 잡는 최고의 효율을 자랑한다. 버피가 부담스럽다면 '제자리 무릎 높이 들고 뛰기'도 좋다. 무릎이 가슴에 닿을 정도로 높게 차올리며 제자리에서 뛰는 것이다.

무릎 관절이 걱정된다면? '무릎으로 호박 깨기'를 추천한다. 이게 무슨 동작이냐고? 상상해보라. 당신이 아주 크고 무거운 호박을 두 손으로 번쩍 들어 머리 위로 올렸다. 그리고 "에잇!" 하고 기합을 넣으며 호박을 가슴과 배를 지나 무릎 쪽으로 내리친다. 동시에 한쪽 무릎을 힘껏 들어 올려 그 호박을 박살 내는 것이다.

양쪽 무릎을 번갈아 가며 20초 동안 최대한 격렬하게 호박을 깨 부숴라. 순식간에 심장이 터질 듯 뛰고 숨이 턱까지 차오를 것이다. 돈 한 푼 안 들이고, 도구 하나 없이 방구석에서 할 수 있는 최고의 운동이다.

여담이지만 나는 유산소 운동을 위해 결국 실내 사이클을 마련했다. 인터벌을 조절하고 운동 루틴을 설정할 수 있는 모델로 말이다. 일주일에 2~3회 정도 사이클을 타는데 바쁜 시기에는 탄 시간을 모두 합해도 20분이 채 되지 않는다. 나는 지금 내 인생에서 가장 나이 든 시기를 보내고 있지만(누군들 그렇지 않겠는가), 심혈관 상태는 그 어느 때보다 건강하다.

당신이 이미 운동을 하고 있다면?

이번 장에서 말한 강도 조절 고강도 인터벌 트레이닝의 경우 전혀 운동을 하지 않던 사람에게 더 효과가 클 것이다. 이미 운동을 하고 있던 사람은 이 책을 통해 무엇을 얻을 수 있을지 불만이 생기고 이쯤에서 책을 덮어야겠다고 생각할지도 모르겠다. 그런 이들을 위해 다른 운동법을 하나 더 소개하고자 한다. 노스캐롤라이나대학교 운동생리학과 애비 스미스라이언Abbie Smith-Ryan교수는 고강도 인터벌 트레이닝High-intensity interval training, HIIT, 일명 '히트' 연구의 대가이다. 고강도 인터벌 트레이닝이란 고강도와 저강도 또는 휴식을 반복하는 운동이다. 보통 다른 운동보다 짧은 시간 내에 끝나지만, 한 번이라도 고강도 인터벌 트레이닝 해본 사람이라면 훨씬 강도가 높다고 느낄 것이다. 히트는 앞서 소개한 레히트의 '형님' 격이다. 고강도 운동과 휴식을 반복하는 건 같지만, 운동 시간이 좀 더 길다(REHIT이 20초라면 HIIT는 40초~1분이다). 기본 원리는 간단하다. 죽을 만큼 몸을 몰아붙였다가, 잠시 쉬고, 다시 죽을 만큼 몰아붙이는 것. 이 과정은 짧은 시간 안에 심장을 강하게 단련하고 지방을 태우는 데 최적화되어 있다.

"한 번만 해보면 분명 알게 될 텐데, 많은 사람들이 짧은 시간 극한의 운동을 하는 걸 받아들이지 못합니다. 고강도 인터벌 트레이닝은 심혈관 건강을 개선할 뿐만 아니라 혈중 지질, 즉 우리가 늘 걱정하는 콜레스테롤 수치를 낮추는 데 매우 효과적입니다. 체지방률도 개선하지요. 말하자면 건강 전반에 아주 유익한 운동법이에요."

평소 운동을 하던 사람이라면 일주일에 2회만 고강도 인터벌 트레이닝을 해도 훨씬 큰 효과를 볼 수 있다고 말한다. 그는 여러 방식을 시도하고 자신만의 루틴을 만들었다며 소개해주었는데, 바로 1·1·10 프로토콜이다. 1분간 체력을 극한으로 쓰는 고강도 운동을 한 뒤 1분간 휴식을 취하는 방식을 10회 반복하는 것이다.

그렇다면 히트는 강도 조절 고강도 인터벌 트레이닝보다 어떻게 좋은 걸까? 20초간 운동을 하든 1분간 하든 큰 차이가 없을 것이라 생각하기 쉽다. 그러나 이는 오해다. 고작 40초 더 길게 운동하면 근육은 더 잘 붙고 지방은 더 잘 빠진다.

"20초간 운동을 할 때는 무산소 에너지 시스템이 가동됩니다. 이것도 충분히 좋은 현상이기는 하지요. 근력에 도움이 됩니다. 그러나 30~40초 정도 더 길게 운동하면 몸에서 유산소 대사가 일어납니다. 이때 미토콘드리아 기능이 개선될 뿐만 아니라 저장된 에너지를 탈탈 털어 쓰면서 지방을 태우기 시작합니다."

특히 히트는 뱃살의 주범인 '내장 지방'을 없애는 저격수다. 간이나 췌장 사이에 낀 내장 지방은 피하 지방보다 훨씬 해롭고, 당뇨병 같은 성인병을 유발한다. 스미스라이언 교수는 전신 건강과 뱃살 관리를 위해 주 2회 고강도 인터벌 트레이닝을 강력 추천한다. 자, 만약 당신이 앞서 소개한 '자투리 운동'으로 재미를 봤다면, 이제 이 '매운맛' 운동에 도전해 볼 차례다. 당신의 몸은 또 한 번 진화할 것이다.

☐ 난이도 ★★★

운동 습관 4

혈당 관리는 식후 30분으로 충분하다

주변에 건강 염려증인 지인이 있는가? 만약 그렇다면 그 사람으로부터 혈당 걱정 이야기를 들어본 적이 있는가? 혈당이 정확히 무엇을 가리키는지 모를 독자들을 위해 최대한 전문 용어를 사용하지 않고 맞춤형 과학 수업을 잠시 해보겠다.

혈당이란 혈액 속 포도당(당)의 농도를 말한다. '당은 나쁜 것'이라는 생각이 뇌리에 박혔을지 모르지만 당은 우리 몸에 꼭 필요한 성분이다. 에너지원이기 때문이다. 보통 혈당 수치는 섭취 식품이나 스트레스 정도, 운동 상태에 따라 시시각각 변한다. 혈당은 췌장에서 생성되는 '인슐린'이라는 호르몬이 조절하는데, 혈액 속 당분의 농도가 너무 높아지거나 낮아지면 인슐린이 분비되어 정상 범위를 유지하도록 도와주는 것이다. 인슐린은 포도당을 세포로 옮겨 에너지를 내는 데 사용하거나 나중을 위해 지방에 저장한다. 식후에는 섭취한 음식물 때문에 혈당이 잠시 상승하지만 인슐린이 제대로 분비된다면 금방 제자리로 돌아온다. 식사 후 시간이 한참 지났는데 혈당 수치가 돌아오지 않거나 밥을 먹지 않았는데 급격하게 변하는 것은 건강이 좋지 못하다는 적신호다.

프랑스의 생화학자이자 『글루코스 혁명』의 저자, 일명 '글루코스 여신' 제시 인차우스페는 혈당에 대해 다음과 같이 설명한다.

"대다수는 혈당 조절에 실패해 문제를 겪으면서도 그 사실을 잘 모릅니다. 혈당은 정말 많은 영역에 관여해요. 만성 피로, 감정 기복, 무기력, 수면 장애, 체중 증가, 피부 트러블, 불임, 만성 질환까지…. 이 모든 게 혈당 롤러코스터 탓이라면 믿으시겠어요?"

하루 중 혈당 수치가 가장 요동치는 시간은 식사 직후다. 회사에서 점심을 먹은 직후 '혈당 스파이크(혈당 급상승)'로 졸음이 쏟아져 고생한 경험이 있지 않은가? 혈당이 자주 요동치면 제2형 당뇨병에 걸릴 위험이 커질 뿐만 아니라 체내 염증 수치도 높아지고, 노화가 가속화되며 체중이 증가할 확률도 커진다. 이는 모두 장기적인 문제고, 단기적으로는 기분이 처지고 나른해진다. 심지어 방금 식사를 했는데 혈당 스파이크 때문에 다시 허기지기도 한다. 만약 점심 식사를 하고 자리에 앉았는데 급격히 졸려지거나 다시 배가 고프다면, 당신의 혈당 시스템은 이미 경고등을 켜고 있는 것이다.

식사 30분 후, 움직여야 산다

이제 이런 의문이 들 것이다. 식후 혈당 스파이크를 막기 위해 무엇을 해야 하는가? 혈당 스파이크를 방지하는 방법은 다양하다. 식단 조절도 하나의 방법이다. 그러나 가장 강력하고 효율적인 전략은 식후에 움직이는 것이다. 식사를 마친 뒤 바로 앉거나 눕지 말고 간단한 신체 활동을 하는 것 말이다.

심장병과 당뇨병 분야에서 세계적으로 권위 있는 호주 멜버른 베이커심장당뇨연구소 연구진은 과체중이거나 비만인 성인 9명을 대상으로 저녁을 푸짐하게 먹은 뒤 3시간 30분 동안 텔레비전을 보게 하는 실험을 했다. 이들은 20분 간격으로 약 3분씩 가벼운 신체 활동도 했다. 이렇게 몇 번 신체 동작을 반복하는 것만으로 식후 혈당 스파이크를 방지하는 데 효과적이었다. 그러나 이는 현실에서 실천하기가 쉽지 않다.

『미국 임상영양학 저널The American Journal of Clinical Nutrition』에 발표된 한 연구는 사람들을 세 집단으로 나누어 9시간 동안 3차례 식사하게 했다. 단, 첫 번째 집단은 9시간 내내 앉아 있게, 두 번째 집단은 15분간 앉았다가 30분 걷게, 마지막 집단은 30분마다 100초씩 러닝머신 위를 걷게 했다. 그 결과 규칙적으로 '잠깐씩' 걸은 마지막 집단의 식후 혈당 수치가 가장 낮았다. 아주 길지 않더라도, 규칙적으로 조금씩 걷는 것이 식후 혈당 관리에 유의미하게 도움이 된다는 사실을 알 수 있다. 하지만 직장인이 업무 중에 30분마다 일어나 걷기는 쉽지 않다. 그래서 뉴질랜드 오타고 대학교 연구진은 더 실천하기 쉬운 방법을 찾아냈다. 그들은 아침 식사 후 '운동 타이밍'에 따른 혈당 변화를 관찰했다. 한 그룹은 밥 먹고 15분 뒤에, 다른 그룹은 45분 뒤에 가볍게 실내 자전거를 10분간 타게 했다. 승자는 누구였을까? 바로 '45분 뒤' 그룹이었다. 식후 45분 즈음 운동한 사람들은 혈당 수치가 고작 19퍼센트만 상승했다. 운동을 안 한 날이나 식후 15분에 운동한 날보다 훨씬 낮은 수치였다.

여러 연구를 종합해 볼 때, 최적의 타이밍은 '식후 30분'이다. 밥을 먹고 30분 정도 지나 혈당이 오르기 시작할 때, 20~30분가량 가볍게 걷거나 움직이는 것이 혈당 스파이크를 잡는 최고의 전략이다. 『당뇨병 관리Diabetes Care』 저널에 따르면 하루에 45분을 한 번에 몰아서 걷는 것보다, 하루 세 끼 식사 후 15분씩 나눠서 걷는 것이 혈당 조절에 훨씬 효과적이었다. 운동의 '총량'보다 '타이밍'이 중요하다는 뜻이다.

원리는 간단하다. 근육의 주식은 포도당이다. 밥을 먹고 혈당이 오를 때 우리가 몸을 움직이면, 근육은 핏속에 넘쳐나는 포도당을 빨아들여 에너지로 쓴다. 근육이 포도당을 '먹어치우면서' 자연스럽게 혈당 스파이크가 평평해지는 것이다. 그러니 밥 숟가락 놓고 바로 눕지 말자. 30분 정도 밍기적거리다가 가볍게 산책을 나가거나 설거지를 해보자. 이 사소한 습관 하나가 당신의 혈당 곡선을, 그리고 뱃살의 운명을 바꿀 것이다.

☐ 난이도 ★

운동 습관
5

당신의 노년을 책임질 최소한의 운동

　최근 나는 호주 퀸즐랜드의 햇살 좋은 바닷가 마을에서 휴가를 보냈다. 루틴을 중시하는 나로서는 어디로 휴가를 가도 호텔에 딸린 헬스장을 이용해 운동을 꼭 하는 편이다. 그러나 이번 휴가에는 호텔이 아닌 에어비앤비를 통해 예약해서 헬스 시설을 따로 찾아야 했다. 근처 헬스 클럽을 검색해 다녀오며 '진짜 헬스장'에서 운동하는 것이 어떤 기분인지 오랜만에 깨달았다(코로나 팬데믹 이후 집에서 하는 홈트레이닝에 익숙해져 있었다).

　입구부터 근육질의 '헐크' 같은 직원들이 나를 반겼다. 일일 이용권을 끊고 지하 웨이트 존으로 내려갔는데, 그곳은 온통 검은색 천지였다. 벽도, 바닥도, 운동 기구도 칠흑 같은 어둠의 색이었고 자연광이라곤 한 줌도 들어오지 않았다. 형광등이 환히 켜져 있고 한쪽 벽은 온통 거울로 되어 있어 몸의 움직임을 집중 관찰하며 운동하기 좋은 환경이었다.

다른 지하 헬스장과 마찬가지로 아쉬운 점도 있었다. 일단 회원이 많아서인지 습하고 꿉꿉한 공기에, 땀 냄새가 무척 심하게 났다. 게다가 고무 냄새와 쇠 냄새가 진동했다. 사람이 너무 많아 내 순서가 돌아오지 않는 운동 기구도 있었고, 거울 한쪽에서 스타 인플루언서로 보이는 이들이 끊임없이 사진과 영상을 찍는 통에 혹시라도 내 모습이 잡히지 않을지 신경 쓰느라 운동에 집중하지 못했다.

홈트레이닝에 익숙해져 있던 내게 헬스장 환경은 불편하게 느껴졌다. 아마 이 책을 읽는 독자들 중 근력 운동을 하고 싶어도 헬스장이 불편해 가지 않는 사람이 있을 것이다. 남이 쓰던 기구를 공유하는 찝찝함, 내 엉성한 운동 자세를 남에게 보이기 싫은 마음…. 충분히 이해한다. 이번 장은 그런 독자들을 위해 썼다. 헬스장까지 가지 않고도 근력을 강화할 수 있는 간단한 운동법을 안내하고자 한다.

왜 근력을 길러야 할까?

맥마스터대학교 운동학과의 스튜어트 필립스Stuart Phillips 교수는 자타 공인 '근력 운동 전도사'다. 생리학과 영양학 분야의 권위자인 그는 젊은 시절 지독한 운동 중독자였다. 일주일에

4~5번, 매번 1시간씩 속이 뒤집어질 정도로 격렬하게 쇠질(?)을 해야 직성이 풀렸다. 그에게 짧고 가벼운 운동이란 '안 하느니만 못한 시간 낭비'였다. 하지만 오랜 연구 끝에 그의 생각은 180도 바뀌었다.

"아무것도 하지 않던 사람이 '뭐라도 할 때' 가장 큰 효과를 볼 수 있습니다. 그래서 늘 운동 부족인 주변 지인들에게 적극적으로 권하지요. 팔굽혀펴기 5개라도 해보라고 말합니다."

그는 평생 근력 운동과 거리를 둔 사람들에게 희망적인 조언을 건넨다. 만약 귀가 솔깃하다면 이번 장 말미에 안내하는 운동들을 꼭 해보라. 지금까지는 걷기나 달리기 같은 유산소 운동의 효과를 강조했지만 노년에도 남의 도움 없이 활기차게 살고 싶다면 근육이라는 '연금'을 미리 들어둬야 한다. 노년에 건강하고 활발하게 움직이려면 근육을 잘 관리해야 한다.

"나이가 들면 근력도 중요하지만 심폐 건강과 근골격 건강도 모두 중요해집니다. 힘뿐만 아니라 몸 상태 자체가 중요해지는 것이지요."

필립스 교수와 연구진은 최근 『운동 스포츠와 움직임 Exercise Sport and Movement』에 발표한 논문에서 근력 운동이 이동성 향상, 인지 기능 향상, 대사 건강 증진, 암 사망 위험 감소 등의 어마어마한 이점을 준다고 발표했다. 특히 50세 이상 성인 4,000명을 10년 이상 추적 관찰한 결과, 근육량이 적은 사람이 많은 사람보다 사망률이 눈에 띄게 높았다. 게다가 근육량과 별개로 근력이 약한 사람은 조기 사망 위험이 2배 높았다.

"노년으로 갈수록 특히 중요한 것은 근력입니다. 의자에서 혼자 일어서고, 넘어질 때 균형을 잡고, 신호등이 바뀌면 힘차게 건널 수 있는 힘 말이지요. 그것이 가장 중요합니다."

근력 운동은 몸짱이 되기 위한 게 아니다. 그것은 죽을 때까지 내 발로 걷고, 내 손으로 밥을 먹기 위한 '생존 투쟁'이다. 기억하라. 나이가 들수록 당신의 삶의 질을 결정하는 것은 몸의 근육량이다.

헬스장에 가지 않아도 충분히 운동할 수 있다

그렇다면 근력 운동은 일주일에 몇 번, 얼마나 오래 하는 것이 좋을까? 헬스장의 보디빌더처럼 단백질 셰이크를 마시며 근력 운동을 하면 더 도움이 될까? 필립스 교수는 평소 운동을 하지 않던 사람이라면 일주일에 2번으로 족하다고 조언한다.

"그 정도로 시작해도 변화가 충분히 보일 겁니다. 심지어 일주일에 1번, 단 30분만 운동해도 심혈관 질환이나 제2형 당뇨병으로 인한 사망률이 크게 감소합니다. 많은 이들이 모르지만 근력 운동은 만성 질환을 예방하는 데에도 도움이 됩니다. 30분간 밀기, 당기기, 하체 운동을 하는 것만으로 당신의 몸은 달라집니다."

그가 말하는 '밀기'란 무거운 것을 머리 위로 높이 들어올리거나, 팔 근육을 이용해 상체 아래로 밀어내거나, 몸 안쪽에서 바깥쪽으로 밀어내는 동작이다. 쉽게 말해 팔굽혀펴기, 벤치프레스, 아령 들어 올리기 등이다. 밀기 운동은 보통 가슴 근육과 삼두근(위팔 뒤쪽), 어깨 앞 근육을 키워준다.

'당기기'란 무거운 것을 끌어당기는 동작이다. 케이블 머신에서 무거운 중량을 가슴 쪽으로 끌어당기거나, 엉덩이를 뒤로 빼며 아령을 당겨 올리거나, 봉을 잡고 몸을 가까이 당기는 등의 동작이다. 당기기 동작은 등과 이두근(위팔 앞쪽), 어깨 뒤 근육을 강화해준다.

'하체 운동'은 다리를 쭉 펴며 땅이나 물체에서 몸을 밀어내거나 앉았다 일어나는 자세를 뜻한다. 보통 스쿼트, 런지, 데드리프트 등이 있다. 이런 동작들은 허벅지와 엉덩이 근육을 키우고 종아리를 단련해준다.

그러면 이런 운동을 몇 회, 몇 세트 반복하는 것이 좋을까? 이에 대해서는 전문가와 트레이너마다 의견이 다르다. 필립스 교수는 충분히 효과를 보고 싶다면 밀기, 당기기, 다리 운동 각각 10회씩을 1세트로 삼아, 한 번에 총 3세트 정도는 해주는 것이 좋다고 말한다. 그는 운동 강도는 지나치게 높지 않아도 된다고 강조한다. 얼굴에 피가 몰리고 호흡이 가팔라져 진이 빠질 만큼 무리할 필요는 없고, 내 힘의 한계가 10이라면 8 정도까지만 쓰면 된다.

영양학 박사이자 보디빌더인 레인 노턴 교수도 필립스의 의견에 동의한다. 그는 몸소 꾸준히 운동하며 좋은 건강을 유지하는 근력 운동의 산 증인이기도 하다. 그의 말을 옮겨 보겠다.

"근력 운동을 꾸준히 해온 사람이 아니라면 일주일에 1번, 1세트만 해도 효과를 볼 수 있습니다. 그러나 그게 당신이 할 수 있는 최선일까요? 그렇지 않습니다. 근육을 쓰면 쓸수록 힘이 붙거든요. 점차 적응하며 강도를 늘려가는 재미를 느껴보세요."

마지막으로, 근력 운동을 하기 위해 굳이 헬스장에 갈 필요는 없다. 집에서 맨몸으로 할 수 있는 '방구석 3대 근육 운동'을 소개한다. 하루 30분, 일주일에 두 번만 투자해보라. 아주 작은 투자로도 몸 상태는 놀랍게 달라질 것이다.

실전 방구석 3대 운동 가이드

초보자를 위한 팔굽혀펴기 (밀기)

(바닥에서 하기 힘들다면 벽을 짚고 시작해도 된다.)

1 벽에서 팔 길이만큼 떨어져서, 양발을 어깨너비로 벌리고 선다.
2 손바닥을 어깨 높이보다 약간 넓게 벌려 벽을 짚는다.
3 몸을 일직선으로 유지한 채, 팔꿈치를 굽혀 가슴이 벽에 닿을 듯 말 듯 가까이 간다.
4 천천히 팔을 펴서 제자리로 돌아온다.
5 10회 반복한다 (너무 쉽다면 낮은 테이블, 그것도 쉽다면 바닥에서 도전!).

🏋️ 초보자를 위한 등 근육 운동 (당기기)

(집에 있는 500ml 혹은 2L 생수병을 활용하자.)

1 양손에 생수병을 들고 선다.

2 무릎을 살짝 굽히고 상체를 45도 정도 앞으로 숙인다(허리는 곧게 펴라!).

3 팔꿈치를 몸통에 스치듯이 뒤로 당겨 생수병을 옆구리 쪽으로 끌어 올린다. 이때 날개뼈(견갑골)가 서로 만난다는 느낌으로 등을 꽉 조여준다.

4 천천히 팔을 내린다.

5 10회 반복한다.

🏋️ 초보자를 위한 스쿼트 (하체)

(가장 중요하지만 가장 틀리기 쉬운 자세! 투명 의자를 상상하자.)

1 발을 어깨너비로 벌리고 발끝은 살짝 바깥쪽(15도)을 향하게 한다.

2 팔은 앞으로 나란히 뻗거나 가슴 앞에 모은다.

3 뒤에 투명 의자가 있다고 상상하며 엉덩이를 뒤로 빼면서 천천히 앉는다.

4 허벅지가 바닥과 평행이 될 때까지 내려간다(무릎이 발가락보다 너무 앞으로 튀어나가지 않게 주의!).

5 발뒤꿈치로 바닥을 꾹 누르며 일어난다.

6 10회 반복한다 (익숙해지면 생수병을 들고 하자).

🎟️ 운동 기구가 없어서 운동을 못해? 그건 핑계고!

많은 사람들이 제대로 운동을 시작하기 위해서는 우선 '장비'를 갖추어야 한다고 생각한다. 헬스장에 가지 않으면 운동이 안 된다고 생각하며 포기하기도 한다. 규칙적으로 운동하는 동료들은 휴가 가면 헬스장이 없어 운동을 쉬어야 한다고 투덜거리기도 한다.

글쎄, 과연 그럴까? 운동은 번거롭고 힘든 일인가? 정해진 시간과 공간에서 해야 하는 제약 많은 활동인가? 그렇다면 이번 기회에 생각을 바꿔 보자.

2020년에 코로나 팬데믹이 닥쳤을 때 나는 우리집 차고 한쪽을 홈트레이닝 공간으로 바꾸었다. 그렇다고 헬스장 장비를 갖춘 건 아니다. 단지 운동 공간을 마련한 것만으로 꾸준히 할 수 있었다. 매일 아침에 일어나 그곳으로 가기만 하면, 잠에서 깨고 간단한 스트레칭을 하고 제자리걷기라도 할 수 있다. 실내용 사이클도 하나 마련해두고 꾸준히 탔는데 그러자 차고는 어떤 헬스장보다 더 좋은 운동 시설이 되었다.

출장이나 휴가를 떠날 때마다 나도 호텔에 딸린 열악한 헬스장을 보고 실망한 적이 많다. 이 책을 쓰기 위해 브라운 교수를 인터뷰하던 중 여행지에서의 운동에 관한 통찰력 있는 조언을 얻기도 했다. 그는 이렇게 말했다.

"헬스장에 가야만 운동할 수 있다는 생각을 버리세요. 저는 어느 도시를 가든 호텔 객실을 헬스장처럼 사용합니다. 방에 있는 작은 스툴 의자를 들어올리거나, 그 위를 뛰어넘는 연습을 하기도 하지요. 2킬로그램만 넘는 물건이라면 무엇이든 근력 운동에 사용할 수 있습니다. 이렇게 생각하면 호텔 객실에서 할 수 있는 신체 활동은 무궁무진합니다."

그와 함께 여행을 떠나면 기발하고 참신한 운동을 여럿 배울 수 있겠다는 생각이 들었다.

더불어 그는 호텔에서 엘리베이터를 타지 말고 계단을 오르내리라고 조언했다. 계단 타기는 아주 쉬우면서도 심폐지구력 개선과 다리 근육에 탁월한 운동이다. 그는 여행뿐만 아니라 집에서 일상을 보낼 때도 다양한 홈트레이닝을 한다며 이렇게 덧붙였다.

"싱크대에 기대서 팔굽혀펴기를 해보세요. 거실을 한 바퀴 경보하고 팔벌려 높이뛰기 연습을 할 수도 있지요. 방 한가운데에 낮은 의자를 놓고 올라갔다 내려갔다를 반복하는 것도 훌륭한 하체 근력 운동입니다."

브라운 교수는 운동을 어릴 적에 하던 놀이에 비유한다. 어린 시절에는 주변 모든 것이 놀거리였다. 친구들과 한창 뛰놀던 초등학생교 시절로 돌아갔다고 생각하며 집을 둘러보면 온갖 창의적인 운동법이 떠오를 것이다.

"여덟 살짜리 꼬마들은 소파를 정글짐으로, 베개를 샌드백으로 만듭니다. 그 창의적인 마음가짐만 있으면 됩니다. 운동 기구가 없어서 못 한다고요? 당신의 몸뚱이와 중력이 있는 한, 변명은 통하지 않습니다."

2장 정리

1 간헐적 고강도 신체 활동 VILPA을 하라.
버스를 놓치지 않기 위한 전력 질주도 충분히 운동이 된다.

2 하루에 7,500걸음만 걸어라.
당신의 건강을 지켜줄 가장 이상적인 걸음수다.

3 잠시 여유가 생기면 고강도 인터벌 운동을 하라.
버피나 제자리뛰기 등 틈새 운동이 체력을 만든다.

4 혈당은 식후에 바로 관리하라.
밥 먹고 10~30분 정도의 산책이 혈당 스파이크를 막아준다.

5 맨손으로 근력 운동을 하라.
팔굽혀펴기, 중량 들어올리기, 스쿼트는 상하체에 필요한 근력을 골고루 다져준다.

3장 식사

균형 잡힌 식습관은
장수의 지름길

　약 10년 전, 나의 설탕 중독은 정점을 찍었다. 원인은 만성 피로와 스트레스였다. 태어난 지 얼마 안 된 딸은 밤마다 2~3시간 간격으로 깨서 울었고, 아이를 달래느라 통잠은 꿈도 꾸지 못했다. 육아와 수면을 맞바꾼 탓에 낮에는 거의 좀비 상태였다. 피곤하니 머리가 잘 돌아가지 않았고, 당이 떨어진다는 핑계로 달콤한 주전부리를 입에 달고 살았다.
　그전까지 나는 단것을 거의 죄악시하며 20년 이상을 살아왔다. 그러나 당시에는 아침과 점심에 균형 잡힌 식사를 하다가도 오후, 특히 늦은 오후가 되면 활력이 떨어져 초콜릿을 먹곤 했다. 때마다 챙겨먹는 약처럼, 오후마다 초콜릿바를 2개씩 먹고 저녁 식사 뒤에는 디저트까지 챙겨 먹었다. 그렇게 살다 보니 어느새 나는 단것에 중독되어 있었다.

 당분이 내 몸을 지배하는 것은 정말 좋지 못한 경험이었다. 단맛을 향한 '갈망'이 너무 강렬했던 탓이다. 마치 초콜릿으로 코팅된 지독한 악마가 내 머릿속에 들어 앉아 끊임없이 초콜릿을 먹으라고 유혹하는 것 같았달까. 종일 달달한 무언가를 먹고 싶다는 생각이 머리를 떠나지 않았고, 매일 간식을 줄여야겠다고 생각하면서도 엄두가 나지 않았다.

인생 최악의 경험, '설탕 퍼먹기'

 최악은 간식을 줄이기는커녕 간식이 부족해 설탕을 퍼먹은 일이었다. 딸아이를 낳고 3개월쯤 지난 어느날 저녁, 나는 막 잠든 딸을 침대에 내려놓고 단 2시간이라도 제발 혼자 시간을 보낼 수 있길 바랐다. '육아 퇴근'을 하고 잠시 다른 일을 하려는데 스스로 제어할 수 없을 정도로 단것이 당겼다. 마치 머릿속에 이런 커다란 말풍선이 뜨는 것 같았다.

 '종일 애 보느라 고생했잖아? 보상이 필요해! 아주 달고 찐득한 무언가가! 당장 나를 행복하게 해줄 설탕 덩어리를 내놔!'

 다른 생각을 해보기도 전에 내 손은 이미 냉장고를 열고 있었다. 디저트가 있는지 찾아보았지만 아무것도 없었다. 수납장과 서랍을 다 뒤져도 초콜릿 부스러기 하나 보이지 않았다. 아마 오후 내내 내가 다 먹어치웠을 것이다. 냉동실에 오래된 아이스크림이라도 남아 있는지 눈을 씻고 찾아보았지만 얼린 완두콩뿐이었다. 머리는 강렬한 신호를 보냈다.

'이게 아냐! 당장 엄청나게 단것을 입에 넣어야 한다고!'

그때 내 눈에 찬장의 설탕통이 보였다. 팬케이크를 굽거나 차를 마실 때 넣는 평범한 백설탕이었다. 단맛을 너무 갈망했던 나는 생각하기도 전에 손을 뻗어 설탕통을 꺼내고 있었다. 다른 손으로는 숟가락을 꺼냈고 아무 생각 없이 설탕을 마구 퍼먹기 시작했다. 대여섯 스푼쯤 먹었을까? 전남편이 주방에 들어오다가 나를 보고 경악했다.

"지금 뭘 먹고 있는 거야? 당신 괜찮아?"

나는 입을 가리며 단것이 필요하다고 말했다. 그는 나가서 간식이라도 사오겠다며 내 손에서 설탕통을 빼앗았고 나는 그제서야 이성을 되찾았다. 너무 충격적인 일을 목격한 듯한 그의 표정 때문이었을까. 정신이 번쩍 들었다. 단맛에 중독되다 못해 설탕을 퍼먹고 있다니, 누가 봐도 정상은 아니지 않은가. 그날 저녁

나는 설탕과 달콤쏩쓸한 작별을 고했다.

그때 이후로 지금까지 10년 가까이 단것을 끊은 상태다. 가끔 다른 사람으로부터 디저트를 한입 얻어먹거나 달달한 소스를 곁들인 메뉴를 즐기기도 한다. 하지만 더 이상 단 간식을 찾거나 초콜릿을 쟁여놓지는 않는다. 설탕을 끊은 뒤 영양학에 대해 더 많이 알아갔고 그 과정에서 식습관도 크게 달라졌다. 하지만 미디어나 팟캐스트, 각종 영양학 책들은 당분의 필요성과 위험성에 대해 상반된 메시지를 쏟아냈다.

어떤 의사는 과일도 독이라고 하고, 어떤 전문가는 천연당은 괜찮다고 했다. 도대체 누구 말을 믿어야 할까? 이 장에서는 수많은 전문가와 석학들을 인터뷰하며 얻은, 가장 과학적이고 현실적인 '식사 전략'을 담았다. 당신이 설탕 중독자든, 맵고 짠맛 중독자든 상관없다. 자신에게 딱 맞는 식사 습관을 설계할 수 있도록 도울 것이다.

다이어트가 아니라 '건강'을 위한 식사

이 책은 다이어트 책이 아니라 건강을 유지하는 데 도움이 될 생활 습관을 권유하는 책이다. 어떤 독자들은 내 설탕 중독 이야기를 읽으며 이렇게 생각했을지도 모른다.

'설탕 중독? 결국 살 빼라는 이야기잖아. 난 이미 체중 관리는

충분히 잘하고 있는데…. 이 챕터는 건너뛸까?'

잠시만. 설탕은 다이어트만의 문제는 아니다. 나는 두 유형의 독자를 위해 이 글을 쓰고 있다.

첫째는 체중을 감량할 필요가 없는 사람이다. 안타깝게도 마른 사람 중에도 영양 불균형인 경우가 수두룩하다. 미디어 속 비현실적인 몸매를 동경하며 무조건 적게 먹거나, 겉보기엔 말랐지만 내장 지방이 쌓인 '마른 비만'인 경우도 많다. 어쩌면 당신은 단백질이 턱없이 부족하거나, 식후 혈당 스파이크가 날뛰는 식습관을 가지고 있을지도 모른다. 이번 장의 조언들은 당신의 몸속을 진짜 건강하게 바꿔줄 것이다.

둘째, 살짝 과체중인 사람들이다. 만약 당신이 평균 체중보다 무겁거나 건강 검진을 할 때마다 몸에 지방이 많다는 이야기를 듣는다면 살을 빼는 것이 건강상 이롭다. 이 책은 다이어트 책은 아니지만 여기에 소개하는 식습관을 따르면 식후 혈당 수치가 좋아지고 포만감을 오래 느끼며 장내 미생물 생태계를 개선하는 데 도움이 될 것이다.

이 책은 먹는 음식을 이것저것 제한하라는 조언보다 '무엇을', '어떻게' 먹어야 하는지에 집중할 것이다. 과학적 근거와 실제 연구 결과를 제시하며 당신이 먹는 음식이 건강 상태를 어떻게 바꾸는지 보여주는 데 중점을 두었다.

본격적으로 건강한 식습관을 안내하기에 앞서 우선 남녀노소 불문하고 누구에게나 건강한 식습관을 하나 추천하자면, '지중해식 식단'을 권하겠다. 하버드대학교 보건대학원에서 내놓은 영양학 논문에 따르면 지중해식 식단은 심혈관 질환과 전반적인 사망률 감소에 유의미한 효과를 보였다고 한다.

지중해식 식단이란 그리스, 이탈리아, 스페인 등 지중해 연안 국가의 전통 식습관에서 유래한 것으로 신선한 채소와 과일, 통곡물, 올리브유, 생선, 견과류, 콩류, 적당량의 유제품과 와인으로 이루어진 건강한 식사를 뜻한다. 단백질은 닭고기, 칠면조, 생선, 해산물 중심으로 섭취하고 가공육과 붉은 고기는 지양하며, 설탕은 최소화하는 방식이다.

정리하자면 이번 장에서는 장내 미생물 생태계를 개선하고, 음식 섭취로 인한 혈당 상승을 막고, 필요한 영양소를 효율적으로 섭취하는 방법을 안내할 것이다. 여기 나온 식습관을 지키면 궁극적으로는 당뇨병, 심장병, 각종 암과 성인병에 걸릴 위험이 크게 줄어든다. 한 번에 하나의 습관에만 집중해도 된다.

자, 지금부터 우리 몸에 어떻게 좋은 연료를 채워 넣을지 차근차근 살펴보자.

| 식사 습관 1 | 먹는 순서가
당신의 노후를 결정한다 |

☐ 난이도 ★★

나는 가장 좋아하는 것을 마지막에 먹는 습관이 있다. 어린 시절에 학교에서 점심으로 삶은 브로콜리, 생선 튀김, 쌀밥이 나오면 브로콜리를 가장 먼저 먹어치우는 아이였다(사실 지금도 크게 다르지는 않다). 만족 지연 능력 하나는 타고났으니 마시멜로 실험에 참석했다면 분명 1등을 했을 것이다.

생화학자 제시 인차우스페는 이렇게 말한다.

"우리는 항상 무엇을 먹을지 고민합니다. 하지만 '어떻게' 먹을지는 생각하지 않지요. 똑같은 음식을 먹어도 순서만 바꾸면 혈당 반응이 완전히 달라집니다. 이 사실을 알면 당장 식사법부터 바꾸고 싶어질 겁니다.

가족들과 식탁에 둘러앉아 저녁 식사를 할 때, 오랜만에 만난 친구들과 고급 레스토랑에서 식사를 할 때, 바쁜 하루 일과 중 혼자 구내 식당에서 밥을 먹을 때, 먹는 순서에 대해 깊이 생각해 본 적이 있는가? 대부분 그럴 여유가 없다. 주어진 음식을 손 가는 대로 먹고 포만감을 느끼며 바로 다음 일정을 소화해야 한다. 하지만 이번 장을 시작하며 강조했듯, '무엇을' 먹는지보다 '어떻게' 먹는지가 더 중요하다. 무엇을 먼저, 무엇을 나중에 먹어야 할까?

야채, 단백질, 탄수화물 순으로 먹기

다양한 영양소를 골고루 섭취할 수 있는 균형 잡힌 식단이라도 먹는 순서에 따라 혈당 변화가 달라진다는 사실이 지난 몇 년간 여러 연구를 통해 각종 밝혀졌다.

영양학 학술지 『임상 영양Clinical Nutrition』에 실린 한 연구에서는 전 세계에서 보편적으로 먹는 쌀밥(탄수화물)과 닭가슴살(단백질), 그리고 채소로 이루어진 식단으로 실험을 진행했다. 건강한 성인 16명에게 같은 메뉴를 서로 다른 순서로 5번씩 섭취하게 한 것이다. 연구진은 식사를 마칠 때마다 참가자의 혈당 수치를 측정했다. 그 결과, 혈당 스파이크가 가장 덜 발생한 식단은 채소를 먼저 먹은 뒤 닭가슴살, 마지막으로 쌀밥을 먹는 순서였다. 반대로 쌀밥을 먹고 닭가슴살, 채소를 먹는 경우에는 혈당이 급격하게 상승할 확률이 높았다.

『미국 영양협회 저널Journal of the American Nutrition Association』에 발표된 한 논문에서는 음식을 먹는 순서가 혈당 반응에 어떤 영향을 미치는지 조사한 11건의 연구를 메타 분석했다. 여러 연구에서 공통적으로 탄수화물을 가장 마지막에 먹는 것이 식후 혈당 수치를 관리하는 데 도움이 된다고 밝히고 있었다. 인차우스페는 연구 결과들을 종합해 혈당 수치를 안정적으로 유지하기 위한 이상적인 식사 순서를 이렇게 정리한다.

"채소를 먼저 먹고, 그 다음으로 단백질과 지방을 드세요. 전분과 당은 마지막에 섭취하는 것이 좋습니다. 가령 닭고기, 빵, 콩, 사과로 아침 식사를 한다면 콩을 가장 먼저 먹고, 그 다음으로 닭가슴살, 빵, 사과 순으로 먹는 것이지요. 이 순서만 지켜도 혈당 스파이크 위험이 최대 75퍼센트 줄어들고 포만감과 활력은 늘어날 겁니다."

물론 항상 이렇게 먹는 것은 불가능하다. 우리가 먹는 대부분의 음식은 하나의 영양소만으로 이루어져 있지 않다. 가령 볼로네제 스파게티는 탄수화물인 면과 단백질인 고기와 야채인 토마토가 함유된 소스로 만들어진다. 면과 소스를 분리해 먹을 수는 없지 않은가? 야채를 먼저 먹으라는 것은 가능하면 스파게티를 먹기 전에 샐러드를 먹으라는 의미다. 스테이크를 먹기 전에 구운 야채를 먼저 몇 조각 먹는 것도 좋다.

팁을 하나 건네자면, 식사 때 탄수화물만 '단독으로' 먹는 것은 권하지 않는다. 가령 일이 바쁘다고 빵 한 조각이나 감자칩 한 봉지를 후다닥 입에 털어넣는 행동 말이다. 아무리 바빠도 단백질과 채소를, 조금 여유가 있다면 올리브유와 아보카도, 견과류 등 불포화 지방산과 함께 섭취하길 권한다.

야채, 단백질, 탄수화물 순으로 먹으면 체중과 혈당 수치가 관리되는 것은 물론이고, 일상 속 활력도 늘어날 것이다. 각 음식의 매력을 생각하며 맛을 더 잘 음미할 수 있고, 식사를 하는 것 자체로 기분 전환도 될 것이다. 몸이 당신에게 고마워하는 것은 물론이다.

🔋 혈당 수치가 건네는 힌트

이 책을 집필하며 나는 약 2주간 팔에 주사 바늘을 꽂아두기로 했다. 나는 단지 내 혈당을 실시간으로 감시하고 싶었다. 결국 '연속 혈당 측정기CGM'를 사고 반려자까지 꼬드겨 함께 팔뚝에 붙였다. 작은 패치 같은 센서를 팔 뒤쪽에 붙이고 스마트폰을 갖다 대면 끝이다. 2주간 혈당 변화를 관찰할 수 있었다.

경영학의 대가 피터 드러커는 '측정할 수 없으면 관리할 수 없다'고 했다. 이 말은 건강 관리에도 적용된다. 내 몸 상태를 눈으로 확인하는 순간, 행동은 바뀔 수밖에 없다. 그런 의미에서 연속 혈당 측정기는 최고의 '행동 교정 도구'다. 밥 먹을 때, 잘 때 내 혈당이 어떻게 춤추는지 그래프로 보여준다.

앞서 '지중해식 식단'을 소개했지만, 누군가는 아무런 효과를 느끼지 못할 수도 있다. 사람마다 몸의 반응은 천차만별이다. 예를 들어 똑같이 빵 한 조각을 먹어도 나와 반려자의 몸은 완전히 다르게 반응한다. 어떤 음식을 먹으면 나는 혈당 스파이크를 경험하고 급격하게 졸려지지만 그는 전혀 그렇지 않다. 반대로 반려자의 혈당을 폭발시킨 음식이 내게는 아무렇지 않았다.

워싱턴대학교 노화장수연구소 소장인 맷 케이벌린Matt Kaeberlein 교수는 여러 음식을 먹어보고 무엇이 스스로에게 가장 좋은지 아는 것이 잘 먹고 건강을 관리하는 지름길이라고 말한다. 그 역시 나처럼 혈당 측정기를 매우 유용하게 쓰고 있다.

"사람들이 혈당 측정기를 당뇨 환자용으로만 생각하는 게 안타까워요. 이건 정말 강력한 학습 도구거든요. 음식과 내 몸의 관계를 적나라하게 보여주니까요. 저는 평소 저탄수화물 식단을 유지해서 혈당이 안정적인 편입니다. 그런데 얼마 전 아내와 뉴욕 여행을 갔다가 유명 베이글 맛집에 끌려갔어요. 점심으로 크림치즈 듬뿍 바른 베이글을 먹었죠. 1시간 뒤, 스마트폰에서 요란한 경고음이 울렸습니다. 제 혈당이 '위험' 수준까지 치솟았다는 알람이었죠. 정말 오랜만에 본 빨간불이었습니다. 저는 그 혈당을 낮추려고 뉴욕 시내를 미친 듯이 걸어 다녀야 했어요."

그날의 충격적인 알람 소리 이후, 케이벌린 교수는 베이글을 쳐다보지도 않는다고 한다.

나는 케이벌린 교수처럼 혈당 측정기를 달고 살지는 않지만, 최근에는 새로운 음식이나 새로운 메뉴의 조합을 시도할 때 팔에 혈당 측정기를 꽂는다. 내 반려자는 나만큼 건강 염려증 환자는 아니지만 특정 음식이 혈당에 미치는 영향을 직접 볼 수 있다는 게 흥미롭다는 반응이다.

사실 연속 혈당 측정기가 저렴하지는 않다. 부담이 될 만한 기기다. 그러나 큰맘 먹고 하나쯤 구비해둘 만하다. 혈당을 측정하며 내 몸과 영양소 사이 관계를 알 수 있기 때문이다. 당신이 언제 무엇을 먹을지 맞춤형 조언을 얻고 싶다면 우선 혈당부터 꾸준히 기록해보길 권한다. 요즘은 사람들의 웰빙을 돕는 스타트업에서 개발한, 혈당과 관련해 구체적인 조언을 건네는 건강 애플리케이션도 많이 나와 있으니 유용하게 사용할 수 있을 것이다.

☐ 난이도 ★★★

| 식사 습관 2 | 몸에 좋은 음식은 입에 쓰다 |

내 딸 프랭키는 늘 자기 배가 두 개로 되어 있다고 주장한다. 한쪽은 식사 배, 다른 한쪽은 초콜릿 배란다. 프랭키의 말을 인용하자면 "식사 배는 밥을 먹으면 차지만, 초콜릿 배는 늘 남는다"고 한다.

미리 경고하자면, 이번 챕터는 이 책에서 가장 재미가 없을지도 모른다(하지만 당신의 뱃살에는 아주 유용한 조언이니 끝까지 읽어보길!). 조금 생소하지만, '음식 기호성 Food Palatability'을 짚고 넘어가야 한다. 이는 개인에 따라 특정 음식을 얼마나 '맛있게' 느끼느냐의 문제다. 3장 서두에서 소개한 것처럼 나는 한때 설탕에 중독되었다. 주변을 보면 늘 빵을 입에 달고 사는 사람이 있다. 이런 사례들을 보면 당분이나 탄수화물에 중독되는 경우가 흔한 것처럼 보인다. 과연 우리는 음식에 중독되는 걸까? 언제 그럴까?

모든 음식은 기호성의 스펙트럼 어딘가에 위치해 있다. 이 스펙트럼은 사람마다 다르다. 똑같은 음식이 어떤 이에게는 너무 맛있고, 다른 이에게는 그저 먹을 만하고, 또 다른 사람에게는 '종이 씹는' 것처럼 맛이 없다. 음식이 맛있으면 당연히 더 먹고 싶어진다. 과학자들은 이런 현상을 '음식 기호성-보상 가설Food palatability-reward hypothesis, FPRH'이라고 부른다.

이 가설에 따르면 어떤 음식이 그 사람의 입맛에 맞으면 과식을 하게 되고 결국 과체중으로 이어진다. 가령 피자나 아이스크림을 먹으면 뇌에서 보상을 담당하는 중추가 자극을 받고 기분이 좋아지는 신경전달물질인 도파민과 세로토닌이 분비된다.

하지만 여기에는 약간의 문제가 있다. 이 보상 중추는 식욕을 조절하는 뉴런과도 연결되어 있다는 점이다. 음식이 맛있으면 뇌에서 배가 부르다고 느끼는 데까지 시간이 더 걸린다. 그래서 실제로 몸에 필요한 양보다 과식하게 된다. 배가 부르다고 생각하며 숟가락을 내려놓았을 때는 이미 배가 너무 부른 상태다. 후회하지만 다음에 같은 음식을 먹으면 똑같이 반응한다.

감자칩, 초콜릿, 아이스크림 등 주변의 맛있고 자극적인 음식들을 늘 우리의 보상 중추를 노리고 있다. 이것이 활성화되면 뇌는 우리에게 더 많이 먹으라고 명령한다. 똑같은 초콜릿바를 여러 번 먹어도 물리지 않는 이유다. 내 딸의 초콜릿 배가 항상 남는 이유도 마찬가지다.

음식 중독을 불러일으키는 HPF

캔자스대학교 중독연구치료센터의 부센터장이자 심리학과 교수인 테라 파치노Tera Fazzino 박사는 중독성 있는 음식을 제대로 이해하기 위해 새로 정의를 내렸다. 그는 이런 음식들을 '과식을 부르는 음식Hyper-palatable food, HPF'이라고 부른다.

"HPF는 지방, 설탕, 탄수화물, 나트륨이 아주 정교하게 조합된 식품입니다. 자연 상태의 음식 중에는 이런 '미친 조합'을 가진 게 거의 없어요. 이건 인간이 인공적으로 설계한 맛입니다. 그래서 먹는 순간 강력한 쾌락 보상을 주고, 숟가락을 내려놓는 걸 불가능하게 만들죠."

HPF로 분류되는 음식의 범주는 아래와 같다. 읽기만 해도 군침이 돌고, 대부분 중독성이 몹시 강한 것들이다.

- **지방+나트륨 폭탄**: 베이컨, 소시지 같은 가공육, 피자, 핫도그
- **지방+설탕 폭탄**: 케이크, 도넛, 아이스크림, 쿠키
- **탄수화물+나트륨 폭탄**: 감자칩, 프레첼, 팝콘, 짭짤한 빵

파치노 박사는 HPF에 중독되는 이유를 이렇게 설명한다.

"HPF는 뇌에서 보상 심리를 담당하는 회로를 과도하게 활성화하고, 동시에 포만감이 드는 부분은 작동을 늦춥니다. 말하자면 우리가 HPF에 중독된다기보다 HPF가 우리를 중독시킨다는

게 맞지요. 생각하기도 전에 음식을 입에 넣는 겁니다. 위가 '이제 제발 그만 먹어!'라고 했을 때는 이미 늦은 것이지요."

파치노 박사와 그의 연구팀은 지난 지난 20년간 미국의 비만율이 급상승한 것은 HPF의 보급률과 밀접한 연관이 있다고 주장한다. 1998년부터 2018년 사이에 미국의 HPF 보급률(판매되는 모든 식품 중 HPF의 비율)은 49퍼센트에서 69퍼센트로, 약 20퍼센트 증가했다. 마트 진열대의 70퍼센트가 우리를 살찌우게 작정하고 만든 음식들이란 뜻이다.

맛없는 음식과 원만하게 관계 맺기

식습관을 조절하고 싶다면 식욕을 이해해야 한다. 항상 배고픈 상태라면 적게 먹기 어렵다. 그러나 평소에 식습관을 조절해 어느 정도 포만감을 유지하면 몸에 실제로 필요한 만큼만 먹기가 수월해진다.

식단에서 탄수화물이나 설탕을 무작정 빼려고 하면 스트레스도 많이 받고 금방 포기하기 쉽다. 그보다 나은 방법은 자극적이지 않은 음식으로 밥상을 구성하는 것이다. 그렇게 하면 실제로 식후에 포만감과 만족감을 더 잘 느낄 수 있고, 필요 이상으로 과식하는 일도 막을 수 있다.

한 가지 반가운 사실은, 우리의 미각은 생각보다 적응력이 좋아 입맛에 맞지 않더라도 꾸준히 먹다 보면 언젠가 맛있게 느낀다는 점이다. 지금은 치커리를 씹으며 종이 씹는 맛처럼 느낄지 모르지만 계속 먹다 보면 그 향긋함을 발견하게 된다.

내가 개인적으로 좋아하는 책 중 하나인 『의사들의 120세 건강 비결은 따로 있다』를 쓴 영양학 베스트셀러 작가 마이클 그레거Michael Greger 박사는 혀에서 맛을 느끼게 하는 '미뢰'가 심심한 맛에 적응하는 데 고작 몇 주면 충분하다고 주장한다.

"소금을 줄이라는 의사의 권유를 따르다 보면 곧 식사가 괴로워집니다. 뭘 먹어도 심심하고 먹는 재미가 사라지지요. '이렇게까지 먹으면서 살아야 할까?'라는 생각이 들지도 모릅니다. 그러나 몇 주만 그렇게 먹으면 놀라운 일이 벌어집니다. 전에는 맛있다고 생각했던 수프가 너무 짜게 느껴지고, 맛없다고 느꼈던 야채에서 특유의 향이 느껴지는 것이지요."

그레거 박사는 농축 감미료를 일주일만 끊어도 그 차이를 확연히 느낄 수 있다고 주장한다. 식단에서 소금을 끊거나 줄인 대부분의 실험에서 미뢰가 심심한 맛에 적응하는 데에는 고작 3~6개월 정도밖에 걸리지 않았다.

여전히 HPF가 무엇인지, 어떻게 줄여야 할지 모르겠다면 이 말을 기억하라. 가장 쉬운 방법은 조리되고 포장되어 나온 가공식품이나 레토르트 식품을 사지 말고 신선 식재료를 사서 집에서 직접 요리하는 것이다. 새로운 맛과 향이 필요하다면 향신료와 허브를 듬뿍 써라. 중요한 것은 설탕과 소금을 완전히 끊는 것이 아니라 새로운 맛에 익숙해지는 것이다.

지금 당장 맛있는 음식을 포기하는 것이 힘들다면 이렇게 생각해보자. 6주만 고생하면 당신은 평생 건강을 얻을 수 있다. 10년 전쯤 설탕을 끊은 내 입장에서 말하자면 지금은 당근도 몹시 달게 느껴진다. 예전에 입에 달고 살던 초콜릿 그 이상으로 말이다!

| 식사 습관 3 | 장에 쉴 틈을 주는 시간제한 식사법 |

□ 난이도 ★★

작년 크리스마스, 내 배에서는 폭식 파티가 열렸다. 그날 하루 중 절반 이상을 식사에 쓴 것 같다. 점심에 함께 일하는 동료들과 함께 파티를 열고 몇 시간에 걸쳐 뷔페를 먹었다. 음식을 먹고, 또 먹고, 이야기를 나누며 더 먹다 보니 배가 가득 차 더 이상 먹을 수 없는 지경이 되었다. 애피타이저부터 메인 요리를 거쳐 디저트까지, 끊임없이 먹다 보니 위장이 늘어난 것 같았다. 마치 밑 빠진 독에 물을 붓는 것처럼 음식이 끊임없이 들어갔다.

오후 5시까지 회사 동료들과 점심(놀라지 마시라! 이른 저녁이 아니고 '점심'이었다)을 먹은 뒤 집으로 출발했다. 저녁에는 먼 친척 어르신의 여든 잔치가 열릴 예정이었다. 집에서 간단히 씻으며 방금까지 먹은 음식을 소화하고(정말 소화가 되었는지는 모르겠다만), 저녁을 먹기 위해 헐렁한 바지로 갈아입고 반려자와 딸과 함께

차를 타고 약속 장소에 도착했다.

식사 장소는 분위기 좋은 식당이었다. 도착해서 자리에 앉자마자 아주 먹음직스러운 스시롤이 바로 나왔다. 롤을 좋아하는 딸아이는 자기 앞접시에 잔뜩 덜었다. 나는 여전히 배가 터질 것 같았지만 몇 조각 먹었다. 가족들과의 즐거운 식사 자리에서 어떻게 음식을 마다하겠는가. 그리고 나는 그 스시롤이 메인 메뉴라고 생각했다. 그런데 스시롤을 한창 먹고 있던 나와 프랭키에게 반려자가 이렇게 속삭였다.

"다른 음식 더 나오는 거… 알고 있지?"

그 말을 듣는 순간 나는 입에 넣으려던 스시롤을 내려놓았다. 여기서 음식이… 더 나온다고? 잠시 위장 상태가 괜찮은지 내려다봤다. 고무줄 바지를 입고 있어서 아직 괜찮았지만 어떤 음식이 나오는지에 따라 일부는 포기해야 할 것 같았다.

그로부터 30분 뒤 치킨 커틀릿과 슈니첼, 가지 요리, 당근 샐러드, 볶음밥이 연달아 나왔다. 내 뇌는 음식을 볼 때마다 환호하고 감탄했다. 낮부터 초저녁까지 폭식을 했다고 믿을 수 없을 정도로 말이다. 먹고, 먹고, 또 먹었는데 음식이 계속 들어갔다. 그렇게 가족 식사를 마칠 때쯤에는 배가 말 그대로 '터질 것처럼' 불렀다. 딸아이도 마찬가지였다.

그날 집에 돌아가 잠자리에 들며 나는 이렇게 생각했다.

'내일 아침은 굶어야지. 아침에 뭘 먹으면 정말 내가 사람도 아니야!'

하지만 다음 날 아침 6시 30분, 눈을 뜨자마자 나는 배신감에 몸을 떨었다. 오전 7시가 되자 위장이 꼬르륵거리며 아침밥을 내놓으라고 아우성치는 게 아닌가! 어젯밤 그렇게 미친 듯이 먹었는데, 어떻게 눈 뜨자마자 배가 고플 수 있지? 내 몸이 미친 건가?

하루 12시간은 먹는 것을 멈춰라

이 책을 집필하기 위해 런던대학교 킹스칼리지 영양과학부 교수이자 웰빙 기업 조에Zoe의 수석 과학자인 세라 베리Sarah Berry 박사와 이야기를 나누었다. 그리고 내가 위에서 겪은 말도 안 되는 허기짐의 이면에는 과학적 원인이 있었음을 알았다. 그녀는 우리가 무엇을 먹는지보다 어떻게 그리고 '언제' 먹는지를 바꾸면 많은 것이 달라진다고 했다.

하루 중 어느 시간대에 식사를 하는지는 건강에 상당히 중요한 영향을 미친다. 내장과 근육이 음식을 소화하고 대사 활동을 하는 동안에는 잠을 설치게 되기 때문이다. 저녁 9시 이후에 음식을 먹으면 체중이 늘거나 제2형 당뇨병 같은 성인병에 걸릴 확률이 높아진다는 연구 결과도 있다.

베리 교수는 야식 대신 '시간제한 식사법Time restricted eating, TRE'을 실천해보라고 권했다. 흔히 말하는 '간헐적 단식'이다. 시간을 정해놓고 그 시간에만 식사를 하는 것이다. 그녀는 꼭 '오래' 굶는 것이 능사는 아니며 건강하고 다양한 장내 미생물을 유지하기 위해서는 식사 시간을 적당히 조절해야 한다고 알려주었다.

"12~14시간 정도 음식을 먹지 않으면 신진대사와 장내 유익 미생물 활성화 그리고 체중 감량에 큰 도움이 됩니다. 간혹 6시간 동안 하루 끼니를 다 챙기고 18시간을 단식한다는 사람도 있는데 그렇게 극단적일 필요는 없어요."

간헐적 단식의 효과를 살핀 연구는 꽤 많이 나와 있다. 소방관 150명에게 3개월간 하루 10시간 내에 세 끼 식사를 모두 마치게 하고 여러 건강 지표의 변화를 살펴보니 식사 시간을 제한한 뒤로 상태가 훨씬 좋아졌다. 건강 면에서뿐만 아니라 삶의 질도 훨씬 좋아졌다는 이들이 많았다.

다른 연구에서는 건강한 성인 남녀를 대상으로 식사 시간을 10시간으로 제한하고 7주간 매주 35분씩 하루에 3세트씩 고강도 인터벌 트레이닝HIIT(2장에서 읽었던 내용을 기억하는가?)을 하게 했다. 그러자 시간제한 식사법과 고강도 인터벌 트레이닝 둘 중 하나만 한 대조군보다 둘을 함께 진행한 집단이 장기적으로 혈당 조절력이 더 많이 개선되었고 지방량도 크게 줄었다.

『비만Obesity』 학회지에 발표된 어떤 연구에서는 제2형 당뇨병 위험이 있는 소규모 남성 집단에게 일주일간 매일 식사 시간을 9시간으로 제한하도록 했다. 하루에 15시간 정도는 식사를 하지 않은 것이다. 그러자 참가자들의 혈당 수치는 개선되었고 체중도 유의미하게 줄었다.

옥스퍼드대학교 신경과학과 러셀 포스터 교수의 말에 따르면 밤의 신진대사는 낮과 다르다. 그는 우리가 오히려 정반대로 행동한다고 지적한다.

"많은 현대인이 아침 먹을 시간도 없이 서둘러 출근하고 일이 바빠 책상 앞에서 간단히 점심을 때우지요. 그리고 퇴근한 뒤에는 폭식을 합니다. 저녁에 그렇게 많은 열량을 섭취하면 몸의 일주기 시스템이 제대로 작동하지 못합니다. 그렇게 되면 섭취한 열량을 건강한 에너지가 아니라 지방으로 저장하죠."

식사 시간을 제한하면 자연스럽게 잠들기 전 '소화 완료' 상태가 된다. 속이 편안하니 잠도 잘 온다. 잘 먹어야 잘 자고, 잘 자야 잘 움직이고, 잘 움직여야 다시 잘 먹을 수 있다. 이 선순환의 고리를 만드는 열쇠는 '12시간 공복'이다.

| 식사 습관 4 | ## 가공식품과 초가공식품은 가급적 피하라

□ 난이도 ★★★

"가공식품 몸에 안 좋은 거 누가 몰라?"라고 반문할 수 있다. 하지만 가공식품의 정의가 정확히 뭘까? 밭에서 캔 땅콩은 당연히 자연식품이다. 그럼 마트에서 파는 '100퍼센트 땅콩버터'는? 공장에서 만들었으니 가공식품일까? 만약 그렇다면 얼마나 나쁜 걸까? 이 헷갈리는 기준을 정리해 줄 '노바NOVA 식품 분류법'을 소개한다. 브라질 상파울루대학교 연구진이 만든 이 분류법은 식품을 가공 정도에 따라 4단계로 나눈다. 우리가 경계해야 할 건 바로 4군, '초가공식품'이다.

1군은 비가공식품 또는 최소가공식품이다. 비가공식품이란 나무에서 딴 열매, 밭에서 캔 작물, 도축한 고기 등을 뜻한다. 가공이 거의 가해지지 않은 이런 식품 위주의 식단을 유지하는 것이 건강에 가장 유익하다.

식품군	정의	예시
1군	**•비가공 / 최소가공식품** 신선도 유지를 위해 냉동, 분쇄, 건조 등 최소한의 가공만 거친 식품	과일, 야채, 육류, 콩, 계란, 요거트
2군	**•가공 식재료** 1군에서 얻거나 추출된 식품, 신선도 유지를 위해 약간의 첨가물만 더해진 식품	설탕, 소금, 식초, 전분, 꿀, 올리브유
3군	**•가공식품** 2~3가지 성분이 함유된 식품, 1군 식품에 2군 식품을 더한 단순 가공식품	치즈, 절인 야채, 생선 통조림, 빵
4군	**•초가공식품** 인공색소, 방부제, 인공 감미료 등 화학 첨가물이 함유된 초가공식품	탄산음료, 아이스크림, 마가린, 사탕, 쿠키

노바 식품 분류법 1군이 가장 건강에 좋고 자연 상태에 가까운 신선 식품이고, 숫자가 커질수록 가공된 식품을 가리킨다.

2군은 1군에서 얻은, 살짝만 가공된 식재료로 보면 쉽다. 1군 식품 중심의 저녁 식사를 차린다고 해도 2군 식품을 아예 사용하지 않기는 거의 불가능하다. 보통 소금과 설탕, 식초 등의 양념과 조미료는 필요하기 때문이다.

3군은 흔히 말하는 가공식품으로, 많은 사람들은 여기 속하는 식품이 '가공된' 식품이라는 사실을 쉽게 잊는다. 1군 식품에 2군 조미료를 더한 식품도 3군 식품이 될 수 있다. 보통 가공식품을 만드는 목적은 식품을 더 맛있게, 더 오래 보관하고 섭취하기 위해서다. 치즈, 생선 통조림 등이 여기에 속한다.

마지막으로 4군은 초가공식품이다. 완전히 가공되어 추가로

조리할 필요 없이, 구매 즉시 먹을 수 있도록 포장된 식품을 가리킨다. 초가공식품은 편리하고 맛도 좋지만 그 때문에 중독되기 쉬우며, 우리 몸을 망가뜨리는 주범이다. 탄산음료, 쿠키 등이 여기에 속한다.

정제 곡물의 배신

하버드대학교 보건대학원에서 영양학을 가르치는 월터 윌렛 Walter Willett 교수는 40년째 같은 분야를 연구하는 베테랑이다. 그는 200편 이상의 소논문을 발표했고, 전 세계적으로 가장 많이 인용되는 영양학자이기도 하다. 지금은 사람들에게 가공식품의 해악을 널리 알리고 비가공식품 위주의 건강 식단을 유지하도록 돕는 전문의다. 그는 가공 곡물을 예로 들며 가공식품의 문제점을 설명한다.

"곡물이 정제 공정을 거치는 순간 원래 함유하고 있던 비타민의 50~80퍼센트 정도를 잃습니다. 게다가 곡물을 가공하고 정제해 고운 가루로 만드는 경우가 많습니다. 밀가루가 대표적인 예지요. 가루 상태로 섭취한 곡물은 포도당으로 저장됩니다. 정제 곡물을 섭취하면 기본적으로 어마어마한 양의 당을 섭취하게 되는 겁니다. 혈당에 좋을 리 없지요."

월렛 박사는 설탕보다 정제 곡물이 더 문제라고 지적한다. 사람들이 설탕보다 정제 곡물을 주식으로 삼기 때문이다. 게다가 설탕의 위험성은 널리 알려져 있지만 정제 곡물의 문제점은 상대적으로 덜 부각되었다. 오히려 정제 곡물은 건강한 아침 메뉴로 둔갑되기도 한다. 정제 곡물로 만든 시리얼도 분명 초가공식품인데 건강한 아침 메뉴로 잘못 알려져 있지 않은가.

초가공식품이 암을 유발한다?

런던 임페리얼칼리지 연구진은 영국의 성인 약 20만 명을 대상으로 초가공식품이 신체 건강에 미치는 영향을 밝히는 대규모 연구를 시행했다. 이들은 2009년부터 2012년까지 3년간 참가자들의 식습관을 분석하고 10년 뒤 그들의 건강 상태를 추적 조사했다. 실험의 핵심 변수는 식단 중 초가공식품 비율이었다. 전체 참가자의 하루 음식 섭취량 중 초가공식품 비율은 평균 22퍼센트였다.

연구진은 식단 분석을 통해 식사에서 초가공식품이 차지하는 비율이 10퍼센트 늘어날 때마다 암으로 사망할 확률이 6퍼센트 증가한다는 사실을 밝혀냈다. 암의 종류를 조금 더 세분화하면 유방암으로 사망할 확률은 16퍼센트, 난소암으로 사망할 확률은 30퍼센트 증가했다.

이들은 대규모 참가자들을 초가공식품 섭취 비율에 따라 두 집단으로 나누어 암 발병 확률을 조사했다. 그 결과 초가공식품을 가장 적게 먹는 집단(하루 식품 섭취량의 약 9퍼센트)은 가장 많이 먹는 집단(하루 식품 섭취량의 40퍼센트 이상)에 비해 암에 걸릴 확률이 7퍼센트 낮았고, 폐암과 뇌암에 걸릴 확률은 각각 25퍼센트, 52퍼센트 낮았다. 즉 초가공식품 섭취량과 암 발병 사이에는 유의미한 상관관계가 있었다.

초가공식품을 전혀 섭취하지 않고 살기는 어렵다. 항상 정시에 퇴근해 집에서 요리를 해 먹을 수 있는 것도 아니고, 살다 보면 이런저런 이유로 마트에서 파는 가공식품과 조리 식품을 사먹게 된다. 그러나 식습관을 조금씩 바꾸려고 노력할 가치는 있다.

하루에 섭취하는 모든 식품 중 초가공식품의 비율을 10퍼센트 아래로 유지하고자 노력해보자. 가령 성인 한 사람의 끼니당 식사량은 약 500그램 정도 된다. 그렇다면 매 끼니에서 초가공식품을 50그램 이하로 먹도록 조절해 보는 것이다. 마트에서 장을 볼 때마다 노바 식품 분류 체계의 1군과 2군에 속하는 식품을 바구니에 담자. 어쩌면 당신은 요리라는 새로운 취미를 발견할 수 있을지도 모른다.

□ 난이도 ★★★

식사 습관
5

식물성 식품이 만드는 미생물의 세계

    2014년, 나는 내 '배설물'을 미국으로 보내는 특권(?)을 얻기 위해 무려 99달러라는 거금을 냈다. 놀랍게도 나만 그런 일을 한 게 아니었다. 전 세계에서 2만 명 이상의 사람들이 같은 일을 했다. 장내 미생물을 연구하는 과학 프로젝트에 이바지하기 위해서였다. 미국과 영국의 장 건강 연구팀이 공동으로 실시한 '마이크로세타 이니셔티브The Microsetta Initiative' 프로젝트는 전 세계 사람들의 분변을 수집해 장 건강에 대한 이해도를 높이고 소화계 관련 질병 치료의 초석을 다지는 데 목적이 있다.

    나를 비롯한 참가자들은 분변을 보내고 평소 건강 상태, 병력, 생활 방식과 식습관에 대한 자세한 설문 조사에도 응해야 했다. 연구진들은 분변과 설문 조사 결과를 분석해 장 건강에 대한 통찰력을 얻었다. 가장 중요한 발견은 식물성 식품의 놀라운 이점이었다. 매주 식물성 식품을 30종 이상 섭취하는 사람은 그렇지 않은 사람보다 장내 미생물 환경이 훨씬 다양하고 건강했다. 채식주의자든 육식을 즐기는 사람이든 전체 표본에서 크게 다르지 않았다.

해당 연구의 영국팀 책임자이자 런던대학교 킹스칼리지 유전학과의 팀 스펙터Tim Spector 교수는 우리가 먹는 식물의 다양성이 장내 미생물과 직접적인 연관이 있고, 그것이 그대로 장 건강과 직결된다고 설명한다.

"섭취하는 식물이 다양해질수록 장내 화학 물질도 다양해집니다. 식품에는 3만 종 이상의 화학 물질이 담겨 있고, 장내 미생물은 각 물질을 서로 다르게 처리하지요. 분해하거나 연료로 사용하고, 비타민이나 다른 면역 화합물로 전환하기도 합니다. 장내 미생물을 작은 약품 실험실이라고 생각하면 쉽습니다. 그들에게 다양한 원료를 제공할수록 훌륭한 약을 제조하겠지요."

마이크로세타 이니셔티브 프로젝트 연구진은 평소 식물성 식품을 다양하게 섭취하는 사람은 상대적으로 장내 미생물에 항생제 내성 유전자가 적다는 사실을 발견했다. 즉 식물성 식품을 골고루 먹을수록 항생제가 더 잘 든다는 뜻이다. 이는 몸이 크게 아프거나 이상이 생겨 항생제가 필요한 경우 매우 유리한 조건이다. 항생제에 내성이 생기면 염증을 제거하고 감염을 막는 능력이 떨어지기 때문이다.

끼니 때마다 식물성 식품을 먹는 사람의 장에는 '단사슬 지방산Short-chain fatty acids, SCFA'을 만드는 박테리아도 더 많다. 단사슬 지방산은 '휘발성 지방산'이라고도 불리며 6개 이하의 탄소 원자로 이루어진 지방산을 일컫는다. 주로 장내 미생물이 탄수화물이나 섬유질을 발효해 생성하는 산물로 당뇨와 심장병을 막고 면역력을 높이는, 그야말로 우리 몸의 수호천사다.

그렇게 많은 식물을 어떻게 먹지?

30종 이상의 식물성 식품을 섭취하면 좋다는 사실은 알았다. 그렇지만 이런 의문이 든다. 어떻게 그렇게 다양한 종류의 식물을 섭취할 수 있을까? 아는 식물의 이름을 다 떠올려도 30개가 채 되지 않는데 말이다. 스펙터 교수와 이야기를 나누어 보니, 다행히도 여기서 말하는 '식물'이란 채소와 과일만을 뜻하는 것이 아니었다. 아몬드나 캐슈넛 같은 견과류, 해바라기씨와 호박씨 같은 씨앗류, 검은콩과 완두콩 등 콩류, 바질과 파슬리 등 허브와 향신료, 귀리와 통밀 등 통곡물이 모두 포함된다.

일반적으로 한 끼 식사에 적절한 식물성 식품의 양(1회분)은 아래와 같다(각 식품 1회 섭취기준이다).

- **채소:** 80그램(상추 10~15장, 작은 당근 반 개)
- **과일:** 100그램(중간 크기 정도 사과나 바나나 1개)

- **견과류:** 30그램(아몬드 20개 또는 호두 7개)
- **콩류:** 75그램(병아리콩 반 컵)
- **통곡물:** 100그램(현미 반 컵, 통밀빵 1조각)
- **허브와 향신료:** 말린 것으로 1작은술, 신선한 것으로 2큰술

스펙터 교수를 인터뷰하고 집에 돌아온 나는 책상 앞에 앉아 지난주에 먹은 식물성 식품을 모두 적어 보았다. 당근, 빨간 파프리카, 딸기, 오이, 시금치, 토마토, 케일, 양송이버섯, 방울토마토, 브로콜리, 콜리플라워, 파슬리, 고수, 바질, 마늘, 생강, 땅콩, 아몬드, 현미, 귀리, 퀴노아… 21가지뿐이었다. 아직도 아홉 종류의 식물을 더 먹어야 한다니! 나는 노란 파프리카와 녹색 피망을 먹고, 푸성귀도 더 많이 먹기로 했다. 치커리 같은 샐러드용 식물을 비롯해 새싹 채소도 더 사먹어야겠다는 다짐도 했다. 어떻게 요리해 먹을지 생각하니 살짝 군침이 돌았다.

마이클 그레거 박사는 식물을 조리할 때 강황을 조금 넣어 보라고 권한다. "강황은 여러 질병을 막고 치료하는 데 효과적입니다. 강황의 효과를 살피는 임상 실험이 지금도 50건 넘게 진행되고 있어요. 강황을 꾸준히 섭취하면 결장 용종이 사라지고, 수술 후 회복 속도가 빨라지며, 류마티스 관절염이나 퇴행성 관절염, 다른 염증성 질환도 줄어듭니다."

그러니 당신도 매 끼니마다 강황을 비롯해 식물성 식품을 하나씩 추가해 보라. 처음에는 다이어트 식단처럼 느껴질지도 모르지

만, 채소는 우리 식습관에서 너무 등한시되어 왔다. 육류만 섭취한다고 근육이 붙고 힘이 나는 것이 아니다. 채소를 곁들여 장내 건강을 유지해야 근육을 비롯해 몸 전체의 건강이 균형을 잡을 수 있다. 이 글을 읽는 당신이 다양한 식물성 식품의 매력에 흠뻑 빠지길 바란다.

채소를 먹는 현명한 방법: 그냥 먹기 VS 살짝 익혀 먹기

나는 '채소광'이다. 다른 음식은 몰라도 채소라면 매일 10인분씩은 먹을 수 있다고 자부한다. 어떤 사람들은 소화가 잘 되고 몸이 가벼워져서 채소를 좋아하지만, 맛이 없고 충분한 에너지원이 되지 못하는 것 같다며 싫어하는 사람도 많다. 앞서 소개한 목록대로 매일 채소 5회분과 과일 2회분을 먹어보라. 정말로 인생이 달라질 것이다!

그런데 채소를 먹을 때마다 고민이 생긴다. '이걸 그냥 씻어서 생으로 먹을까? 아니면 데치거나 볶아 먹을까?'

호주의 유명 건강 전문가 노먼 스완 박사가 이에 대한 명쾌한 답을 주었다. 그와 대화를 나누기 전까지 나는 당근에 묻은 흙만 털고 와작 씹어 먹는 '생식파'였다. 하지만 스완 박사는 팬에 올리브유를 두르고 중불에서 익혀 먹으라고 조언했다.

"물론 인스턴트 식품만 먹던 사람이 생당근을 먹기 시작했다면 칭찬받아 마땅합니다. 하지만 이미 채소를 잘 챙겨 먹는 사람이라면, 잘게 썰거나 올리브유를 뿌려 살짝 익혀 드세요. 토마토를 예로 들어볼까요? 생으로 먹어도 훌륭하지만, 잘게 썰어 열을 가하면 항산화 물질의 흡수율이 폭발적으로 늘어납니다. 여기에 올리브유까지 뿌리면 금상첨화죠."

토마토나 홍고추 등에 열을 가하면 건강에 좋은 생리 활성 물질이 더 많이 나오고, 이는 체내 염증 수치를 낮추는 데 탁월하다. 물론 생으로 먹지 말라는 뜻은 아니다. 여유가 있다면 조리해서 먹는 것이 영양학적으로 더 이득이라는 뜻이다.

팀 스펙터 교수도 같은 의견이다. "살짝 익히면 생으로 먹는 것보다 영양소가 더 많이 용출됩니다. 자연 그대로 먹자는 '생식 운동'도 있지만, 위장이 약한 사람에겐 오히려 소화 불량을 일으킬 수 있어요. 식재료를 가열해 먹는 것은 우리 조상들의 오랜 지혜입니다."

한때 영국과 호주에서는 양배추를 아삭하게 먹느냐, 푹 익혀 먹느냐를 두고 논쟁이 붙은 적이 있다. 무엇이든 과하면 좋지 않다. 스펙터 교수는 채소를 짧은 시간 쪄서 '알 덴테Al dente'로 먹길 권한다. 씹으면 적당히 아삭한 식감이 느껴질 정도로 말이다.

☐ 난이도 ★★

| 식사 습관 6 | 간식이 필요할 땐
발효 식품과 견과류를 먹자 |

간식을 먹지 않으려 해도 일상생활을 하다 보면 자꾸 무언가를 입에 넣고 싶어진다. 오전에는 상대적으로 집중력이 높아 괜찮지만 오후로 갈수록 당이 떨어지고 간식이 필요하다. 그러나 앞에서 초가공식품의 위험성을 살펴본 만큼 초콜릿 같은 간식은 피하고 싶을 것이다. 그런 독자들을 위해 이번 장에서는 건강한 간식을 소개하고자 한다. 바로 발효 식품과 견과류다.

식품으로 섭취할 수 있는 유산균

지난 몇 년간 나는 꾸준히 약국에 방문해 캡슐형 유산균 보충제를 샀다. 꽤 많은 돈을 들여 가장 좋은 것을 사와서 이번에는 꼭 끝까지 잘 챙겨먹으리라 다짐하며 냉장고 아래칸에 넣었다. 그러나 하루이틀 먹고는 어김없이 그 존재를 깜빡 잊었고, 유산균은 냉장고 구석에 몇 달간 방치되다가 상해서 결국에는 버려졌다. 몇 번 그런 경험을 하고 나니 유산균 보충제를 사먹는 것이 돈 낭비로 여겨졌다.

유산균은 알약으로 보충할 수도 있지만 전문의와 연구진은 가장 효과적인 방법이 알약은 아니라고 입을 모은다. 많은 이들이 알고 있듯이 유산균은 요거트, 치즈, 양배추 절임, 김치 등 발효 식품에 다량 함유되어 있다. 알약을 삼키는 대신 저녁 메뉴에 발효 음식을 곁들이는 것이 유산균을 챙기는 좋은 방법이다.

팀 스펙터 교수는 장 건강을 위해 우리가 할 수 있는 좋은 식습관 중 하나는 유산균이 들어간 다양한 발효 식품을 먹는 것이라고 설명한다. 요거트가 유산균 식품임은 누구나 알 것이다. 치즈의 경우 각 잡힌 가공 치즈가 아니라 전통 치즈 농가에서 볼 수 있는 납작한 원기둥 모양 치즈에 유산균이 많다. 그 외에 유산균이 풍부한 '4K'를 간단히 소개하고자 한다.

- **케피르**Kefir : 동유럽, 중앙아시아 지역에서 산양이나 염소 젖으로 만든 발효주
- **콤부차**Kombucha : 홍차나 녹차를 발효시켜 만드는 탄산음료
- **김치**Kimchi : 한국에서 주로 배추나 무 등의 채소를 소금에 절이고 고춧가루, 젓갈 등으로 양념해 발효시킨 반찬

- **크라우트**Kraut: 주로 독일 지역에서 많이 먹는, 양배추를 소금에 절여 발효한 곁들임 음식

스펙터 교수는 유산균을 조금씩 자주 섭취하면 장 건강이 눈에 띄게 개선된다고 했다.

"유산균은 장에 오래 머무르지 못합니다. 그러니 한 번에 많은 양을 먹기보단 조금씩, 자주 먹는 것이 좋지요. 유산균이 장에서 활발히 활동하게 하려면 발효 식품을 계속해서 먹어줘야 합니다. 식사 때마다 요구르트를 하나씩 먹는다든가, 한식 레스토랑에서 김치를 꼭 챙겨 먹는 것처럼 말이지요."

발효 식품에 대해서는 많은 연구 자료가 나와 있지만, 그중 학계에서 가장 자주 인용되는 한 논문에 따르면 평범한 성인을 대상으로 하루에 5번씩 발효 식품을 섭취하게 하자 2주 만에 면역력이 크게 강화된 것으로 밝혀졌다.

건강한 지방을 채워주는 견과류

유산균이 장내 미생물 생태계를 지켜준다면 견과류는 온몸으로 혈액을 보내는 순환계 시스템을 지켜준다.

내가 유년 시절을 보낸 집은 '아몬드 스트리트'라는 거리에 있었다. 그러나 동네 이름과 달리 나는 견과류를 좋아하지 않았다.

딱딱하고 텁텁하며 입에 남는 느낌이 불편해서 싫어했던 것 같다. 그러나 성인이 된 뒤로는 견과류를 먹기 시작했고, 이 책을 집필하기 위해 영양학자 월터 윌렛 교수를 인터뷰한 뒤에는 견과류에 푹 빠졌다. 그는 견과류가 거의 모든 면에서 건강에 유익한 식품, '슈퍼 푸드'라고 했다.

견과류는 지방산을 함유하고 있지만 대부분 불포화지방이다. 불포화지방은 단가 불포화지방과 다가 불포화지방으로 나뉘는데, 그중 후자가 오메가3 등 우리가 일반적으로 생각하는 건강한 지방이다. 견과류에는 불포화지방이 많이 들어 있어 심혈관 질환을 예방하는 데 크게 도움이 된다. 이런 건강한 지방은 머리카락과 피부를 윤기 있게 만들어 준다. 그뿐만 아니라 견과류에는 엽산과 항산화 비타민 같은 영양 성분도 많고, 섬유질도 풍부하다.

윌렛 교수는 30년간 누적된 20만 명 이상 성인의 건강 데이터를 분석했다. 일주일에 5회 이상 견과류를 한 줌(25~30그램)씩 먹은 사람은 견과류를 전혀 먹지 않은 사람보다 심혈관 질환에 걸릴 확률이 14퍼센트 낮았다. 특히 심장을 둘러싼 관상동맥 관련 질환에 걸릴 확률은 20퍼센트가량 낮았다.

견과류를 많이 먹으면 속이 느글거리고 소화가 안 된다는 사람도 있다. 하지만 견과류의 종류는 당신의 생각보다 훨씬 방대하다. 땅콩, 아몬드, 캐슈넛, 피칸 등 견과류를 종류별로 먹어 보자. 어떤 것이든 마트에서 파는 설탕이나 시럽이 들어간 간식보다는 건강에 훨씬 좋다.

간혹 견과류에는 지방이 많아 오히려 다이어트를 방해한다고 여기는 사람도 있는데, 이는 오해다. 윌렛 교수는 4년 이상 약 15만 명의 성인을 대상으로 견과류 섭취와 체중의 상관관계를 조사했는데, 하루 견과류 섭취량을 15그램 늘린 사람은 그렇지 않은 사람보다 오히려 체중이 소폭 감소했다.

견과류는 불포화지방산뿐만 아니라 단백질과 식이섬유도 풍부해 포만감을 오래 유지하는 데 도움이 된다. 그러니 다이어트를 할수록 간식으로 견과류를 먹어라. 초가공식품을 끊고 견과류를 먹으면 꼭 필요한 영양분과 에너지를 얻을 수 있다.

내 손으로 만드는 건강 식품

장 건강을 챙기고 싶다면 집에서 직접 발효 채소(피클)를 만들어 보는 것도 좋다. 영양제보다 훨씬 싸고, 살아있는 유산균을 섭취할 수 있다. 준비물은 간단하다.

준비물 소독한 유리병, 천일염, 채소(오이, 양배추, 무 등), 물

방법 1 물에 천일염을 녹여 소금물을 만든다(농도는 바닷물 정도).
      2 유리병에 씻은 채소를 담고 소금물을 붓는다(채소가 잠겨야 한다).

3 뚜껑을 닫고 직사광선을 피해 실온에 둔다.

4 일주일 정도 지나면 새콤하게 익는다(발효 가스 때문에 병이 터질 수 있으니 뚜껑을 살짝 헐겁게 닫거나 하루 한 번 열어준다).

이렇게 만들어놓고 냉장고에 넣으면 두 달은 거뜬히 먹는다. 내 손으로 키운 유산균, 먹는 즐거움이 두 배다.

☐ 난이도 ★

| 식사 습관 7 | 당신의 근육을 책임지는 단백질 |

노스캐롤라이나대학교 운동생리학과의 애비 스미스라이언 교수는 다양한 직함을 가지고 있다. 응용생리학연구소 소장이자 미국 근력협회에서 올해의 영양 연구상 수상자로 선정되기도 했다. 그녀가 생각하기에 사람들이 끼니마다 가장 신경 써야 할 가장 시급한 습관은 단백질을 30그램씩 더 섭취하는 것이다.

"인류는 음식이 풍부한 문화를 만들며 발전했습니다. 원시 시대에는 식량을 두고 경쟁을 했지만 이제는 온갖 다이어트가 유행하고 있어요. 식단에 대해서는 학자마다 생각이 다르지만 제가 보기에는 끼니마다 단백질을 30그램씩 더 먹는 것이 현대인의 건강에 가장 중요한 문제입니다."

단백질을 챙겨 먹어야 하는 이유는 차고 넘친다.

첫째, 포만감이다. 단백질은 탄수화물보다 소화가 느려 배가 든든하다. 자연스럽게 군것질이 줄어 체중 관리가 쉬워진다.

둘째, 혈당 안정이다. 단백질은 혈당 스파이크를 막아 심근경색, 뇌졸중, 당뇨병, 지방간 같은 대사 질환을 예방한다.

셋째, 신진대사 부스팅이다. 단백질은 소화되는 과정에서 에너지를 많이 쓴다. 즉, 먹기만 해도 지방 연소를 돕고 기초 대사량을 지켜준다.

무엇보다 단백질은 우리 몸의 뼈와 근육, 세포를 만드는 핵심 재료다. 면역력을 높이고 삶의 질을 올리고 싶다면, 탄수화물 비중을 줄이고 그 자리를 단백질로 채워야 한다.

나이를 먹을수록 단백질을 챙길 것

워싱턴대학교 노화장수연구소 소장 맷 케이벌린 교수는 단백질의 중요성을 강조하고 널리 전파하는 학자 중 하나다. 그는 특히 근육을 키우고 싶은 젊은이보다 노년에 접어드는 중장년층일수록 꾸준히 단백질을 챙겨야 한다고 권유한다.

"단백질, 탄수화물, 지방의 중 생물학적 노화에 가장 큰 영향을 미치는 것은 단백질입니다. 탄수화물과 지방은 주로 에너지원으로 작용하지만 단백질은 효소와 호르몬 등 생리 작용을 직접 조절하며 세포의 구조와 기능 유지에도 영향을 미칩니다. 65세 이상인 사람, 즉 노년일수록 단백질을 많이 섭취하면 사망률이 유의미하게 낮아진다는 연구 결과도 있습니다."

스미스라이언 교수의 조언처럼 끼니마다 단백질을 딱 30그램씩만 추가해 보자. 처음에는 엄청나게 부담스럽고 어려운 일로 느껴질지도 모른다. '단백질' 하면 보통 사람들은 맛없고 퍽퍽한 닭가슴살을 떠올린다. 그러나 걱정하지 마시라. 단백질은 다양한 음식에서 보충할 수 있기 때문이다.

사람들이 큰 호불호 없이 즐기고 좋아하는 생선은 풍부한 단백질원이다. 저녁으로 연어나 참치 샐러드를 먹어보는 것은 어떨까? 생선이 싫은 사람들에게는 스테이크나 소고기 스튜를 추천한다. 만약 고기를 먹고 싶지 않다면 두부나 콩을 먹으면 된다. 비건이나 채식주의를 지향하는 이들을 위해 요즘은 시중에 콩으로 만든 고기도 판매한다. 복잡하게 식단을 챙기기 힘들다면 삶은 계란이나 계란프라이를 3개 먹는 것으로도 충분하다.

20대까지는 운동을 하지 않아도 근육량과 근력이 유지된다. 그러나 30대가 지나고 40대, 50대가 되면 근력이 현저하게 줄어들며 체력도 떨어진다. 누구에게나 노년을 위한 대비로 근육과 건강한 신체 조직이 필요하지만 특히 나이가 들수록 중요해진다. 뼈와 관절이 약해지기 시작하면 근육이 잡아 주어야 운동 능력을 유지할 수 있기 때문이다. 매일 질 좋은 단백질을 섭취하면 근육 유지에 도움이 되고, 여기에 근력 운동까지 함께하면 노년을 위한 대비로 더할 나위 없이 좋다. 노년의 삶의 질은 근력이 결정하고, 근력은 단백질이 결정한다는 사실을 잊지 말자.

3장 정리

1 식사는 채소-단백질-탄수화물 순으로 하라.
먹는 순서에 따라 혈당 반응이 달라진다.

2 지나치게 입맛을 자극하는 음식을 멀리하자.
특히 지방, 설탕, 소금 함량이 높은 음식은 피하라.

3 간헐적 단식은 장 건강에 좋다.
되도록 오전 9시부터 오후 7시(약 10시간) 사이에 세 끼 식사를 마쳐라.

4 가공식품과 초가공식품 섭취량을 줄여라.
최소가공식품 등 신선한 식재료를 조리해 먹자.

5 식물을 30종 이상을 섭취하라.
채소와 과일뿐 아니라 콩, 곡물, 허브도 식물성 식품이다.

6 간식이 생각나면 유산균과 견과류를 먹어라.
유산균은 장내 미생물 생태계를 개선하고, 견과류는 불포화지방산을 채워준다.

7 단백질을 지금보다 조금씩 더 먹어라.
나이가 들수록 근육이 부족해진다. 미리 보충하자.

2부

작심삼일에서 벗어나기 위한 24가지 전략

건강을 가로막는 습관 도둑 퇴치법

앞에서 잘 자고 잘 운동하고 잘 먹기 위한 총 17가지 건강 습관을 소개했다. 독자들이 이미 한 번쯤 들어 봤을 법한 것도, 새롭게 알게 된 것도 있을 것이다. 그러나 우리에게는 아직 큰 산이 남아 있다. 이 습관들을 실천에 옮기는 것이다.

내일부터 달라지기로 결심했지만 실패한 적이 있는가? 나는 수없이 많다. 우리는 모두 인간이기에 실수를 거듭하며 조금씩 나아가고 발전할 뿐이다. 그러나 한 가지 짚고 넘어갈 것이 있다. 어떤 사람은 상대적으로 쉽게 습관을 만드는 반면 다른 사람은 행동을 바꾸는 데 아주 오랜 시간과 노력이 든다는 것이다.

내 친구 두 사람의 경험을 살펴보자. 2020년 초, 코로나바이러스가 유행하며 전 세계가 봉쇄되었을 때 샘과 제시는 '매일 1시간 산책하기'라는 목표를 세웠다. 현실적이며 달성 가능한 목표였다. 그러나 첫 주에는 두 사람 모두 수월하게 목표를 달성했지만, 둘째 주부터 서로 다른 이유로 계획이 틀어지기 시작했다.

우선 샘은 저녁 산책파였다. 첫 주에는 크게 바쁜 일이 없어 퇴근 후 저녁 식사를 하고 산책을 나갈 수 있었지만, 둘째 주부터 갑자기 일이 휘몰아치면서 야근을 했다. 늦은 시간에 지친 몸을 이끌고 집에 돌아온 그는 다시 밖으로 나가는 데 실패하고 소파에 앉아 감자칩을 먹으며 텔레비전 보기를 택했다. 매일 1시간씩 산책한다는 목표는 그렇게 멀리 날아갔다.

제시의 경우도 보자. 그녀는 아침 산책파였다. 아침에 의지력이 더 강하다는 사실을 알고 있었기 때문이다. 하지만 첫 주 내내 그녀가 아침 일찍 일어나 산책을 하자, 옆에서 자던 남편이 부스럭거리며 외출 준비하는 소리에 자꾸 깬다며 산책 시간대를 바꿀 수 없겠느냐고 물었다. 가족들과 집에서 붙어 보내는 시간이 늘어난 팬데믹 기간, 제시는 남편과의 갈등에 불을 지피기보다 산책을 멈추길 택했다.

결국 두 사람은 건강을 위해 같은 목표를 세웠지만, 전혀 다른 이유로 실패했다. 여기에서 우리가 알 수 있는 사실은 똑같이 실패해도 다른 해결책이 필요하다는 것이다.

행동을 바꾸고 싶다면 당신의 성공을 가로막는 '장벽'을 찾아내야 한다. 장벽을 알면 적절한 해결책을 마련하고 행동 변화를 이끌어낼 수 있다. 1부에서는 신체 건강을 위한 습관을 수면·운동·식사의 세 영역으로 나누어 안내했다면, 2부에서는 건강 습관을 방해하는 장애물을 네 영역으로 나누어 소개하고자 한다.

이미 건강 전략을 알았는데 왜 장애물까지 알아야 하느냐고 반문하는 독자도 있을 것이다. 만약 당신이 지금 당장 1부의 내용을 몸으로 충분히 체화해 매일 실천할 수 있다면 2부는 읽지 않아도 좋다. 하지만 다른 많은 건강서를 떠올려보라. 어떤 책을 읽든 고개를 끄덕이고, 충분히 지킬 수 있다고 느끼고, 이미 건강해진 듯한 효능감까지 느꼈을 것이다. 실제로 당신은 달라졌는가? 그런 독자는 극소수일 것이다. 아는 것만으로 단숨에 행동까지 바뀌지는 않는다.

뉴욕대학교 의과대학의 카밀라 키스코Kamila Kiszko 교수는 흥미로운 연구를 진행했다. 식품에 칼로리 라벨을 붙이고 사람들의 열량 섭취가 줄어드는지 조사한 것이다. 약 30건의 기존 연구를 메타분석한 끝에, 칼로리 라벨을 붙여놓는 것만으로는 총 열량 섭취량이 줄어들지 않는다는 결과를 얻었다. 우리는 치즈가 듬뿍 들어간 버거의 열량이 2,000칼로리에 달하고 건강에 좋을 것이 없다는 사실을 알면서도, 여전히 버거를 보는 순간 먹고 싶다고 느낀다. 알면서도 실천하지 못하는 것도 같은 메커니즘이다.

사람은 매우 감정적이다. 주변 사람과 환경, 무의식과 충동의 영향을 받는다. 그래서 우리에게는 단순히 건강 습관을 아는 것뿐만 아니라, 변화를 이끌어내기 위한 개인 맞춤형 행동 전략이 필요하다. 내가 2부를 쓴 이유가 바로 그것이다. 이 책에서 정말 중요한 부분은 1부가 아니라 지금부터 시작될 2부다. 지금부터 당신의 행동을 바꿔줄 핵심 전략을 차례차례 살펴보자.

변화를 가로막는 '습관 도둑' 4인방

변화로 향하는 길목을 가로막는 장애물 하나하나를 이 책에 상세히 소개할 수는 없다. 사람마다 너무 다르기 때문이다. 그러나 여러 장애물을 비슷한 유형끼리 묶을 수는 있다. 지금부터 이런 장애물을 당신으로부터 좋은 습관을 훔쳐간다는 의미에서 '습관 도둑'이라고 부르겠다. 내 분류 기준에 따르면, 습관 도둑에는 '동기 도둑', '관계 도둑', '환경 도둑', '인지 도둑'이 있다. 이들은 당신의 가장 약한 부분에 파고들어 올바른 건강 습관을 실천하지 못하게 방해한다.

동기 도둑은 흥미진진한 목표를 '부담스러운 의무'처럼 바꿔 우리의 열정을 꺾고 결심을 교묘히 흩뜨린다. 사람은 억지로 해야 한다는 의무감이 아니라 진심으로 원한다고 느낄 때 비로소 행동으로 옮긴다. 즉 '동기'가 중요하다. 동기 도둑은 건강 전략을 '하고 싶은 일'이 아니라 '해야만 하는 일'로 속여 열정을 빼앗는다. 어떻게 해야 동기를 잃지 않고 꾸준히 실천할 수 있을까?

한편 관계 도둑은 인간이 사회적 동물이라는 점에 기인한다. 사람은 누구나 주변 사람들과 교류하고 그들로부터 영향을 받는다. 변화를 시도할 때도 마찬가지다. 주변 사람들로부터 새로운 행동에 대한 지지와 응원을 받고 싶어 한다. 관계 도둑은 이런 점을 노려 우리가 행동을 바꾸지 못하도록 방해한다. 주변에서 호응하지 않으면 건강 습관을 지키려 노력하다가도 실패하는 유형의 사람들이 있다. 관계 도둑을 물리치는 법은 주변 사람들과 소통하며 사회적 연결의 힘을 활용하는 것이다. 건강 습관을 들이기로 마음먹었다고 주변에 널리 알리고, 잘한 일에 대해서는 서로 칭찬하는 방식으로 말이다.

환경 도둑이란 일상 곳곳에 잠입해 우리가 변화로 나아가지 못하게 막는다. 주변의 영향을 받아, 또는 환경적 제약 때문에 하고자 하던 일을 포기한 경험은 누구나 있을 것이다. 운동을 하러 가지 못하게 막는 집안일과 잡무, 당장 눈앞에 쌓인 해결해야 할 일들, 산책하러 나가고 싶은데 신을 운동화가 없는 상황 등이 모두 환경 도둑에 속한다.

마지막으로 인지 도둑은 우리의 정신이 지치고 과부하에 걸린 순간을 이용해 뇌리에 파고든다. 사람들은 진이 빠져 있을 때, 손가락 까딱할 힘도 없을 때 곧바로 유혹에 굴복하기 쉽다(가령 내가 육아 퇴근 후 보상 심리로 간식을 찾다가 설탕을 퍼먹었던 일처럼 말이다). 일상이 정신없이 바쁜 시기일수록 신경 써서 이 교활한 도둑을 물리쳐야 한다. 인지 도둑은 편의상 '의지 도둑'이라고 표현하고자 한다. 의지력과 인지는 한 끗 차이이기 때문이다.

4가지 습관 도둑에 맞서는 가장 좋은 방법은 기저에 깔린 문제를 해결해 행동 변화를 포기할 구실을 아예 막아 버리는 것이다. 그렇다면 다음 장의 표를 통해 당신을 위협하는 가장 치명적인 습관 도둑이 무엇인지 파악해 보자.

나를 가로막는 '습관 도둑' 찾기

아래 질문을 읽고 각 문항당 점수를 매겨 총합을 계산해 보자. 점수가 낮을수록 '동의하지 않는다/전혀 아니다', 점수가 높을수록 '매우 동의한다/항상 그렇다'를 뜻한다.

Q 당신이 왜 습관을 개선하고자 하는지 점수를 매겨라.

1. 다른 사람이 원하거나 상황 때문이다.
2. 현재 상태에 불안, 죄책감, 수치심이 느껴지기 때문이다.
3. 부정적인 미래를 피하고 싶기 때문이다.
4. 지금과 달라져야 한다는 압박감 때문이다.

Q 아래 문장에 얼마나 동의하는지 점수를 매겨라.

5. 다른 사람의 격려 없이는 행동을 바꾸기 어렵다.
6. 내가 행복해지려면 주변 사람도 행복해져야 한다.
7. 나의 욕구보다 타인의 욕구에 더 맞추고 싶다.
8. 내가 힘들 때에도 타인을 먼저 생각하고 배려한다.

Q 당신이 왜 행동을 바꾸지 못하는지 점수를 매겨라.

9. 무언가 갑작스러운 일이 생겼기 때문이다.
10. 누군가 나의 계획을 방해했기 때문이다.
11. 그냥 잊어버렸기 때문이다.
12. 예전 습관에서 벗어나지 못하기 때문이다.

Q 아래 문장에 얼마나 동의하는지 점수를 매겨라.

13. 나는 종종 유혹에 저항할 수 없다고 느낀다.
14. 나는 종종 강한 충동을 억제하기 어렵다.
15. 하루 일과를 마치면 녹초가 되어 무언가 하기 어렵다.
16. 나는 너무 바빠서 행동을 바꾸기가 어렵게 느껴진다.

	1	2	3	4	5	6	7	총합

	1	2	3	4	5	6	7	총합

	1	2	3	4	5	6	7	총합

	1	2	3	4	5	6	7	총합

이미 눈치챈 독자도 있겠지만, 위에서부터 차례로 동기 도둑, 관계 도둑, 환경 도둑, 인지 도둑을 확인하는 문항들이다. 1번부터 4번 문항에 대한 점수가 가장 높은 사람은 동기 도둑 때문에, 5번부터 8번 문항에 대한 점수가 가장 높은 사람은 관계 도둑 때문에, 9번부터 12번 문항에 대한 점수가 가장 높은 사람은 환경 도둑 때문에, 13번부터 16번 문항에 대한 점수가 가장 높은 사람은 인지 도둑 때문에 행동을 바꾸지 못하고 있을 확률이 크다.

동기 도둑으로 인해 행동을 바꾸지 못하는 사람은 주로 행동 변화를 '해야만 하는 일'처럼 느낀다. 이런 사람은 외부에서 아무리 변화를 강요해도 내면의 목소리가 들리지 않으면 쉽게 바뀌지 않는다. 그러므로 왜 습관을 바꾸려 하는지 스스로 분명한 동기를 내재화하는 과정이 필요하다. 왜 달라져야 하는지, 어떻게 달라질 것인지 직접 생각해 결정하고 그 행동에 즐거움을 더하는 것이다.

관계 도둑의 영향을 받는다면 타인의 기대를 충족하려 애쓰는 사람일 가능성이 높다. 이들은 건강 문제에서도 타인의 영향을 많이 받는다. 내 건강 상태로 타인을 걱정시키거나 실망시키고 싶지 않은 것이다. 이들은 주변 사람들을 모두 만족시키고 관계를 조화롭게 유지하려고 애쓴다. 당신이 이 유형이라면 건강에 신경을 쓰고 건강한 생활 습관을 지키는 사람들과 가까워지려고 노력해 보자. 어느새 그들을 따라 즐겁게 운동하고 좋은 음식을 챙겨 먹는 스스로를 발견할 것이다.

환경 도둑의 영향을 받는 사람들은 대부분 자신의 의지보다는 주변 환경 때문에 건강한 습관을 유지하지 못한다. 하버드대학교 심리학과 대니얼 길버트Daniel Gilbert 교수와 매슈 킬링스워스Matthew Killingsworth 박사는 사람들이 깨어 있는 시간의 47퍼센트가량을 지금 하는 일이 아닌 다른 일을 생각하며 보낸다는 사실을 알아냈다. 우리가 하는 많은 행동은 시간이나 장소 등 환경이 주는 단서에서 자극을 받아 무의식적으로 일어난다. 행동을 바꾸겠다고 마음을 먹어도 익숙한 환경이라면 어제와 똑같이 행동하는 것이 당연한 일인지도 모른다. 환경 도둑의 방해를 받는 사람은 외부 환경을 바꿔볼 것을 권한다. 일상의 기본 설정을 바꾸고 적절한 알람을 맞춘다고 생각하자.

인지 도둑(의지 도둑)이란 뇌의 집중력을 훔쳐 가는 범인이다. 변화에 익숙해지는 것은 그 자체로 에너지가 많이 든다. 바쁜 일과로 지치고 힘들다면 기존 습관에서 벗어나 새로운 행동으로 나아가기가 훨씬 어렵다. 인지 도둑을 물리치기 위해서는 변화가 아주 쉬워 굳이 생각하거나 노력을 들일 필요가 없게 만들어야 한다. 바로 실천할 수 있도록 말이다.

이중 하나의 도둑만이 당신에게 붙어서 건강한 생활을 방해하고 있다는 보장은 없다. 여러 도둑들이 앞다투어 당신의 삶에 훼방을 놓고 있는지도 모른다. 지극히 정상이다. 모든 분야에서 골고루 점수가 높아도 걱정할 필요 없다. 가장 신경 쓰이는 것부터 하나씩 쳐내면 된다.

2부에서는 네 도둑을 몰아내는 방법을 배울 것이다. 각 장에서는 도둑을 쫓아내기 위한 5~7가지 전략을 소개하는데, 어떤 전략이든 당신의 현재 상황을 개선하는 데 도움이 되리라고 자신 있게 말한다. 마음이 급하고 바쁜 이들을 위해 미리 조언하자면, 빠르게 행동을 바꾸고 건강 습관을 들이고 싶다면 6장을 먼저 읽길 권한다. 일상에 적용하기 가장 쉽기 때문이다.

눈앞에 어떤 방해물이 있든 당신은 그것을 거뜬히 이기고 나아갈 수 있다. 지금부터 이 책에서 가장 쉬운 방법을 안내하고자 하니, 마음을 굳게 먹고 따라오시라.

4장 동기

'하고 싶다'는 마음이 모든 것을 이긴다

약 10년 전 프랭키를 낳은 직후, 의료계에 종사하는 한 지인이 필라테스 수업을 들어보는 게 어떻냐고 권했다. 출산 후 회복에 도움이 된다고 말이다. 사실 나는 딸을 낳기 전에 잠시 필라테스를 배운 적이 있지만 습관화하지 못했다. 그래서 산후조리로 필라테스가 괜찮을지 꽤 고심한 끝에 전문가의 말을 듣는 게 좋을 것 같아 수업을 수강하기로 했다.

얼마 뒤 동네 필라테스 강습소를 찾았다. 나와 비슷하게 아이를 낳고 회복 중인 여성이 많이 보였다. 선생님은 무척 친절했지만 첫 수업을 듣고 나니 다음 수업이 걱정되기 시작했다. 내 생각에 운동이란 자고로 땀을 뻘뻘 흘리고 숨이 턱끝까지 차올라야 제맛인데, 산후조리 필라테스는 너무 느리고 지루했다. 시계를 볼 때마다 초침이 뒤로 가는 것처럼 느껴졌다. 몸 상태가 나아지고 있다는 감각도 딱히 느끼지 못했다. 결국 필라테스 수업을 중도에 포기하고 말았다. 그 때문인지 모르지만 출산 후 회복에 꽤 오랜 시간이 걸렸다.

많은 사람들이 비슷한 경험을 했을 것이다. 꾸준히 해야 한다는 사실은 분명 알고 있지만 실천하지 못하는 것이다. 몇몇 심리학 연구에 따르면 변화하려는 동기가 강할수록 새로운 행동을 지속할 수 있다고 한다. 당연한 일이다. 반면 동기가 부족하면 변화하기 몹시 어렵다. 인간은 누구나 현재 상태에 안주하려는 기질이 있기 때문이다.

내적 동기와 압박감 사이 줄타기

심리학자들은 동기를 '하고 싶은 것'과 '해야 하는 것'으로 구분한다. 전자는 내적 동기다. 하고 싶어서 어떤 행동을 시작한 사람은 그 일에 성공할 확률이 높다. 누가 시킨 것이 아니라 '내가' 그렇게 하고 싶은 것이기 때문이다. 반면 후자는 동기보다 '압박감'에 가깝다. 변화가 필요하다는 것을 알지만 하고 싶어서가 아니라 의무감으로 인한 것이다. 이 경우 큰 부담감을 느낄 수 있다. 자주 격무를 맡기는 상사나 지나치게 과하고 어려운 운동을 시키는 헬스장 트레이너는 오히려 당신이 일과 운동에 열중 할 의지를 떨어뜨리기도 한다.

그러니 동기 도둑을 물리치기 위해 가장 중요한 행동 전략은 건강 습관을 '해야 하는 일'에서 '하고 싶은 일'로 옮기는 것이다. 건강을 개선하고 싶어지는 순간, 당신에게는 건강하지 않은 성가신 충동을 억누르고 저항할 초능력이 생긴다. 초콜릿 대신 사과를 먹거나 소파에 늘어지게 기대어 앉아 텔레비전을 보는 대신 나가서 산책을 하게 되는 것이다.

'하고 싶다'와 '해야 한다'는 마음이 서로 밀당을 할 때 우리는 내적 갈등을 겪는다. 이를 극복하는 핵심은 변화를 주어 원치 않는 방향으로 밀려난다고 느끼는 대신, 해야 할 일을 끌어당긴다고 생각하는 것이다. 그러면 스스로의 행동을 제어하고 원하는 행동을 하기가 더 수월해진다. 그럼 이제부터 동기 도둑을 물리치고 당신이 원하는 건강 습관을 평생 유지할 쉽고 확실한 전략을 알아보자.

동기 유지하기 1 | 하기 싫은 일과 하고 싶은 일 묶기

고백하자면 사실 나는 '연애 프로그램' 매니아다. 미국 연애 예능 시리즈 《싱글남Bachelor》과 《싱글녀Bachelorette》를 2002년 시작된 첫 시즌부터 지금까지 하나도 빠짐없이 다 보았다. 이 프로그램을 볼 때마다 양가감정이 든다. 과연 사람을 저렇게 대상화하는 프로그램을 보는 것이 옳은가? 시청률이 계속 높게 나오니 방송국에서 이렇게 자극적인 프로그램을 찍어내는 건 아닐까? 나도 거기에 일조하고 있는 건가? 하지만 볼 때마다 도파민이 치솟아 도무지 끊을 수가 없다.

나는 실내 사이클도 무지 좋아한다. 전에는 조깅을 했지만 무릎이 나빠져서 포기했다. 그 이후로 사이클 타는 습관을 들였다. 급기야 우리집 차고 한구석을 비우고 거기에 사이클을 두어 나만의 체육관도 만들었다. 지금은 여유 시간이 생길 때마다 차고에서 사이클을 타지만, 솔직히 말하면 처음에는 실내 사이클이 싫었다. 사이클까지 가서 앉지도 못할 정도로. 그러나 '유혹 묶기 Temptation bundling'를 시작한 뒤로 사이클에 푹 빠지게 됐다.

힘든 과업에 순간적인 자극 더하기

유혹 묶기가 대체 무엇이냐고? 이를 이해하기 위해서는 우선 인간의 보상 심리와 '현재 편향 Present Bias'을 이해해야 한다. 사람들은 대부분 보상을 받기까지 오래 걸리는 행위보다 지금 당장 만족을 주는 행위를 더 선호한다. 예를 들어 대부분의 사람들은 매일 저녁 식사 후 바로 설거지를 하고 1시간 산책하는 것보다 설거지를 미루고 소파에 앉아 후식으로 벤앤제리스 아이스크림을 먹으며 예능 보는 것을 좋아한다. 설거지와 산책은 지연된 만족감을 주는 행위, 예능 보기는 즉각적인 자극을 주는 행위다. 사람들이 월급날 적금을 넣기보다 인터넷 쇼핑을 하는 것도, 퇴근 후 헬스장에 가기보다 침대에서 소셜 미디어를 스크롤하는 것도, 저녁으로 샐러드가 아니라 레토르트 가공 식품을 먹는 것도 비슷한 이유에서다.

현재 편향은 장기적 목표 달성에 꼭 필요하지만 당장 힘들어 보이는 과제들을 미루거나 회피하게 만든다. '유혹 묶기'란 현재 편향에 매번 패배하는 우리를 위해 행동심리학자들이 고안한 놀라운 발명품이다. 장기적으로 만족감을 주지만 지금 하고 싶지는 않은 활동과, 즉각적으로 쾌감을 주는 활동을 묶는 것이다.

'유혹 묶기'를 고안한 이는 펜실베이니아대학교 와튼스쿨의 케이티 밀크먼Katy Milkman 교수다. 그녀는 대학생과 교직원 226명을 대상으로 10주간 캠퍼스 체육관에서 운동 프로그램을 실시했다. 참가자들을 세 집단으로 나누어 한 집단에게는 운동을 할 때만 들을 수 있는 흥미진진한 내용의 오디오북이 담긴 아이팟을 제공하고 두 번째 집단에게는 같은 아이팟을 운동할 때뿐만 아니라 언제든 사용할 수 있게 했다. 마지막 집단은 아이팟이 아니라 25달러 상품권을 받았다.

밀크먼 교수와 연구진은 첫 번째 집단이 가장 자주 체육관에 방문한다는 사실을 발견했다. 두 번째 집단은 마지막 집단보다 자주 체육관에 갔지만 첫 번째 집단보다는 방문 빈도가 현저히 적었다. 밀크먼 교수는 이 연구를 통해 어려운 과업과 보상을 연결했을 때 가장 큰 동기를 얻을 수 있다고 결론을 내렸다.

유혹 묶기를 배운 뒤 나는 스스로 규칙을 정했다. 사이클을 탈 때만 연애 프로그램을 보기로 한 것이다. 그전에는 사이클 근처에도 가지 않았지만, 연프라는 유혹을 더한 뒤로는 사이클을 자주 타게 되었다. 심지어 하루 일과 중 사이클 타는 시간이 기대되기 시작했다! 사이클을 탈 때는 연애 프로그램을 볼 수 있다고 규칙을 정하자 내 뇌가 사이클 타기를 고통스러운 과업이 아닌 재미난 활동으로 여기기 시작한 것이다.

건강한 습관을 들이고 싶지만 동기를 자꾸 잊는 사람이 있다면 이렇게 권하고 싶다. 그 습관을 실천할 때마다 스스로에게 보상을 하자. 아침 기상이 어려운 사람이라면 일어나자마자 좋아하는 팟캐스트를 듣는다거나, 식후 30분간 산책을 하고 좋아하는 바디워시로 샤워를 한다거나, 헬스장을 오가는 길에 좋아하는 가수의 노래를 듣는 식으로 말이다. 그러면 좀처럼 실천하기 어렵던 건강 습관이 쉽게 몸에 밸 것이다.

| 동기 유지하기 2 | 힘든 일을 즐거운 일로 재해석하자 |

인간은 원래 변화에 취약하다. 오래 유지하던 습관을 버리고 새로운 습관을 들이기 위해서는 어느 정도 불편을 감수해야 한다. 앞에서 배운 '유혹 묶기'를 시작했다면 이전과 달라지기 위한 큰 걸음을 내딛은 것이나 마찬가지다.

건강해지기 위해 익숙했던 습관과 작별하고 새로운 습관을 들이기는 정말 어렵다. 다음 날 컨디션을 위해 좋지 않다는 사실을 머리로는 잘 알지만, 새벽 늦게까지 좋아하는 프로그램을 몰아보고 소파와 냉장고 사이를 어슬렁거리며 끊임없이 간식을 꺼내 먹는 일은 포기할 수 없을 만큼 달콤하다. 일찍 텔레비전을 끄고 침대에 눕기, 식사 직후 나가서 산책하기는 대체 왜 이렇게 어려운 것인지, 때로는 불가능한 일로 느껴진다. 그러나 이유는 단순하다. 우리가 힘들고 불편하게 느껴지는 일에 본능적으로 저항하기 때문이다.

앞에서는 불편하고 어려운 일에 즐거운 보상을 더해 실천하게 하는 해결책을 살펴보았다. 뇌의 보상 심리를 자극해 어려운 일을 계속 반복하고 싶게 만드는 것이다. 이번 챕터에서는 어려운 일에 대한 '생각'을 바꿔 행동하는 법을 함께 알아보자. 매번 보상을 주지 않아도 당신은 충분히 행동할 수 있다.

불편함은 성장을 위한 발판

시카고대학교에서 행동심리학과 마케팅을 연구하는 아일릿 피시바흐Ayelet Fishbach 교수와 코넬대학교에서 마케팅을 연구하는 케이틀린 울리Kaithlin Woolley 교수는 사고방식의 변화와 불편함 감수의 연관성을 연구하고자 즉흥 연기 수업을 듣는 학생 557명을 데리고 실험을 진행했다.

그들은 즉흥 연기 수업에서 학생들에게 '이목 끌기 게임'을 시켰다. 게임 규칙은 단순했다. 다수의 참가자 중 한 사람에게 모두가 관심을 집중하며 가만히 있는 것이다. 그 한 사람만이 방 안을 자유롭게 돌아다니며 원하는 행동을 할 수 있다. 그러나 돌아다니는 내내 다른 사람들의 이목이 집중되므로, 시간이 지날수록 부담감을 느끼기 마련이다. 견딜 수 없이 부담감이 커지면 다른 사람에게 역할을 넘기고 멈추는 게임이다.

피시바흐와 울리 교수는 게임을 시작하기 전에 참가자를 두 집단으로 나누어 게임의 목표를 다르게 전했다. 첫 번째 집단에는 게임의 목표가 어색함과 불편함을 충분히 느끼고 극복하는 것이라고 했고, 두 번째 집단에는 그저 게임 방법만 설명했다. 그리고 게임을 진행하며 두 집단의 참가자들이 각각 얼마나 끈기 있게 불편함을 감수했는지, 얼마나 일찍 포기하고 타인에게 역할을 넘겼는지를 점수 매겼다.

그 결과, 게임을 통해 어색하고 불편한 기분을 이해하고 받아들이는 법을 배우고 있다고 생각한 집단은 끈기와 불편함을 감수하는 인내심에서 높은 점수를 받았다. 실험이 끝나고 이 집단의 참가자들을 인터뷰한 결과 게임을 하면서 동기 부여가 됐고, 더 오랜 시간 이목을 끌려고 노력했으며, 불편한 상황에 대응하는 능력이 성장했다는 학생들이 많았다.

연구진은 참가자들이 '불편함'의 의미를 재설정했다고 해석했다. 불편하고 어색한 감정을 받아들인다는 목표를 인식하자 즉흥 연기를 새로운 도전으로 느끼고, 이를 통해 발전했다고 생각한 것이다. '불편함이 곧 성장'이라고 생각을 재설계하면 어렵거나 부정적인 감정이 들어도 끈기 있게 행동할 동기가 생긴다.

이 실험을 접하고 내 경험이 떠올랐다. 나는 직업상 강연을 자주 한다. 그럴 때마다 처음 보는 청중을 대상으로 호응을 유도하고 말하고자 하는 바를 명확히 전달해야 한다는 압박감과, 강연 후에는 어떤 질문이 들어올지 예측할 수 없다는 불안감에 시달린다. 특히 초반에 이런 두려움이 많았고 지금도 강의 전에는 곧잘 긴장한다.

그러나 몇 번 강연을 진행하며 나만의 노하우가 생겼다. 강연 전에 느끼는 부담감과 긴장감을 '즐거운 흥분감'으로 재해석한 것이다. 이제는 연단에 오르기 전에 많은 이의 삶에 긍정적인 방향으로 바꿔줄 수 있으며, 오늘 작은 실수를 해도 이를 통해 다음 번에 더 나은 강연을 할 수 있다고 마음을 다잡는다. 이런 방법으로 강연을 지속할 동기를 얻었고, 여전히 자주 걱정되지만 꽤 즐거운 마음으로 이곳저곳 강연을 다닌다.

결론은 이거다. 어려운 일을 재해석하면 다른 관점에서 볼 수 있고, 이는 성장의 발판이 된다. 부담스러운 일을 새로운 시선으로 다시 보라. 실천하는 순간 한 걸음 도약하게 될 것이다.

> 동기 유지하기
> 3
>
> 게임에서 레벨업하듯
> 습관을 실천하라

최근에 딸을 데리고 집안 어른들과 저녁 식사를 할 일이 있었다. 아이는 처음 몇 시간은 즐겁게 저녁을 먹었지만 디저트까지 먹고 나니 인내심이 바닥난 듯했다. 언제 집에 가냐고 칭얼거리기 시작하자 나와 반려자는 적잖이 당황했지만, 다행히 곧 해결책을 찾았다.

지난 몇 주 동안 우리 가족은 '익스플로딩 키튼즈Exploding Kittens'라는 보드게임에 푹 빠져 있었다. 여러 카드 중 한 장이 '고양이 폭발' 카드고, 그 카드를 뽑은 사람은 '해체' 카드로 무효화해야 순서를 무사히 넘길 수 있는 게임이다. '고양이 폭발' 외에도 '공격', '건너뛰기', '섞기', '미래 예측하기', '호의' 카드로 상대방을 공격하거나 자신을 방어할 수 있는데, 카드 디자인과 게임 방법이 직관적이고 쉬워 남녀노소 모두 즐길 수 있다.

저녁 식사 자리에서 아이가 칭얼거리기 시작하자 나와 반려자는 스마트폰을 켜 아이에게 모바일 익스플로딩 키튼 게임을 시켜주었다. 아이는 잠시 불만족스러운 표정으로 내키지 않는 척 게임을 시작하더니 이내 푹 빠져 집중했고, 우리는 부모님들과 즐겁게 식사를 마무리할 수 있었다. 식사를 마치고 집에 가려고 자리에서 일어날 때 딸아이가 벌써 게임을 멈추어야 하느냐며 아쉬워했을 정도였다.

놀이처럼 생각하면 쉽게 성장할 수 있다

심리학에서 '게임화Gamification'란 현실에 게임 속 요소를 적용해 목표를 달성하도록 동기를 부여하는 전략이다. 게임의 성취감, 목표 달성에 따른 보상 시스템 등을 현실에 적용하면 변화를 유지하기 쉽다. 대부분의 게임에는 따라야 할 규칙과 단계별 과업, 달성해야 할 목표가 있고, 이를 수행하면 배지를 받거나 점수를 얻거나 지금까지의 플레이에 대한 피드백도 받을 수 있다. 레벨이 높아질수록 보상으로 성취감을 느낀다.

게임화를 건강 관리에 적용하려는 시도는 몇 년 전부터 등장해 지금까지 지속되고 있다. 많은 건강·라이프스타일 기업에서는 일상 속 소소한 과업을 수행해 건강을 유지하도록 돕고 있다. 가령 손목에 스마트워치를 차고 하루 종일 활동하며 목표 걸음 수를 달성하면 참 잘했다는 메시지를 띄운다든지, 타인과 걸음 수 경쟁을 유도해 조금 더 높은 목표를 달성하게 한다든지 말이다. 나의 경우 아침마다 간밤의 수면 점수와 하루 시작 컨디션 점수를 주는 스마트링(반지)을 유용하게 쓰고 있다. 매일 좋은 수면 습관을 유지하고 높은 점수를 얻기 위해 자동으로 건강한 수면 습관을 들이게 되었다.

펜실베이니아대학교 의과대학 '넛지 유닛Nudge Unit'을 이끄는 미테시 파텔Mitesh Patel 박사는 게임화가 건강에 어떻게 긍정적인 영향을 미치는지 연구하고자 몇 가지 흥미로운 실험을 했다. 그중 한 실험에서는 과체중이거나 비만인 미국 성인 602명을 모집해 24주간 운동 프로그램에 참여하게 했다.

파텔 박사는 참가자를 두 집단으로 나누어 한 집단에게는 주간 운동 목표치를 달성했을 때 점수를 주고, 활동에 따라 레벨을 업그레이드하거나 강등시키고, 다른 참가자들과 비교해 순위까지 매기는 등 다양한 게임화 요소를 활용했다. 해당 집단 참가자들의 운동에 대한 욕구와 의지는 대조군에 비해 훨씬 더 강화되었다. 게임화를 적용한 집단은 그렇지 않은 집단보다 하루에 1,000걸음씩을 더 걸었다. 건강 상태도 전반적으로 더 향상했다.

더 놀라운 것은 실험이 끝난 뒤에도 이런 변화가 일정 기간 지속되었다는 점이다. 24주간의 실험이 끝나고 약 반년 뒤 실험 참가자들을 추적 연구해 보니 게임화를 적용했던 집단은 다른 집단보다 약 160킬로미터 정도 더 많이 걸었다. 게임화가 습관 형성에 긍정적 영향을 미쳤음을 알 수 있는 부분이다.

런던 세인트조지대학교 가정의학과의 테스 해리스Tess Harris 교수는 성인 참가자들을 대상으로 아주 단순한 게임화 실험을 했다. 12주 동안 1,200명에게 하루 걸음 수를 직접 판단하게 하고 성과에 따른 적절한 보상을 주었다. 더불어 효과를 확인하기 위해 참가자들이 걸은 거리도 측정했다.

어떤 참가자들은 만보기로 걸음 수를 측정했고, 다른 참가자들은 몸이 느낀 대로 적당히 판단했다. 연구진들은 12주간의 실험이 끝나고 약 3~4년 뒤에 추적 연구를 진행했는데, 전자는 실험 전에 비해 일주일에 약 30분 정도 더 걸었지만 후자는 유의미한 차이를 보지 않았다. 또한 만보기로 걸음 수를 측정했던 참가자들은 그렇지 않은 참가자에 비해 골절상을 입을 확률은 44퍼센트, 심장마비나 뇌졸중 같은 심혈관 질환에 걸릴 확률은 66퍼센트가량 낮았다.

게임화는 과업을 달성해 단계가 오를 때 직접적인 만족감을 주고 보상과 피드백, 경쟁 심리 같은 요소를 더해 건강한 활동이나 습관을 더 흥미롭게 만드는 전략이다. 목표의 기준점이나 출발점을 정량화해 얼마나 발전했는지 더 명확하고 유의미하게 보여주므로 무언가를 시작하기 어려운 사람을 위한 매력적인 방법이기도 하다.

단, 게임화에는 한 가지 주의할 점이 있다. 참가자가 스스로 이 '게임'에 참가하기로 결정했을 때만 효과가 있다는 것이다. 게임을 의무처럼 느끼면 오히려 부담감이 생기고 거부감이 들어 건강 습관과 멀어질 수도 있다. 그러니 스스로 즐거움을 느낄 정도로만 실천하자. 무엇이든 억지로 하는 것은 역효과를 불러온다. 가볍게 시작해 점차 높은 보상을 추구하도록 설계하면 분명 즐겁게 운동하고, 즐겁게 식사하고, 즐겁게 잠들 수 있을 것이다.

| 동기 유지하기 **4** | # 습관 트래커로
매일 조금씩 승리하라

이 책을 쓰며 마감일에 쫓겼다. 6만 단어 정도를 목표로 잡고 초고를 쓰는 데 3개월, 탈고에 2개월이 더 걸릴 거라고 대략적인 계획을 세웠는데도 말이다. 내 일을 하면서 틈틈이 논문을 찾고 전 세계의 건강 전문가를 인터뷰하며 3개월 만에 6만 단어를 써본 사람이라면 얼마나 빠듯한 일인지 알 것이다. 게다가 집안일과 아이 육아까지 병행했기에 더 빠듯했다.

푸념을 하려는 게 아니다. 이렇게 바쁘게 원고를 쓰며 나도 많은 것을 배우고 한층 성장했다고 느낀다. 이번 장에서는 내가 몹시 바쁜 상황에도 어떻게 매일 목표를 달성하며 동기를 잃지 않았는지 소개하고자 한다. 아주 전략적이고 유용한 도구가 있었는데, 바로 '습관 트래커'다.

나는 원고 집필을 시작하면서 3개월, 즉 90일간 매일 체크할 수 있는 표를 인쇄해 서재 한쪽에 잘 보이게 붙여 놓았다.

습관 트래커 양식은 간단하다. 가장 왼쪽에 매일 수행할 과업을 쓰고, 하루에 한 번씩 해당 날짜에 체크를 하면 된다. 나의 경우 목표를 달성한 날은 스마일 표시를 했다. 며칠 정도 연달아 목표를 달성해 웃는 얼굴이 이어지면 놀랍게도 같은 표시를 계속할 동기 부여가 강력해진다. 쭉 이어진 스마일 기호를 깨뜨리고 싶지 않아 다음 날에도 무리 없이 목표를 달성했다.

좋은 습관을 유지하는 '연속 체크하기'

미국 델라웨어대학교의 재키 실버먼Jackie Silverman 교수와 프랑스 인시아드INSEAD(유럽경영대학원)의 알릭산드라 바라시Alixandra Barasch 교수는 4,000명 이상의 참가자를 대상으로 '연속'이 행동에 미치는 영향을 조사했다. 이들은 참가자들에게 처음에 3회 근력 운동을 하고 애플리케이션에 기록하게 했고, 다음부터는 자율적으로 근력 운동을 하고 기록하라고 했다. 어떤 참가자들은 기억력이 좋아 네 번째 운동을 기록했지만, 다른 참가자들은 운동을 하고도 앱에 기록하지 않았다.

그런데 놀랍게도 네 번째 운동을 기록한 참가자는 기록하지 않은 참가자보다 운동을 그만두거나 다른 운동으로 이탈하지 않고 근력 운동을 지속하는 경우가 많았다. 즉 많은 참가자가 연속해서 운동을 했지만 매일 기록한 사람의 운동할 동기가 더 강화된 것이다. 여기서 우리는 연속성이 습관에 미치는 영향을 알 수 있다. 습관 트래커도 바로 연속성에 기반한 도구다. 어떤 행위를 매일 반복하고 체크하면 다음 날에도 실행하기 쉬워진다. 며칠간 연속해서 실행하면 그 행동이 몸에 익숙해지기 때문이다.

습관 트래커, 즉 매일 같은 과업을 수행했음을 기록하는 일이 동기 강화에 효과적인 데는 몇 가지 심리적 이유가 있다. 그 이유를 하나씩 살펴보자.

일단 습관 트래커는 목표를 달성했음을 시각화하여 보여 준다. 인간은 시각적 자극에 약하다. 베스트셀러 『브레인 룰스』의 저자이자 뇌과학자, 발달생물학자인 존 메디나John Medina 박사에 따르면 인간의 뇌 기능 중 절반가량은 시각적인 자극을 처리하는 데에 사용된다고 한다. 보통 우리는 무언가를 파악할 때 소리나 냄새보다는 그 형상을 확인한다. 어떤 일을 수행했음을 매일 두 눈으로 확인하면 머릿속으로 기억하는 것보다 더 큰 영향을 미쳐 다음 날에도 같은 일을 반복할 원동력이 된다.

또한 습관 트래커는 '성취감'을 준다. 하루하루 좋은 행위를 반복했음을 아는 것만으로 그 일을 지속할 동기가 된다. 하버드대학교 경영대학원 테리사 애머빌Teresa Amabile 교수의 연구에 따르면 사람은 의미 있는 목표를 향해 나아갈수록 점점 큰 동기를 얻는다. 심리학계에는 나아지고 있다고 느낄수록 꾸준히 발전한다는 연구 결과도 여럿 보고되어 있다. 습관 트래커에 체크 표시나 스마일 표시를 하는 것은 당신에게 성취감을 주고 내일도 같은 일을 실천할 힘이 되어준다.

습관 트래커는 성취감뿐만 아니라 책임감도 느끼게 한다. 하루 정도 표에 스마일 표시를 그리지 못했다고 질책하는 사람은 없지만, 본인이 가장 잘 안다. 특히 하루만 놓쳐도 다시 처음부터 시작해야 한다고 생각하는 완벽주의 성향의 사람에게 습관 트래커는 매우 유용한 도구다(단, 노파심에 강조하지만 이로 인해 스트레스를 받을 필요는 없다!).

마지막으로 습관 트래커는 하나의 거대한 성공보다는 매일의 작은 성공으로 사람을 발전시킨다. 나는 이전 저서 『거인의 시간』에서 목표를 매일의 시스템이나 작은 행동으로 세분화하면 놀라운 효과를 볼 수 있다고 썼다. 세분화 과정 없이 큰 목표를 곧바로 달성하려 하면 중간에 실패했다고 생각하거나 목표와 가까워지지 못한다고 느끼기 쉽다. 그러나 목표를 향해 작은 계획을 세우고 시스템을 만들면 매일 궤적을 그리며 조금씩 확실히 성공으로 나아간다. 방향성이 뚜렷해지며 성공 가능성이 높아지는 것이다.

그러니 건강 습관을 유지하고 싶은 독자 여러분, 부디 습관 트래커를 마련해 잘 보이는 곳에 붙여 두시라. 왼쪽에는 '11시 전에 잠자리에 들기', '하루 7,500보 걷기', '발효 식품 먹기' 등의 목표를 써 두고, 그것을 실행할 때마다 스마일 표시나 체크 표시, 원한다면 별이나 동그라미나 하트 표시를 하면 끝이다. 이렇게 며칠만 반복하면 어느새 건강에 좋은 습관이 당신의 몸에 완전히 자리 잡을 것이다.

나만의 습관 트래커 활용법

간혹 습관 트래커를 종이에 출력하지 않고 엑셀이나 스프레드시트로 만들면 효과가 없느냐고 묻는 사람이 있다. 그것도 분명 효과가 있다. 나의 경우 서재에 붙여둔 습관 트래커 외에도 구글 스프레드시트를 유용하게 쓴다. 매일 일을 하려고 컴퓨터를 켜자마자 스프레드시트부터 확인하고, 그날 할 일을 실행하고 체크하는 식이다. 업무 능률과 생산성 향상을 위한 각종 툴을 제공하는 온라인 사이트에 검색해보면 습관 트래커 애플리케이션이나 템플릿이 많이 나와 있으니 찾아서 적극적으로 사용해 보자.

아날로그 방식을 선호하는데 나처럼 습관 트래커 표를 따로 만들고 싶지 않다면 달력에 표시하는 것도 좋은 방법이다. 누구나 집에 달력 하나쯤은 있다. 그 달에 실천할 습관을 써놓고, 매일매일 스티커를 붙이거나 예쁜 색연필로 칠하다 보면 어느새 당신의 몸에 습관이 밸 것이다.

습관 트래커를 언제까지 유지해야 하느냐는 질문도 간혹 받는다. 내 경험상 습관으로 삼으려는 그 일이 무의식적으로, 저절로 튀어나온다고 느껴질 때까지는 유지하는 것이 좋다. 가령 매일 아침에 물을 2잔 마시는 습관을 들이고 싶다면 눈을 떠서 그 행동을 자동으로 실행하게 될 때까지는 트래커에 체크하라. 나의 경우 하루에 1,000단어씩 원고 집필하는 습관을 들이는 데 꼬박 4주가 걸렸다. 체크 표시를 하든 안 하든 상관없이 그 습관을 반복하게 된다면 더 이상 트래커가 필요 없다. 그러다 어느새 그 습관을 잃어버렸다면 다시 트래커를 마련해 기록해보자. 행동을 꾸준히 추적하면 습관은 자동으로 형성된다.

| 동기 유지하기 5 | '왜?'라고 물으면 분명해진다 |

어느 늦은 밤, 당신은 회사에서 길고 고된 야근을 마치고 집에 돌아왔다. 저녁은 먹었지만 조금 출출해서 냉장고 문을 연다. 문을 열자마자 아주 진하고 달콤해 보이는 초콜릿 무스 케이크가 보인다. 가족 중 누군가가 당신을 위해 남겨 두었을 그 케이크는 딱 봐도 장인 정신이 뛰어난 최고의 파티쉐가 만든 듯한 휘황찬란한 모양새다. 벨기에산 고급 다크 초콜릿을 풍성하게 휘저어 만든 섬세한 케이크 몸통 위에 코코아 가루와 시럽이 잔뜩 뿌려져 있고, 새빨간 딸기로 장식되어 있다.

머리로는 단 것을 줄여야 한다고 생각한다. 이미 늦은 시간이니 씻고 잠자리에 들어야 한다. 그러나 과연 서랍을 열고 작은 포크를 꺼내 케이크를 먹고 싶다는 유혹을 이겨낼 수 있을까? 한입 베어 먹으면 황홀한 맛이 입안에 퍼져나갈 것을 분명히 알면서도? 게다가 회사에서 지칠 대로 지쳐 보상이 필요한데도?

많은 사람이 이런 순간적인 유혹에 넘어간다. 특히 고된 일과를 소화해낸 날일수록 그렇다. 하루 종일 고생한 나에게 이 정도 보상은 해도 된다고, 오늘까지만 먹고 내일부터 달라지면 된다고 합리화한다. 이렇게 몇 번 반복하다 보면 결국 습관 개선을 포기하게 된다. 이런 일을 막기 위해 당신에게 필요한 것은 '왜?'라는 질문이다.

'지금 여기'가 아니라 '왜'에 집중하라

유혹에 굴복하는 순간 말초적인 자극을 얻고 순식간에 기분이 좋아진다. 그래서 많은 사람이 유혹을 이겨내지 못한다. 그러나 바로 그 지점에서 '인지 변화' 전략이 빛을 발한다. 인지 변화란 사고 과정을 파악해 인지적 갈등이나 편향의 문제를 해결하는 방법을 가리킨다. 인지 변화 전략은 동기를 강화하는 데 탁월한 효과가 있다.

당신이 생각을 바꾸면 순간의 유혹이나 상황 자체가 다르게 보인다. 예를 들어 위에서 말한 초콜릿 무스 케이크를 두고 '지금 당장 이 케이크를 먹어야겠어!'라는 충동에 넘어가는 것이 아니라, '아, 내가 지금 많이 지친 상태구나. 어서 잠자리에 드는 게 낫겠어'라는 이성적 판단이 가능해진다.

생각을 바꾸기 위해서는 '지금 여기'에서 벗어나 '왜'에 초점을 맞추는 사고방식에 익숙해지는 것이 좋다. 심리학자들은 이를 '해석 수준 이론Construal level theory'라고 한다. 해석 수준 이론에서는 동일한 대상이나 정보를 놓고도 심리적 거리에 따라 받아들이는 방식과 행동이 달라진다고 본다. 심리적 거리가 먼 대상을 추상적으로 해석하는 것을 '상위 해석 수준High-level construal', 심리적 거리가 가까운 대상을 구체적이고 자세히 해석하는 것을 '하위 해석 수준Low-level construal'이라고 한다. '왜'에 초점을 맞추는 사고방식은 상위 해석 수준에 가깝다. 눈앞의 현상이나 행위에서 한 걸음 물러나 왜 이 현상이 일어나는지를 생각하면 더 이상 순간의 자극이 유혹적으로 보이지 않고 마음이 진정된다.

뉴욕대학교를 졸업하고 오하이오대학교 심리학과에 재직 중인 후지타 켄타로Fujita Kentaro 교수는 성인을 대상으로 악력기를 이용한 자제력 검사 실험을 했다. 악력기를 잡고 있는 것은 아주 불편하고 힘든 일이라 심리학 실험에서는 종종 자제력과 인내심을 측정하는 데 사용된다.

후지타 교수는 참가자들의 인지 상태를 조작하기 위해 두 집단으로 나누고 다른 질문을 던졌다. 한 집단에는 '나는 왜 좋은 인간 관계를 유지하려고 하는가?'라는 질문을, 다른 집단에는 '나는 어떻게 좋은 인간 관계를 유지할 수 있는가?'라는 질문을 주고 답을 떠올리라고 했다. 전자에게는 추상적이고 고차원적인 사고를, 후자에게는 현실적이고 구체적인 사고를 요구한 것이다. 그 결과, '왜'라는 질문을 떠올린 집단이 상대적으로 악력기를 더 오래 잡고 있었다.

연구진은 네 번의 추가 실험을 거쳐 '무엇을'이나 '어떻게'를 생각한 사람보다 '왜'를 생각하며 일한 사람이 자제력을 오래 유지할 수 있다는 점을 발견했다. 한마디로 '왜'라는 질문은 새로운 습관을 유지하는 데 도움이 되고, 유혹에 빠져 옆길로 새는 것을 막아주는 마법의 단어다.

이 책을 집필하며 위의 사실을 알게 된 뒤 나는 '왜'라는 질문을 많이 던졌다. 원고 집필 초반에는 워드 하단의 단어 수를 신경 쓰며 그날의 분량만 채우려고 애썼다. 당장 해야 할 일에만 집중한 것이다. 그렇게 며칠간 지속하자 아침에 일어나 바로 글을 쓰는 일이 힘들고 고되게 느껴졌다.

전략을 바꾸어 이 책을 쓰는 이유를 생각하자 한결 쉽게 몰두할 수 있었다. 당장 단어 수를 채우는 것보다 좋은 책으로 많은 독자에게 건강해지는 습관을 권유하겠다고 생각하자 조급함이 사라졌다. 하루 집필 분량에 집착해 시간을 헛되이 보내지 않고 어떤 내용을 써야 할지 더 여유롭게 검색하고 전문가에게 인터뷰를 요청할 수 있었으며, 결과적으로 원고 집필에 속도가 붙었다.

어떤 행위를 꾸준히 반복하고 습관으로 들이기 위해서는 꼭 이 질문을 기억하라. 왜 해야 하는가? '왜'라는 본질적인 질문은 당신이 목표를 향해 직진하도록 도와줄 것이다.

| 동기 유지하기 6 | 나의 내면에 솔직하게 물어보기 |

행동과학 연구에 따르면 사람들의 일상적인 행동 중 30~50퍼센트가 반복적인 행위다. 평소 하는 행동이 얼마나 예측 가능한지 되짚어 보자. 매일 비슷하게 아침 식사를 하고, 눈을 감고도 갈 수 있을 만큼 익숙한 출근길을 거쳐, 회사 앞 카페에서 늘 마시던 커피를 사지 않는가? 직장 생활을 하는 사람이라면 대부분 공감할 것이다. 슬프지만 익숙한 행동을 반복하는 이유는 새로운 무언가를 시도할 여력도, 시간도 없기 때문이다.

우리의 뇌는 이렇게 반복되는 행동을 습관으로 인식한다. 생각하지 않아도 자동으로 이루어지기 때문이다. 하지만 심리학 연구자들에 따르면 무의식적으로 하는 행동 중에는 뇌가 원하지 않음에도 익숙해져서 반복하는 악습관도 분명 있다. 머리보다 몸이 시켜서 하는 잘못된 행동이다. 뇌는 이런 행동을 왜 해야 하는지 알지 못하면서 익숙해진 대로 행동하고, 그 결과 우리는 인지 부조화를 겪거나 심리적 피로감을 느끼기도 한다.

나는 마트에 가면 거의 매번 특정 브랜드에서 내놓은 시리얼을 구매한다. 그 시리얼이 우리 가족의 입맛에 맞고 가격대도 합리적이기 때문이다. 그런데 손으로 그 시리얼을 집어들면서도 나는 매번 주변을 두리번거리며 어떤 제품을 살지 고민한다. 머릿속으로 '무엇이 가장 건강하고 가성비 좋은 제품일까?'라고 생각하면서도 습관처럼 똑같은 제품을 사는 것이다.

평서문보다 의문문, 부정 의문문보다 긍정 의문문

습관을 바꾸기 위해서는 자기 자신에게 말을 거는 것이 좋다. 내면의 혼잣말, 그중에서도 질문은 특히 우리의 선택에 큰 영향을 미친다.

'나는 이 일을 반드시 해낸다.'
'내가 과연 이 일을 해낼 수 있을까?'

위는 평서문, 아래는 의문문이다. 심리학자들의 연구 결과, 의문문으로 생각할 때 실제로 그 일을 해낼 가능성이 높아진다.

구체적인 실험을 살펴보자. 미국 스탠퍼드대학교와 이스라엘

텔아비브대학교 공동 연구진은 샌프란시스코 기차역에서 안내판에 적힌 문장에 따라 통근자들의 계단과 에스컬레이터 이용 행태가 어떻게 바뀌는지 살피는 독특한 실험을 했다.

이들은 '계단을 오르내리면 수명이 늘어납니다. 계단을 이용합시다'라는 평서문이 적힌 표지판과 '계단을 오르내리면 수명이 늘어납니다. 계단을 이용하시겠어요?'라는 의문문이 적힌 표지판을 만들었다. 둘 다 비슷한 내용이지만 형식이 달랐다. 연구진은 두 종류의 표지판을 여기저기 다른 위치에 세워 두었다. 계단과 에스컬레이터가 나란히 있어 어느 것을 이용할지 바로 결정해야 하는 장소에도, 그로부터 몇십 미터 정도 떨어진 곳에도 표지판을 세웠다. 안내문의 어투, 그리고 마음의 결정을 내리기까지 남은 시간적 여유에 따라 사람들의 행동이 어떻게 달라지는지 연구하기 위해서였다.

그 결과 의사 결정을 해야 하는 순간, 즉 계단과 엘리베이터가 함께 있는 자리의 경우 '계단을 이용합시다'라는 평서문 표지판을 읽은 사람들이 계단을 더 많이 이용했다. 그러나 계단과 엘리베이터에서 먼 경우에는 '계단을 이용하시겠어요?'라는 의문문 표지판을 본 사람들이 계단을 더 많이 이용했다. 이 실험을 통해 지금 당장의 일이 아니라면 진술보다 질문이 선택에 더 큰 영향을 미친다는 것을 알 수 있다.

연구진들은 그 원인에 대해서도 자세히 분석했다. 질문은 우리에게 선택의 여지를 준다. 선택권이 있다는 것은 자율성이 주어진다는 의미다. 심리학의 '자기결정 이론Self-determination theory'에 따르면 개인이 성장하고 발전하고자 할 때 자율성, 유능성, 관계성이라는 세 욕구가 충족되어야 외부 요인 없이도 스스로 동기를 부여하고 행동할 수 있다. 그중 자율성은 가장 큰 부분을 차지한다. 자율적으로 결정을 내리면 행동 변화도 더 오래 지속된다.

『실험 사회심리학 저널Journal of Experimental Social Psychology』에 발표된 한 연구에 따르면 부정적인 질문일수록 힘이 강했다. 연구진들은 6번의 실험을 통해 부정 의문문이 긍정 의문문보다 어떤 행위를 반복하게 하는 데 더 효과적이라는 사실을 발견했다. '어느 쪽을 선택할까?'라고 묻는 것보다 '어느 쪽을 선택하지 않을까?'라고 질문할 때 행동을 바꿀 가능성이 더 높아지고, 과거의 안 좋은 습관에서 벗어날 확률도 더 커졌다.

행동을 바꿀 동기를 끌어내는 데 필요한 질문은 상황에 따라 다르다. 나쁜 습관을 고치고 싶다면 부정형으로 질문하는 게 좋다. 가령 '오늘은 간식을 먹지 말까?'처럼 말이다. 하지만 새로운 습관을 들이고 싶다면 '오늘은 헬스장에 가볼까?'처럼 질문하는 게 좋다. 선택권을 주는 질문으로 습관을 더 쉽게 정착시킬 수 있음을 늘 기억하고 활용하자.

| 동기 유지하기 7 | 실천하지 못한 자, 벌을 받을지니 |

내가 설립한 컨설팅 회사 인벤티움은 고객사와 고객이 더 좋은 선택을 내리고 발전할 수 있도록 돕는다. 맞춤형 조언과 해결책을 건네고 그들이 목표를 달성할 수 있도록 실질적인 솔루션을 제공하는 것이 우리의 미션이다. 그래서 더 많은 사람이 행복하고 건강한 삶을 영위하게 하는 것이 우리의 비전이다.

우리 회사는 미션과 비전을 달성하기 위해 작년부터 '거대 개인 목표Big Personal Goal, BPG'라는 프로젝트를 시작했다. 이 팀에 속한 팀원은 모두 반년 내에 이루고 싶은 거대한 목표를 공유했다. 새로운 언어를 배우거나, 살을 빼거나, 책을 많이 읽거나, 피아노 한 곡을 완주할 수 있도록 연습하는 등의 다양한 목표가 나왔다. 목표를 달성하기 위해서는 새로운 습관을 들여야 했기에, 행동과학 전문가들로 이루어진 거대 개인 목표팀은 자연스럽게 지금까지 내가 이 책에 소개한 조언들을 따랐다.

내 비서인 해나는 6개월간 매주 책을 한 권씩 읽겠다는 목표를 정했다. 대다수의 직장인에게는 쉽지 않은 목표다. 당신이라면 매일 쏟아지는 바쁜 업무들을 처리하며 7일 안에 책 한 권을 완독할 수 있겠는가?

잠시 다른 이야기를 하면 요즘 전 세계적으로 성인 독서율이 떨어지고 있다. 통계 자료에 따르면 미국인은 1년에 평균 한 권의 책을 읽는다. 너무 암울한 숫자다. 개인적으로 좋은 책을 사는 것만큼 수익률 좋은 투자는 없다고 생각한다. 한 권의 책에는 한 사람이 살면서 얻은 지식과 지혜가 담겨 있기 때문이다.

다시 해나 이야기로 돌아가자. 그녀는 독서 목표를 달성하기 위해 내가 이 장에서 소개한 여러 전략을 창의적으로 활용했다. 그중 이번에 소개하는 전략 '벌칙 받기'의 효과가 상당히 컸다. 그녀는 목표를 달성하지 못하면 받게 될, 반드시 피하고 싶은 벌칙을 정했다.

해나는 영국 프리미어리그의 프로팀 중 하나인 리즈 유나이티드의 열성 팬이다. 그녀는 목표를 달성하지 못하면 무려 120달러라는 거금을 내고 리즈 유나이티드의 라이벌인 맨체스터 유나이티드 유니폼을 사서, 그 옷을 입고 찍은 사진을 개인 소셜 미디어에 올리기로 팀원들과 약속했다. 그리고 그녀는 그 벌칙을 피하기 위해 26주간 정말로 26권의 책을 읽어냈다.

확실히 도움이 되는 '벌칙' 약속

목표를 달성하기 위해서는 '약속 장치'를 활용할 수 있다. 어떤 목표를 달성하지 못하면 벌칙을 받기로 다른 사람과 미리 약속하는 것이다. 벌칙은 벌금 등의 금전적인 요소가 될 수도, 해나의 경우처럼 결코 하고 싶지 않은 행동이 될 수도 있다. 벌칙은 그 자체로 행동의 동기가 된다. 단, 벌칙이라는 약속 장치가 제대로 작동하게 하려면 자율적인 결정이 선행되어야 하고, 목표가 뚜렷해야 한다. 목표를 이루지 못했을 때의 벌칙뿐만 아니라 이루었을 때의 이점도 확실해야 한다.

벌칙 부과는 구속력 강한 약속 장치다. 경제학자 자비에 지네Xavier Giné는 필리핀에서 벌금에 따른 금연의 지속성에 대해 연구했다. 그는 흡연자들에게 매달 은행에 돈을 입금하도록 하고, 1년 내내 금연을 하면 연구가 끝난 뒤 돈을 모두 돌려주겠다고 약속했다. 연구를 시작하고 6개월간 흡연자들은 매달 평균 550페소를 은행에 입금했다. 이는 필리핀 평균 월 소득의 약 20퍼센트에 해당하는 큰 금액이었다. 이 돈을 돌려받기 위해 그들은 6개월, 그리고 12개월 후에 소변 검사를 받아 금연을 입증해야 했다. 담배를 한 대라도 피면 큰돈을 잃을 상황인 것이다. 이런 경제적 약속 장치를 6개월간 유지한 결과 흡연하던 사람이 담배를 끊을 확률은 40퍼센트 증가했다. 게다가 돈을 더 많이 입금할수록 담배를 끊을 가능성이 높아졌다. 많은 참가자가 건강해지기 위해 금연에 돈을 걸었고 효과를 보았다.

행동 변화를 유도하는 데에 때로는 보상보다 처벌이 더 효과적이다. 펜실베이니아대학교에서 의료 정책을 연구하는 스콧 핼펀 Scott Halpern 교수에 따르면 6개월간의 금연에 실패하면 150달러의 벌금을 내기로 한 사람은 같은 기간 금연하고 800달러의 상금을 받기로 한 사람보다 금연에 성공할 확률이 3배나 높았다. 즉, 상금이 높아도 벌금을 피하려는 심리가 더 강하게 작용한다.

이런 차이가 나타나는 이유는 손실 회피 성향 때문이다. 손실 회피란 같은 이득을 얻기보다 그만큼의 손실을 피하고 싶어 하는 심리를 뜻한다. 사람들에게 100달러의 벌금을 내는 고통과 100달러 상금을 받는 기쁨 중 무엇이 더 크냐고 물으면, 대부분은 벌금을 내는 고통이 더 크다고 답한다. 우리는 어떤 행동을 취하면 얻는 긍정적인 효과보다 그 행동을 하지 않았을 때 받게 될 벌칙이나 벌금을 더 강하게 인식한다. 그래서 벌금이 효과가 좋은 것이다.

건강한 생활 습관을 들이겠다고 꼭 돈을 걸 필요는 없다. 친구나 가족과 적정 수준의 벌칙을 정해둘 수도 있고, 성장을 돕기 위해 서로 감시하고 조언하는 동호회에 들 수도 있다. 목표를 지키지 못했을 때 받을 적절한 벌칙을 정하면, 그 벌칙을 피하기 위해서라도 행동을 바꾸게 된다.

4장 정리

1 '유혹 묶기'로 하기 싫은 일을 쉽게 하자.
싫은 마음을 누르고 한결 쉽게 시작할 수 있다.

2 불편하다는 생각과 감정을 재해석하자.
익숙하지 않은 습관을 들일 때는 불편한 것이 당연하다.

3 건강 습관을 게임이나 놀이처럼 실행하라.
주변 사람과 경쟁하듯 시작하면 더 재밌다.

4 습관 트래커를 만들고 매일 체크하라.
습관 추적은 건강한 습관을 유지하기 위한 좋은 도구다.

5 지금 당장의 행위보다 '왜'에 집중하자.
멀리 있는 큰 목표를 생각하면 순간의 나태함을 이겨낼 수 있다.

6 나에게 질문을 던져라.
자율성과 선택권을 인지하면 더 쉽게 행동이 바뀐다.

7 약속을 지키지 못했을 때 받을 벌칙을 정하자.
벌칙을 피하기 위해서라도 몸이 습관을 내재화한다.

5장 관계

무엇이든
'함께' 하면 훨씬 쉽다

    고등학교 시절, 나는 초가공식품 중독이었다. 학교가 끝나면 친구들과 잼이 잔뜩 든 도넛과 라즈베리 슬러시를 사서 공원에 앉아 즐겁게 수다를 떨었다. 새로운 간식은 유행처럼 학교 전체에 퍼졌고, 모두 먹어 봐야 직성이 풀렸다. 나와 친구들은 10대 소녀들을 겨냥한 날씬한 모델이 나오는 잡지를 보고 완벽한 몸매를 선망하면서도 간식을 쉽게 끊지 못하는 평범한 사춘기를 겪었다. 많은 여성 독자가 공감하리라 믿는다.

    당시 나에게 운동 동아리에서 활동하는 친구들이 많았다면 조금 다른 학창 시절을 보냈을 것이다. 식단과 식습관에 신경을 쓰는 친구가 있었다면 나도 그의 영향을 받아 10대 때부터 건강한 식습관을 유지하지 않았을까?

인간은 사회적 동물이다. 때문에 행동은 쉽게 전염된다. 주변 사람들이 무엇을 먹고 어떻게 행동하는지가 내 식습관과 행동을 결정한다. 특히 사춘기 때는 또래 집단의 영향을 많이 받고, 어린 시절의 습관은 성인까지 유지되는 경우가 많다. 이른이 되어도 주변 영향을 많이 받는다는 사실은 부정할 수 없다. 이웃이 나보다 전기를 훨씬 적게 쓴다는 사실을 알면 내 전기 소비량도 줄기 마련이다. 동료가 샐러드를 자주 먹으면 나도 그럴 확률이 높다. 평점 높은 에어비앤비는 낯선 곳일지라도 아늑하게 느껴진다.

우리는 주변 사람들로부터 영향을 받는다

심리학에 '사회적 증거 효과Social Proof'라는 개념이 있다. 불확실한 상황에서 올바른 판단을 하기 위해 다른 사람의 행동을 받아들이고 모방하는 경향을 뜻한다. 나는 정확한 판단을 못할지라도, 다른 사람의 선택을 따라 하면 최악은 면한다고 생각하는 것이다.

도덕이나 윤리 시간에 흔히 다루는 '사회적 규범Social norm'도 비슷한 맥락이다. 규모가 있는 사회 집단에는 사람들 사이에 당연히 지켜지는 불문율이나 기대 행동이 있다.

사회적 규범은 긍정적이거나 부정적인 행동을 촉진한다. 사회 단위가 아니라도 가족, 룸메이트, 같은 반 학우, 직장 동료, 동호회 지인 등 함께 시간을 보내는 이들은 나를 바꾼다. 성격이나 행동뿐만 아니라 건강 면에서도 무시할 수 없는 영향을 준다.

타인의 의견과 시선에 많이 신경을 쓰는 사람일수록 사회적 규범을 더 철저히 지킨다. 나는 예전에 남들이 나를 어떻게 생각할지 항상 고민하고 예민하게 반응했지만 이제는 조금 달라졌다. 40대부터는 다른 사람보다 내 욕구에 초점을 맞추기 시작했고, 더 편안해졌다. 자주 강연을 하는 직업 특성상 청중들로부터 피드백을 많이 받는다. 가끔 인신공격으로 느껴지는 말이나 부정적인 후기도 들려오지만 예전처럼 상처를 받지 않는다. 단지 그 안에서 팩트만 찾아 다음 강연에는 더 나은 모습을 보여야겠다고 생각할 뿐이다. 결론은 우리 모두 사회적 동물이기에 타인의 시선에서 벗어나기 어렵다는 것이다.

건강한 습관을 들이며 타인과 관계 유지하기

나는 이 책을 집필하며 주변 동료들로부터 건강 습관을 유지하면서 사회 생활을 하고 사람들과 관계를 원만하게 유지하는 것이 쉽지 않다는 푸념을 여러 번 들었다.

건강 관리는 식단, 운동과 직결된다. 하지 않던 운동을 시작하면 아무래도 사람들과 보내는 시간이 줄어들 수밖에 없다. 식단도 마찬가지다. 자유롭게 원하는 대로 먹던 생활에서 벗어나 건강한 음식만 찾으면 메뉴 선택지도 줄고, 식사 시간도 제한되어 지인들과 늦은 시간까지 외식을 즐기기 어렵다.

그러나 포기할 필요는 없다. 당신이 타인과의 관계에 영향을 많이 받는다면 그런 성향을 오히려 지렛대처럼 이용해 더 빠르고 효율적으로 건강한 습관을 들일 수 있다. 이번 장에서는 그 방법을 설명하고자 한다. '관계 도둑' 점수가 가장 높았던 사람들에게 확실히 도움이 될 조언이 가득하다. 그럼, 관계 도둑과의 전쟁에서 승리할 전략을 하나씩 살펴보자.

> **관계 지속하기**
> **1**
> 달성할 목표를
> 세상에 널리 알려라

코로나가 한창이던 2020년, 나에게는 점심 식사 때마다 중요하지도 않은 뉴스를 찾아 보는 영양가 없는 습관이 생겼다. 매일 발표되는 확진자와 사망자 수를 확인하고, 사람들이 서로 대면하지 못하며 부작용처럼 발생한 온갖 자극적인 반사회적 범죄 뉴스를 찾아 읽었다. 나에게 꼭 필요하거나 중요한 일은 아니었지만 점심때만 되면 습관처럼 스마트폰을 들고 지역 뉴스를 검색했다.

아이러니하게도 당시 나는 효율적인 시간 사용법에 관한 책을 쓰고 있었다. 매일 의도에 맞게 24시간을 알차게 보내는 방법으로 안내하겠다는 작가가 그렇게 시간을 낭비하는 꼴이라니! 지금 생각해도 참 한심했다. 자극적이고 신기한 뉴스를 발견한 날에는 기사 링크를 주변에 공유하며 지인들의 시간까지 빼앗았다.

그렇게 몇 달을 보내고 이듬해인 2021년 2월, 더 이상 안 되겠다 싶어 링크드인에 긴 게시글을 올렸다. 3만 명 가까이 되는 팔로워에게 앞으로는 아무런 도움이 되지 않는 습관을 버리고 시간을 유용하게 쓰겠다고 공개 선언한 것이다. 내가 쓴 선언문의 일부를 여기에 옮긴다.

2월 한 달간 점심마다 지역 뉴스 읽는 습관을 버리고 더 생산적인 습관을 들이려고 한다. 매일 테드TED 강연을 볼 것이다. 습관은 어떤 단서나 루틴에서 시작된다. 이전에 나는 뉴스를 보기 위해 식탁에 항상 아이패드를 올려놓은 상태로 식사를 준비했다. 루틴만 조금 바꾸면 습관 고치기는 매우 쉬울 것이다. 이제부터는 아이패드를 켜서 SNS나 뉴스 앱이 아니라 테드 앱을 누르기만 하면 된다. 이번을 계기로 점심 시간을 알차게 잘 활용해보겠다!

글의 말미에는 점심을 먹으며 볼 만한 30분짜리 테드 강연을 추천해달라고 부탁했다. 링크드인에서 서로 소식을 주고받는 많은 팔로워로부터 100편 이상의 유용한 영상을 추천받았다. 나는 그들 덕분에 무사히 새로운 습관을 들일 수 있었고 2월 한 달간 많은 것을 배웠다. 무엇보다 자극적인 뉴스에서 벗어난 것이 몹시 뿌듯했다. 이 경험으로 확실히 알게 된 사실은, 공공연하게 이야기한 일은 어떻게든 실행한다는 거다. 나에게 하는 말이든 타인에게 하는 말이든, 말의 힘은 강력하다.

남에게 말하면 지킬 수 있다

내가 링크드인에 업로드한 글처럼 어떤 행동을 하겠다고 많은 사람 앞에서 공개적으로 발표하는 것은 일종의 약속 장치다. 이때 목표와 의도를 구체적으로 자세히 공개할수록 성공 확률이 높아진다.

다짐 공개하기는 사회적 압박감을 이용해 약속을 지키게 돕는 방식이다. 이는 당사자뿐만 아니라 목표를 공개한 상대방에게도 일종의 책임감을 느끼게 해 강력한 힘을 발휘한다. 사람은 타인에게 실패를 들키고 싶지 않아 한다. 그래서 공개적으로 어떤 말을 하면 속으로만 생각하는 것보다 지킬 확률이 높아진다. 전 세계 행동심리학자들의 연구에 따르면 더 널리 알릴수록 성공할 확률이 높아졌다.

채프먼대학교에서 소비자 심리와 행동을 연구하는 프래샨스 니어Prashanth Nyer 교수와 멘로대학교에서 심리학을 연구하는 스테퍼니 델런드Stephanie Dellande 교수는 인도 남부 지방에서 16주 다이어트 프로그램에 등록한 성인 여성 211명을 대상으로 연구를 진행했다. 이들은 참가자를 세 집단으로 나누었다.

첫 집단은 장기적인 약속을 했다. 자신의 이름과 목표 체중을 작성해 체육관 게시판에 붙이고 16주 내내 그 숫자를 공개해야 했다. 두 번째 집단은 단기적인 약속을 했다. 이들도 이름과 목표 체중을 적어 체육관 게시판에 붙였지만, 원한다면 3주 뒤 떼어낼 수 있었다. 마지막 집단은 처음부터 이름과 목표 체중을 공개하지 않고 운동 프로그램에 참여했다.

16주간의 프로그램이 끝난 뒤, 다른 두 집단보다 첫 번째 집단에서 목표 체중을 달성한 참가자의 비율이 확연히 높았다. 두 번째 집단에서 마지막 집단보다 목표 체중을 달성한 참가자의 비율이 높았다. 니어 교수와 델런드 교수는 실험을 마치고 이렇게 결론을 내렸다. 목표를 공개하면 타인의 시선을 의식해서라도 달성할 확률이 높아진다.

이제부터 사소한 다짐이라도 주변에 널리 공개해 보자. 각종 소셜 미디어가 잘되어 있는 오늘날에는 사람들에게 당신의 뜻을 전할 창구가 무궁무진하다. 목표를 공개했다가 실패할까 두렵다고? 괜찮다. 공개하는 것만으로 행동할 용기를 얻은 셈이고, 실패하면 목표를 재설정하면 된다. 당신의 목표를 알게 된 많은 사람이 기꺼이 응원하고 도와줄 것이다.

| 관계 지속하기 2 | '책임감 친구'를 만들어라 |

나는 언제나 내가 상당히 자기주도적이라고 생각했다.

'외부에서 정해주는 마감일이나 목표는 없어도 그만이야. 내 내면의 동기가 가장 중요하지. 그것만으로도 목표를 달성하기에 충분해.'

하지만 몇 권의 책을 집필하고 빠듯한 일정에 쫓기며 생각이 달라졌다. 나는 자기주도적인 사람이 아니었다. 다른 사람이 마감을 재촉해야 겨우 일정을 지켰고, 그런 가이드조차 없었다면 원고 집필을 끝내지 못했을 것이다.

나는 내 책의 출판을 담당해준 편집자 이지를 '책임감 친구Accountability Buddy'로 삼았다. 책임감 친구란 목표 달성을 위해 서로 책임을 지고 돕는 동반자를 가리킨다. 나는 원고를 제때 넘기지 못해 이지와 출판사 사람들을 실망시키는 상황만은 피하고 싶었다. 그래서 출판 계약서에 서명한 바로 다음 날부터 매일 몇 시간씩 자료를 찾고 건강 전문가에게 인터뷰를 청하고 그들을 만나며 글쓰기 작업을 이어갔다. 그 과정에서 일에 집중할 수 있는 노하우도 여럿 찾아냈다. 책을 완성하겠다는 목표보다 이지를 실망시키지 않겠다는 목표가 나에게 더 동기 부여가 되었던 것 같다. 담당 편집자 이지는 때로는 나를 응원하고 때로는 독려하며 존재 자체로 든든한 지지자가 되어 주었다.

이지뿐만 아니라 우리 회사 인벤티움 직원들도 좋은 '책임감 친구'다. 우리는 코로나 팬데믹을 거치며 아예 사무실을 비우고 각자 원하는 곳에서 원격 근무를 시작했다. 카페나 공유 오피스로 향하는 직원도 있었지만 대부분은 재택 근무를 시작했고, 그렇게 몇 주간 일하니 집에서는 집중이 되지 않아 효율성이 떨어진다는 문제가 대두되었다. 그래서 우리는 특별한 의식을 만들었다. 2주에 한 번씩 돌아가며 팀원 한 명이 다른 모두를 '업무 동굴'로 2시간 동안 초대하는 것이다.

업무 동굴이 무엇인지 이미 예측한 사람도 있을 것이다. 바로 구글 행아웃Hangouts(2022년 폐지되고 '구글 챗'으로 바뀌었지만 여전히 기능은 비슷하다) 프로그램을 뜻한다. 행아웃은 화상 회의 프로그램 '줌Zoom'과 비슷한 서비스로 카메라를 켜 서로 얼굴을 마주보고 대화하며 동시에 화면을 공유해 어떤 작업을 하는지 확인하며 대화를 나눌 수 있는 프로그램이다. 우리는 구글 행아웃으로 만나 약 5분간 각자 그날 업무를 공유하고, 카메라는 계속 켠 채로 각자 음소거 버튼을 누르고 일을 시작했다. 그러다 몇 시간쯤 지나면 다시 소리를 켜 서로 업무의 진척 상황을 확인하고, 잠시 쉰 다음 다시 일에 몰두했다.

쉽게 말해 일하는 중간중간 동료를 감시하고 감시 받았다. 누군가에게는 이게 이상하게 느껴질 수도 있지만 코로나로 인한 사회적 거리두기를 시행하며 꽤 많은 사람들이 서로 카메라를 켜고 함께 일하는 방식에 익숙해진 듯하다. 사실 계속해서 동료를 감시하는 것은 아니다. 각자 할 일에 몰두하느라 화면을 지켜볼 여유도 없다. 잠시 카메라를 켜고 서로의 모습을 공유해 최소한의 감시만 하는 것이지, 크게 압박감을 주는 장치는 아니다.

우리 인벤티움 직원들과 비슷하게 온라인으로 글쓰기 모임을 열어 독자들에게 글쓰기의 즐거움을 전파한 작가도 있다. 특히 코로나 팬데믹을 지나며 비슷한 사례가 크게 는 것 같다. '감시하고 감시 받기'는 목표 달성을 돕는 유용한 도구다.

누구와 '책임감 친구'가 되는 것이 좋을까?

노스캐롤라이나대학교 연구팀은 15주간 온라인으로 진행되는 다이어트 프로그램에 등록한 성인 704명을 추적해 '책임감 친구'의 힘을 조사했다. 그 결과 홀로 다이어트 프로그램에 참가한 사람보다 책임감 친구를 두고 서로 독려한 참가자들이 체중 감량에 성공할 확률이 높았고, 허리둘레도 더 많이 줄어들었다.

이제 책임감 친구가 있으면 건강한 습관을 들이는 데 도움이 된다는 사실은 확실히 알았다. 그러면 책임감 친구로 누구를 택하면 좋을까? 나의 경우 다행히 책을 집필한다는 목적과 담당 편집자가 있었고, 동료들도 있어 무리 없이 일을 진행할 수 있었다. 그러나 주변에 협업자나 동료가 없는 프리랜서라면 누구를 책임감 친구로 삼아야 할지 고민이 될 것이다. 같은 분야에서 일하는 사람이 아니어도, 지금까지 오래 알아 온 사람이 아니어도 책임감 친구가 될 수 있을까?

피츠버그대학교 의과대학의 레나 윙Rena Wing 교수는 가까운 친구를 책임감 친구로 삼는 것과 낯선 타인을 책임감 친구로 삼는 것의 효과를 비교하는 연구를 진행했다. 그녀는 4개월간 다이어트 프로그램에 참여할 지원자 166명을 모아 두 집단으로 나누었다. 첫 집단은 홀로 프로그램에 등록해 낯선 3명과 책임감 친구가 되었고, 두 번째 집단은 기존에 알던 친구 3명과 함께 등록해 서로 책임감 친구가 되었다. 4개월간 프로그램을 진행한 결과, 기존에 알던 친구들과 함께 등록해 다이어트를 한 사람들은 95퍼센트가 프로그램을 완수한 반면 낯선 사람들과 책임감 친구가 된 참가자는 75퍼센트만이 프로그램을 끝까지 완수했다. 게다가 친구와 함께 등록한 참가자는 낯선 사람과 짝을 맺은 참가자보다 체중도 43퍼센트 더 감량했다. 모르는 사람과 책임감 친구가 되는 것도 효과가 있지만, 전부터 알던 사람과 책임감을 공유하는 것이 더 강력한 동기가 됨을 알 수 있다.

그러나 하버드대학교에서 발표한 연구 결과에 따르면 낯선 사람이라도 책임감 친구가 있는 것이 없는 것보다 행동 변화에 훨씬 큰 영향을 미친다. 하버드대학교에서 행동심리학을 연구하는 토드 로저스Todd Rogers 교수는 2010년 미국 상원의원 선거를 앞두고 유권자를 대상으로 간단한 실험을 했다. 그의 연구팀은 일부 유권자에게 '선거가 끝난 다음 투표 방식에 관한 의견을 듣기 위

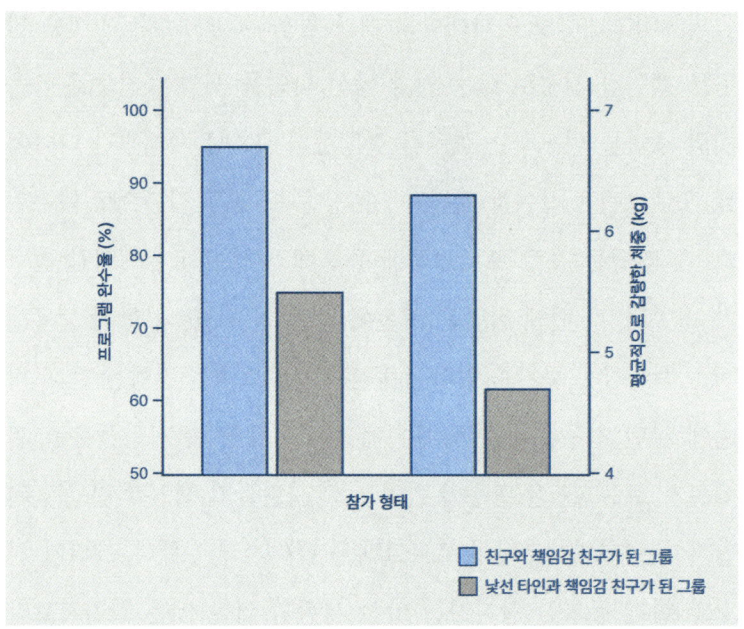

책임감 친구에 따른 프로그램 완수율과 체중 감량 변화 피츠버그대학교 의과대학 레나 윙 교수는 전부터 알던 친한 지인과 책임감 친구가 된 그룹과, 낯선 타인과 책임감 친구가 된 그룹의 과업 달성률이 어떻게 다른지 연구했다.

해 인터뷰를 합니다'라고 적힌 팸플릿을 보냈다. 투표 후 진행된 설문 조사 결과 팸플릿을 받은 집단은 그렇지 않은 집단보다 투표율이 50퍼센트가량 높았다. 사실 여기서 보낸 팸플릿은 책임감 친구라고 하기에는 애매하다. 그러나 타인이 내 행위에 관심을 가지고 있다는 사실을 아는 것만으로 사람은 다르게 행동한다는 점은 분명히 밝혀졌다.

타인과의 관계를 중요시하는 사람일수록 책임감 친구의 효과가 크다. 가장 좋은 책임감 친구는 정서적으로 지지해 주고 어려움을 이겨내도록 돕고 한 단계 뛰어넘을 때마다 함께 축하해 주는 사람이다. 나와 비슷한 행동 목표를 가진 이라면 더할 나위 없이 좋다. 주변 지인들에게 목표를 공유하고 책임감 친구로 삼으면, 당신의 일상에 건강 습관이 금세 자리 잡을 것이다.

| 관계 지속하기 | 남에게 조언하면
| 3 | 나에게도 도움이 된다

 2022년에 내 책 『거인의 시간』이 출간되고 나는 전 세계 독자들로부터 수많은 이메일을 받았다. 대부분은 해야 할 일 미루지 않는 법, 노트북을 켜자마자 메신저나 이메일을 확인하지 않고 업무에 집중하는 법, 더 효과적이고 효율적으로 사람들과 소통하고 회의하는 법에 대해 물었다. 고객사를 만날 때도, 기자와 인터뷰를 해도 비슷한 질문이 들어왔다.

 대부분의 사람들은 일을 미루는 자신의 모습에 지쳐 있고, 변하고 싶지만 방법을 잘 모른다. 나도 그렇다. '시간을 효율적으로 현명하게 관리하는 법'을 제시하는 책을 쓴 작가가 허송세월하면 안 된다는 생각으로 독자와 청중에게 열심히 조언하고 인터뷰에 응했지만, 나도 일을 미루고 후회한 적이 많다. 소셜 미디어라는 토끼굴로 빠져 방향을 잃은 앨리스가 된 적이 한두 번이 아니다.

이번 장에서는 건강 습관을 유지하는 법 중 하나로 '조언하기'를 소개하고자 한다. 헷갈리지 마시라. 조언을 '받는' 것이 아니라 '하는' 것이다. 타인에게 조언하는 것은 조언을 받는 일만큼 변화로 나아가게 하는 강력한 도구다.

조언을 건네는 순간 내면에 힘이 생긴다

미국 펜실베이니아대학교 심리학과 교수이자 세계적인 베스트셀러 『그릿』을 펴내 열정과 끈기의 힘을 널리 알린 앤절라 더크워스Angela Duckworth는 동료들과 함께 조언자 역할이 어떤 영향을 미치는지 알아보기 위해 대규모 현장 연구를 수행했다.

연구 참가자는 대부분 학생이었다. 이들은 조언을 '건네는' 입장에 놓였다. 같은 수업을 듣는 동기나 후배로부터 '어떻게 하면 과제를 미루지 않을 수 있을까?', '학교 수업을 따라가는 게 너무 어려운데 좋은 공부법 없을까?', '성적을 올리고 싶은데 동기 부여가 되지 않아 고민이다' 등의 질문을 받고 이에 대해 약 8분간 서면으로 답변을 했다.

그런데 놀랍게도 이런 간단한 활동을 한 것만으로 학생들의 학업 성취도는 크게 향상했다. 연구에 참가한 학생들은 그렇지 않은 학생들에 비해 훨씬 더 만족스럽게 한 학기를 마무리할 수 있었다. 고작 8분간 편지를 쓴 것만으로 말이다. 이들은 아주 작은 노력으로 큰 보상을 얻었다.

　이 연구 결과는 어떤 사람이 달라지고 싶을 때 그에게 부족한 것은 통찰력이 아니라 자신감이라는 것을 가르쳐준다. 자신감을 얻는 가장 좋은 방법은 조언하는 것이다. 누군가에게 멘토 역할을 하는 순간 나도 할 수 있다는 믿음이 생긴다. 남에게 건네는 조언은 나에게 건네는 지혜이기도 하다. 타인뿐만 아니라 내 삶의 멘토도 되는 것이다.

　이 책이 당신이 처음 집어든 건강 책은 아닐 것이다. 그리고 1부에서 다룬 건강 습관 중 몇몇은 이미 알고 있었을지도 모르겠다. 하지만 이 책에서 알게 된 습관을 잘 소화해 친구나 연인, 가족, 동료 등 도움이 될 누군가에게 알려준다면, 당신은 그 습관을 체화해 더 건강한 삶을 누릴 수 있을 것이다.

　조언 건네기는 책임감과 의무감을 동반한다. 다른 사람에게 매일 같은 시간에 잠자리에 들라고 조언하면서 정작 자신은 새벽 3시까지 드라마 시리즈를 정주행할 사람은 없다. 그러니 다음에 누군가가 건강 조언을 구하거든, 기쁜 마음으로 이 책에 나온 방법을 건네라. 조언을 하는 것만으로 당신의 뇌는 자극을 받고, 당신의 행동은 달라질 것이다.

관계 지속하기	당신의 건강은
4	주변 사람들의 행복

누군가 나에게 가치관에 관해 물으면, 나는 일말의 고민도 없이 '건강이 최우선'이라고 답한다. 내가 왜 이런 가치관을 갖게 되었는지 곰곰이 생각해 보면 부모님이 중년에 난소암, 뇌졸중, 심장병 등 심각한 건강 문제를 겪으셨기 때문인 듯하다.

언뜻 생각하면 건강을 최우선으로 여기는 나의 가치관이 이기적으로 느껴진다. 가끔 아이가 놀아달라고 조르는데도 하던 운동만 마치고 놀아주겠다며 사이클을 계속 탈 때 특히 그렇다(아이에게 미안해 가능한 한 빠르게 마무리하긴 한다). 종종 오랜 직장 동료나 친구를 만나다가도 밤 10시만 되면 신데렐라처럼, 아니 신데렐라보다 2시간이나 일찍 자리에서 일어난다. 다음 날을 잘 보내기 위해서라는 핑계를 대지만 미안한 마음이 크다. 친구나 지인을 집에 초대할 때도 마찬가지다. 내 입맛에 맞는 음식만 대접하면 다들 '건강에 좋지 않은' 메뉴는 없냐고 우스갯소리처럼 묻는다. 아이 양육이나 가정의 평화, 사람들과의 관계보다 건강을 더 우선시한다니, 그래도 될까?

하지만 건강을 우선시하는 것은 이기적이기보다 오히려 이타적인 일이다. 내가 건강하지 않으면 딸아이가 원하는 놀이를 함께하는 에너지 넘치는 엄마가 될 수 없다. 반려자가 좋아하는 산책도 함께 할 수 없고(우리 커플은 종종 아주 긴 산책을 즐긴다), 직장 동료들과 친구들을 만나 생산성 넘치는 시간을 보낼 수도 없다. 건강을 잃는 순간 인벤티움을 이끌 정신적 집중력도 함께 잃을 것이다.

당신은 어떤가? 내 말을 들으니 건강 관리를 더 열심히 해야겠다는 생각이 들지 않는가? 건강해야 주변 사람을 더 잘 챙길 수 있다. 타인을 대하는 것도 더 수월해지고, 부탁을 들어 주기도 쉬워진다. 지금 당장 사랑하는 사람들을 생각해 보라. 그러면 행동을 바꾸기 쉬워질 것이다.

낙관주의 편향과 친사회적 동기

와튼스쿨의 애덤 그랜트Adam Grant 교수는 다른 사람을 생각하는 일이 나의 행동 동기를 어떻게 바꾸어 놓는지 조사했다. 그는 노스캐롤라이나대학교 데이비드 호프만David Hofmann 교수와 함께 의료진의 위생 개선을 위한 손씻기 실험을 했다. 화장실 세면대 앞의 안내문을 어떻게 바꾸어야 의료진이 손을 더 청결하게 씻을지를 연구한 것이다.

그는 두 종류의 안내문을 작성해 노스캐롤라이나대학교 병원 화장실에 붙여 두었다. 하나는 '손씻기는 당신이 병원균에 감염되는 것을 막아줍니다'라고 적혀 있었고, 다른 하나는 '손씻기는 환자가 병원균에 감염되는 것을 막아줍니다'라고 적혀 있었다. 전자는 자신, 후자는 환자 보호에 초점을 맞춘 메시지였다.

그렇게 며칠간 의료진들이 화장실을 이용하게 한 뒤 사용된 비누의 양을 확인해 보니, 첫 번째 안내문은 의료진의 손씻기 습관에 큰 영향을 미치지 못했다. 안내문을 붙이기 전에 비해 비누의 양이 유의미하게 줄어들지 않았다. 그러나 두 번째 안내문을 붙인 화장실에서는 의사와 간호사들이 손을 씻는 빈도가 평소보다 11퍼센트 증가했고, 비누는 무려 45퍼센트 더 많이 사용했다.

이 실험이 우리에게 시사하는 바는 무엇일까? 애덤 그랜트 연구팀은 사람들의 심리 메커니즘을 들어 설명했다. 이들이 주목한 것은 바로 '낙관주의 편향 Optimism bias'과 '친사회적 동기 Prosocial motivation'였다.

우리 대부분은 자신에게 찾아올 위험을 객관적으로 평가하지 못한다. 이는 '낙관주의 편향' 때문이다. 낙관주의 편향이란 나에게는 좋은 일만 생기고, 나는 좋은 자질만을 지니고 있다고 과대평가하는 성향을 가리킨다. 낙관주의 편향 때문에 우리는 각자 나쁜 일을 경험할 확률은 매우 낮다고 여기고, 자신의 바람직하지 않은 자질을 과소평가한다. 손씻기 연구에서 의료진은 스스로 질병에 걸릴 확률이 매우 낮다고 생각했기 때문에 본인의 건강을 강조하는 메시지를 보고는 큰 행동 변화를 보이지 않았던 것이다.

그러나 사람들은 타인이 겪을 위험에는 더 예민하게 반응한다. 특히 자신의 행동이 다른 이에게 미칠 영향을 생각한다. 이를 '친사회적 동기'라고 한다. 심리학자들은 친사회적 동기가 바람직한 행동을 유도한다고 말한다. 이는 공감과 연민의 감정과도 이어진다. 손씻기 실험에서 의료진이 환자의 건강을 언급한 안내문을 읽고 손을 더 깨끗하게 씻은 것도 모두 친사회적 동기가 반영된 결과다.

당신이 건강한 습관을 들이고 싶은데 어떻게 시작해야 할지 모르겠다면, 사랑하는 사람을 위해 더 건강하고 에너지 넘치게 살겠다고 사고방식을 전환해보자. 이는 큰 동기가 되어 당신의 행동을 순식간에 바꿀 것이다.

| 관계 지속하기 5 | 소셜 미디어를
건강 지도로 활용하라 |

 11살 때 나는 스티커 수집에 완전히 '미쳐' 있었다. 내가 무언가 착한 일을 할 때마다 엄마는 나를 장난감 가게로 데려갔다. '차일드 앤 어덜트Child and Adult'는 당시 우리 동네에서 가장 많은 스티커를 보유하고 있었다. 고개를 돌리는 곳마다 반짝이는 스티커가 가득했다. 보석으로 장식된 스티커부터 동물의 털처럼 보드랍고 폭신한 스티커까지, 어린 소녀의 눈엔 보물 창고나 다름없었다. 아마 어머니는 유년 시절의 나에게 스티커를 사주느라 꽤 많은 돈을 지출했으리라.

 내가 스티커에 그렇게 집착한 데에는 이유가 있다. 바로 또래 친구들 사이에 유행했기 때문이다. 나와 친구들은 매일 아침 저마다 새로운 스티커를 들고 학교에 가서 서로 자랑하고, 공유하고, 비교하고, 어디에서 멋진 스티커를 구할 수 있는지 정보를 나누었다. 가끔 친구가 처음 보는 신상 스티커라도 하나 주면 기분이 날아갈 것 같았다. 그때 우리에게 스티커는 가히 '사회적 화폐'와 같았고, 스티커 수집 노트는 통장과 같았다.

지금 생각해 보면 그 과정은 심리학자와 사회학자가 말하는 '사회적 규범 이론'의 전형적인 사례였다. 속한 집단에서 인식하는 규범이나 기대에 따라 행동하고 영향을 받았기 때문이다. 사회적 규범 이론에 따르면 우리는 다른 사람에게 받아들여지고 존중받기를 원하기에 사회 규범에 응한다. 스티커 수집은 당시 우리들 사이에서 통용되던 사회 규범이었다.

건강 관련 소식을 접하면 건강을 챙기게 된다

건강에 관심 있는 사람들과 가까이 지내면 그들로부터 좋은 습관이 전염된다. UCLA 데이비스캠퍼스의 스콧 캐럴Scott Carrell 교수는 대학생의 학업 성취도가 가까이 지내는 친구로부터 크게 영향을 받는다는 사실을 발견했다. 만약 당신이 과탑인 친구와 친하다면 당신도 높은 성적을 받을 확률이 높다. 매일 강의가 끝난 직후 복습을 하거나 과제를 밀리지 않는 친구와 자주 시간을 보낸다면 당신도 그 친구처럼 매일 복습을 하고 과제를 기한 내에 제출해 좋은 성적을 받을 수 있다.

오늘날 우리는 주로 소셜 미디어를 통해 사회적 규범에 노출

된다. 여러 연구 결과에 따르면 사람들은 평균적으로 하루에 약 2시간 30분을 SNS 스크롤하는 데 쓴다. 인스타그램이나 페이스북 피드에 어떤 소식이 올라오는지가 생활 방식과 습관에 많은 영향을 미치는 것이 당연하다.

UCLA 기술연구소 행동연구센터의 설립자인 숀 영Sean Young 교수는 소셜 미디어가 사람들의 건강 습관과 행동에 어떤 영향을 미치는지 연구했다. 그는 스탠퍼드대학교 학부생을 대상으로 또래 친구들의 페이스북 계정에 업로드된 사진을 보고(전혀 성적 암시가 없는 사진들이었다) 몇 가지 질문에 답하게 했다. 학생들은 사진 속 인물들이 성관계를 가질 때 콘돔을 사용했을 확률이 높을 것 같다고 응답했고, 자신도 향후 연인과 반드시 콘돔을 사용할 것이라고 답했다. 사진을 보지 않은 학생들보다 본 학생들이 그렇게 답한 비율이 확연히 높았다.

이 실험은 소셜 미디어가 우리의 기대나 행동에 얼마나 큰 영향을 미치는지 보여준다. 책임감 있게 행동하는 사람의 이미지를 보면 그것을 규범으로 가정하고, 그런 행동을 받아들이게 된다.

흔히 소셜 미디어가 해롭다고 생각하지만 잘 활용하면 좋은 도구가 된다. 인스타그램에서 건강한 생활 습관, 운동, 루틴, 영양 정보 등을 공유하는 계정을 많이 팔로우하면 그들로부터 영향을 받는다. 만약 당신이 건강한 식습관을 유지하고 싶다면, 유명 맛집이나 베이커리 계정만 팔로우하지 말고 건강한 저염식 식단을 공유하는 인플루언서를 찾아보라. 샐러드 가게를 팔로우하는 것도 좋은 방법이다. 현란한 디저트 사진에서 벗어나 가공식품을 덜어낸 자연 그대로의 식단 사진을 접하면 당신의 뇌는 자동으로 오늘 저녁은 건강하게 챙기고 싶다고 생각할 것이다.

앞에서 조언하기가 좋은 방법이라고 했다. 건강 습관을 소셜 미디어에 공유하면 주변 사람들도 당신으로부터 영향을 받아 건강한 생활을 영위하게 될지 모른다. 그런 식으로 선순환이 시작되면, 당신뿐만 아니라 가족과 지인들도 점진적으로 건강해질 것이다.

5장 정리

1. **건강 목표를 널리 공개하자.**
   주변 사람에게 목표를 구체적으로 공유하면 성공 확률이 높아진다.

2. **'책임감 친구'를 만들어 적극 활용하라.**
   서로 건강 목표와 습관 교정 진행 상황을 공유하자.

3. **주변에 건강 관련 조언을 건네라.**
   조언을 하는 순간 자신감이 붙어 나의 행동 변화로 이어진다.

4. **건강해야 주변 사람들과 잘 지낼 수 있다.**
   사랑하는 사람들과 오래 행복하게 보낼 미래를 그려라.

5. **소셜 미디어 피드를 건강 뉴스로 꾸며라.**
   건강 정보를 많이 접할수록 건강 습관과 친해질 수 있다.

6장 환경

자연스럽게
할 수 있는 환경을 만들어라

딸 프랭키가 4살 무렵, 우리 가족은 도쿄로 휴가를 떠났다. 디즈니랜드를 몹시 가고 싶어 했던 아미를 데리고 우리 셋은 놀이공원에서 하루를 통으로 보냈다. 평상시에는 나들이나 소풍을 갈 때 아이가 먹을 음식을 직접 만들어 도시락을 챙기지만, 그때는 휴가 중이었고 디즈니랜드 티켓을 구하기도 급하고 빠듯해서 아무런 간식도 챙기지 못했다.

도쿄 디즈니랜드는 정말 어마어마했다. 3시간 정도 줄을 서서 3분짜리 놀이기구를 탔다. 아침 일찍 도착했음에도 그리고 나니 곧 점심때가 되었다. 우리 가족은 테마파크 안에 있는 푸드코트로 향했다. 그곳에서 파는 음식은 어디에서나 볼 수 있는 흔한 것들이었다. 감자튀김, 너겟, 핫도그, 햄버거 그리고 탄산음료와 아이스크림까지, 우리는 말 그대로 지방과 설탕 말고는 아무런 영양소도 없는 패스트푸드를 사서 게걸스럽게 먹기 시작했다. 프랭키의 앞접시와 티셔츠와 반바지에 기름이 뚝뚝 떨어지는 모습을 처참하게 바라보며, 나는 우리가 도쿄가 아닌 올랜도에 있었으면 했다.

디즈니사는 2006년 10월에 큰 변화를 감행했다. 바로 올랜도 디즈니월드 내 음식점 메뉴를 대대적으로 개선한 것이다. 기존에 제공하던 감자튀김과 탄산음료뿐만 아니라 과일과 채소, 저지방 우유, 물 등의 사이드 메뉴를 추가했다. 올랜도 디즈니월드를 방문한 아이들은 좀 더 건강한 식사를 택할 수 있었다.

콜로라도대학교 약학대학의 존 피터스John Peters 교수는 연구진을 꾸려 디즈니월드의 매출 자료를 얻었다. 이들은 선택의 폭이 넓어진 뒤 아이들이 건강식을 골랐는지 중점적으로 연구했다. 또한 그들은 3년간 디즈니월드 입점 식당 데이터를 분석했다. 대부분의 식당은 여전히 감자튀김과 탄산음료를 팔았지만 메뉴에 과일과 채소가 추가되니 아이들은 상대적으로 건강한 메뉴를 먹기 시작했다. 무려 3분의 2는 탄산음료가 아닌 물이나 생과일 주스를 택했다. 새로운 선택지가 주어진 것만으로 아이들의 행동이 달라진 것이다.

행동을 바꾸기 위해 동기만큼 중요한 요소는 '환경'이다. 우리는 제각각 처한 환경에 맞추어 행동한다. 메뉴판에 콜라와 감자튀김만 적혀 있다면 어쩔 수 없이 그것을 고른다. 그러나 메뉴판에 샐러드, 생수, 과일이 적혀 있으면 선택의 폭이 넓어진다.

심리학자들은 사람이 하루에 내리는 많은 결정과 판단이 자동으로 이루어진다고 주장한다. 우리는 복잡한 세상에서 깊이 생각할 겨를도 없이 주변 신호에 반응하듯 살고 있다. 더 건강한 수면, 운동, 식사 습관을 들이기 어려운 것은 의지나 동기가 부족해서가 아니라 그런 환경에 놓여 있어서인지도 모른다.

환경의 영향을 받는다고 생각하면 의지력이 사라지지만 희망은 있다. 주변 환경을 바꾸면 생활 습관도 바뀐다는 뜻이기 때문이다. 심리학자들은 소비자의 구매 행위부터 투표 행위까지 환경에 따른 행동 변화를 연구한 끝에 아주 효과적인 기법을 알아냈고, 이를 활발하게 공유하며 대중에게 도움이 되는 조언을 내놓고 있다.

환경과 상황이 목표와 일치하면 좋은 습관을 유지하기가 더 쉬워진다. 이번 장에서는 건강 습관을 유지하기 위한 환경 조성법을 알아보자. 건강한 환경에 머무르면 당신의 몸은 지금보다 훨씬 건강해진다.

환경 바꾸기 1 | 기본 설정부터 바꾸어라

몇 년 전, 다섯 아이를 키우는 어떤 슈퍼맘의 강연을 듣고 감탄한 적이 있다. 아침부터 아이들에게 옷을 챙겨 입히고 밥을 먹여 제시간에 유치원과 학교에 보내는 것이 어떻게 가능하느냐는 질문에 그녀는 이렇게 답했다.

"비결은 간단해요. 아이들에게 교복을 입혀서 재우는 거죠. 일어나자마자 밥을 먹고 씻은 뒤 바로 유치원 버스에 타고, 학교에 갈 수 있도록요."

유치원생이나 초등생 자녀를 키우는 부모라면 이 말에 무릎을 칠 것이다. 아침마다 아이에게 옷을 입혀 등원, 등교시키는 일은 전쟁과 같다. 나도 한때 프랭키를 학교에 보내느라 무진장 애를 썼다. 아이를 키워본 적 없는 사람이라면 옷 입히기와 밥 먹이기가 그렇게 어렵냐며 코웃음을 치겠지만, 상상 이상으로 큰 노력이 필요하다. 이 기회에 전 세계의 육아 동료들에게 존경과 응원의 마음을 전한다.

나는 앞서 말한 다섯 아이를 키우는 엄마의 조언에서 영감을 얻어 건강 습관을 유지할 전략을 고안했다. 바로 '기본 설정 바꾸기'다. 아이들이 교복을 입고 잠들면 다음 날 아침 일어나서 바로 등교할 수 있는 것처럼 건강히 자고 운동하고 식사하는 환경을 디폴트로 설정하면 저절로 건강해진다.

우리의 행동은 기본 설정을 벗어나지 않는다

인간은 가능한 한 에너지를 보존하고 효율적으로 사용하도록 설계되어 있다. 그래서 여러 선택지 중 하나를 택해야 할 때 큰 차이가 없다면 기본 설정값을 그대로 유지할 확률이 높다.

『공중보건 저널Journal of Public Health』에 발표된 한 연구는 디폴트 값의 절대적인 힘을 보여준다. 연구진들은 컨퍼런스 참석자를 두 집단으로 나누어 점심 메뉴에 대한 설문지를 돌렸다.

- **첫 번째 집단**: 오늘 점심으로 고기 중심의 뷔페가 준비되어 있습니다. 따로 채식 메뉴를 원하시면 여기에 표시해 주세요.
- **두 번째 집단**: 오늘 점심으로 채식 뷔페가 준비되어 있습니다. 따로 고기 메뉴를 준비해 드리길 원하시면 여기에 표시해 주세요.

연구진은 실험을 3번 반복해 평균치를 냈다. 첫 번째 집단이 채식을 택한 비율은 고작 2퍼센트였지만, 두 번째 집단이 채식을 택한 비율은 89퍼센트나 되었다. 즉 사람들은 기본 설정에서 크게 벗어나지 않는다. 이 실험에서 참가자들의 행동을 결정한 것은 고작 한 단어였다.

컬럼비아대학교 경영대학원 존 야키모비치Jon Jachimowicz 박사 연구팀은 58건의 연구를 메타 분석해 총 7만 명 이상의 행동 데이터를 얻었다. 연구팀은 참가자에게 여러 선택지가 주어져도 새로 주어진 선택지보다 기존에 주어진 선택지, 즉 기본값을 27퍼센트 더 많이 선택한다는 결론을 내렸다.

야키모비치 연구팀은 후속 연구를 통해 기본 설정이 더 큰 효과를 내는 조건을 정리했다. 독자 여러분이 건강 습관을 형성하는 데 도움이 될 조언이라 여기에 간략히 소개하겠다.

우선 사람들은 기본 설정이 이로운 선택지라고 생각할 때 그대로 유지했다. 건강을 증진한다는 점에서 이 책의 1부에 내가 건넸던 모든 조언이 독자들에게 이로운 기본 선택지가 되길 바란다. 정해진 시간에 잠자리에 눕기, 식사 30분 후에 산책하기 등을 디폴트로 놓고 생활해 보자.

다음으로 사람들은 기본 설정을 다른 것으로 바꾸기보다 유지하기가 더 쉬울 때 그 기본 설정을 따랐다. 예를 들어 당신이 지금까지 매일 30분씩 산책을 했는데 앞으로 매일 1시간씩 헬스장에서 트레이닝 받으라는 난도 높은 선택지가 주어지면, 기존 선택지인 30분 산책을 유지할 확률이 높다는 것이다.

마지막으로 기본 설정에 '자율성'이나 '선택권'이 있다면 사람들은 그것을 그대로 유지했다. 예를 들어 기본 설정이 아침으로 샐러드 먹기라고 가정해 보자. 샐러드에 견과류를 넣을지 건과일을 넣을지는 당신이 택할 수 있다. 이런 경우 당신은 아침으로 샌드위치나 팬케이크를 택하기보다 견과류나 건과일을 넣은 샐러드를 택할 확률이 높아진다.

일상의 기본 설정은 궁극적으로 우리 행동에 영향을 미쳐 자연스럽게 그렇게 움직이도록 만드는 가장 중요한 환경 요인이다. 당신이 유지하기로 한 건강 습관을 기본값으로 놓고, 그와 반대되는 것은 추가 선택지로 생각하자. 예를 들어 요거트를 냉장고의 가장 앞쪽에 놓아 두면 간식을 찾으러 냉장고를 열 때마다 안쪽의 초코푸딩이 아니라 앞쪽의 요거트에 손이 갈 것이다. 이런 식으로 행동을 바꿀 수 있다.

| 환경 바꾸기 2 | 건강 습관 '알람' 설정하기 |

나는 항상 오른쪽 손목에 스마트워치를 차고 다닌다. 건강 상태나 걸음 수를 시시때때로 확인해주고 그날 해야 할 일을 빠르게 알려주며 실행하도록 돕는 유용한 도구다. 나는 스마트폰과 스마트워치를 연동해 그날 답장해야 할 이메일 목록, 쇼핑 리스트, 약속 시간과 장소 등 많은 것을 확인한다. 기억력이 부족해 까먹었던 일을 스마트워치 알람 덕분에 실행했던 적이 아주 많다.

인간의 기억력은 그다지 좋지 않다. 그러나 많은 사람들이 자신의 기억력을 과대평가한다. 생각해보라. 오늘 아침 당신이 일어나자마자 한 생각은 무엇인가? 30분 전에는 무엇을 생각했는가? 바로 떠오르지 않을 것이다. 인간의 기억력은 몹시 짧고 휘발적이기에 기록으로 남기지 않으면 잊기 마련이다.

당신이 건강 습관을 유지하기 어려운 이유 중 하나는 기억을 못하기 때문이다. 매일 산책하거나 고강도 신체 활동을 하겠다고 다짐하지만 며칠 가지 못하는 이유는 금방 잊어서다. 이번에는 건강 습관을 잊지 않고 실행할 방법을 함께 살펴보자.

깜빡하지 않는 가장 확실한 방법: 알람 맞추기

심리학자들은 우리가 행동을 바꾸겠다고 마음먹고도 그러지 못하는 가장 큰 이유를 '망각' 때문이라고 진단한다. 『성격 및 사회심리학 회보 Personality and Social Psychology Bulletin』에 실린 한 연구는 유방암 관련 교육을 듣고 자가진단 테스트를 하겠다고 다짐한 여성 중 하지 않은 이들에게 이유를 물었다. 허탈하게도 약 70퍼센트는 단순히 깜빡했기 때문이라고 답했다.

우리는 일상적인 행위는 무의식적으로 수행하지만 익숙하지 않은 행위는 잊어서 수행하지 못한다. 이런 경우 알람을 설정하는 것이 크게 도움이 된다.

많은 연구에서 간단한 알람 설정만으로 깜빡하는 성격을 극복할 수 있는지 살폈다. 권위 있는 과학 학술지 『사이언스 Science』에 실린 한 연구에 따르면 법정에 출석해야 하는 사람에게 문자 알림 서비스를 개시하자 출석 확률이 21퍼센트나 늘었다. 여기에서 우리는 다음과 같은 통찰을 얻을 수 있다. 사람들은 법정 출석과 같은 중요하고 특별한 사건조차 까먹기 마련이다. 알람을 설정하는 것은 확실히 도움이 된다.

『미국 국립과학원 회보Proceedings of the National Academy of Sciences』에 실린 한 연구는 문자 알림이 예방 주사 접종률을 높이는 데 효과적이라는 결과를 발표했다. 해당 연구에서는 미국 월마트 약국 고객 50만 명 이상에게 예방 접종 예약을 받은 뒤 문자로 알림을 보냈고, 그러자 전해에 비해 접종률이 눈에 띄게 증가했다.

미국의 한 소프트웨어 기업 '님블Nimble'은 교대 근무를 하는 직원이 출근 시간을 헷갈려 지각하거나 너무 일찍 출근하는 상황을 최소화하기 위해 디지털 메신저로 출근 시간을 가르쳐주는 실험을 했다. 간단한 알림만으로 사람들이 정시에 출근할 확률이 21퍼센트 증가했다.

건강 습관에도 메시지 알림을 효과적으로 활용할 수 있다. 예를 들어 하루에 물을 5잔 이상 마시고 싶다면 적정 간격으로 알람을 설정하고, 알람이 울리면 컵을 들고 정수기로 가 물을 마시기만 하면 된다. 하루에 3번 산책을 하고 싶다면 원하는 시간에 알람을 설정하기만 하면 된다.

이렇게 알람을 설정하는 것을 행동과학 용어로 '자극 계획Planning prompt'이라고 한다. 스스로 설정해둔 알림, 손으로 쓴 메모, 주변 사람들이 보내는 메시지 등 모든 자극이 알림이 될 수 있다. 특정 시간에 어떤 행동을 하라고 지시하는 사소한 알림은 단순하지만 행동을 즉각적으로 바꾸는 데 효과적이다.

정보 과부하 시대에 뇌를 돕는 법

적절한 순간의 알람은 당신의 행동을 유도하고 교정한다. 그런데 우리는 왜 알람 없이 실천하지 못하는 걸까? 그 원인은 크게 셋으로 나뉜다.

우선, 우리는 모두 정보 과부하에 걸려 있다. 매일 너무 많은 새로운 소식과 자극을 받아들이느라 뇌가 바쁘고 버겁다. 당장 눈앞에 놓인 정보가 너무 많고, 기억해야 할 것도, 내려야 할 결정도 넘쳐난다. 주변 소음이 시선과 관심을 빼앗으니 건강 습관을 유지할 최소한의 집중력도 보존하기 어렵다. 결론적으로 하기 싫어서 안 하는 게 아니라 잊어서 못하는 거다.

둘째로 우리는 모든 일을 선택적으로 기억한다. 심리학에는 '선택적 듣기Selective listening'와 '선택적 인지Selective perception'라는 개념이 있다. 사람들에게 광범위한 정보와 지식을 전달해도 모든 내용이 아니라 그중 관심 있거나 중요한 것만 인식한다. '선택적 기억Selective memory'도 마찬가지다. 우리는 모두 기억하고 싶은 것 위주로 기억한다. 가령 어떤 드라마에 푹 빠져 있으면 정해진 시간에 잠자리에 들어야 한다는 사실을 잊기 쉽다.

마지막으로 낙관주의 편향도 기억력에 영향을 미친다. 앞에서 잠시 살펴본 것처럼 인간은 지금을 긍정적으로 보는 편향이 있다. 내 건강 상태가 괜찮고 별다른 행동을 하지 않아도 지금의 양호한 상태가 이어질 것이라고 판단한다. 필요한 모든 것을 잘 기억할 수 있다고 믿는 것도 낙관주의 편향의 한 형태다. 그러나 메모를 하거나 알람을 설정해두면 우리가 현실에서 얼마나 많은 것을 잊고 사는지 깨닫게 된다.

새로운 건강 습관을 들이려면 당신의 뇌를 괴롭히는 것만으로는 부족하다. 알람을 외주화하자. 스마트폰이나 스마트워치 알람 설정은 그리 어려운 일도 아니다. 시간에 따라 '물 마시기', '잠자리에 들기', '30분간 동네 산책' 등의 알람을 맞춰 놓으면 건강 습관을 한결 쉽게 정착시킬 수 있다.

환경 바꾸기 3	주변 배치를 바꾸면 행동도 달라진다

몇 년 전, 내가 진행하는 팟캐스트 채널에서 좋은 기회로 워드프레스를 개발하고 글로벌 기업 '오토매틱Automattic'을 설립한 사업가 맷 멀런웨그Matt Mullenweg를 인터뷰했다. 워드프레스는 전 세계에서 가장 널리 사용되는 웹사이트 제작 프로그램이고, 오토매틱은 2005년 창립 이후 지금까지 꾸준히 성장해 왔다. 큰 기업을 이끄는 맷 멀런웨그는 당연하게도 몹시 신중한 성격이었다. 그는 주변의 사소한 환경이 어떤 결과로 이어지는지 늘 깊이 생각한다고 말했다.

"아침에 일어났을 때 침대에 가장 가까이 있는 것이 스마트폰이 아니라 전자책 리더기라면 기상 직후에 독서를 할 가능성이 높습니다. 그러나 스마트폰이 놓여 있다면 메시지와 소셜 미디어부터 확인하게 되겠지요."

공유 경제와 사람 사이 신뢰의 흐름에 대해 연구하는 세계적인 석학이자 『신뢰 이동』의 저자 레이철 보츠먼Rachel Botsman을 인터뷰한 적도 있다. 그녀 역시 멀런웨그처럼 기상 직후에는 가급적 스마트폰을 보지 않으려 노력한다고 했다. 심지어 아침마다 스마트폰을 확인하는 습관에서 벗어나기 위해 아날로그 시계를 따로 구입했다고 말이다.

"스마트폰으로 알람을 맞추고 일어났다니, 정말 멍청한 짓이 따로 없어요. 침대 옆에 따뜻한 커피를 두는 것과 뭐가 다른가요? 유혹을 거부할 수 없게 만들어 놓고 유혹에 넘어갔다고 후회하는 것처럼 바보 같은 짓이 있을까요?"

이들을 인터뷰한 뒤 나는 아날로그 알람시계를 구입했다. 스마트폰, 태블릿과 노트북은 침대에서 멀리 떨어진 곳인 거실이나 주방 테이블 위에 두었다. 침실에서 전자 기기를 치우고부터 매일 잠자리에 누워 바로 잠들고 기상 직후 바로 침대에서 나와 상쾌하고 활기차게 하루를 시작하게 되었다.

우리의 행동을 결정하는 '위치'의 비밀

주변 사물 위치가 사용자의 선택과 행동에 영향을 미친다는 사실을 수많은 연구가 증명하고 있다. 싱가포르경영대학교에서 커뮤니케이션을 가르치는 소니 로젠탈Sonny Rosenthal 교수는 학부생

300명을 대상으로 요거트 시음 실험을 했다.

그는 연구실에 부스를 설치하고 각 부스에서 학생들에게 플라스틱 컵에 담긴 요거트를 맛보게 했다. 그리고 나가는 길에 컵을 버리게 했다. 그가 실험을 통해 확인하고자 한 것은 요거트의 맛이나 향에 대한 평가가 아니라, 쓰레기통의 위치에 따른 학생들의 쓰레기 투기 행위였다.

로젠탈 교수는 참가자를 두 집단으로 나누어 실험을 진행했다. 첫 번째 집단은 부스 바로 앞에 일반 쓰레기와 재활용 쓰레기를 분리해 버릴 수 있도록 쓰레기통을 설치했고, 두 번째 집단은 부스 바로 앞에 재활용 쓰레기 수거함을, 출입구 앞에 일반 쓰레기통을 설치했다. 그 결과 첫 집단의 학생들은 플라스틱 컵을 일반 쓰레기통과 재활용 수거함에 무작위로 뒤섞어 버린 반면, 두 번째 집단 학생들은 대다수가 재활용 쓰레기 수거함에 컵을 버렸다. 인간의 타고난 게으름을 활용하면 환경 보호에 큰 도움이 된다는 통찰을 주는 실험이다.

네덜란드 위트레흐트대학교에서는 음식과의 거리에 따라 사람들의 행동이 어떻게 변하는지 실험을 진행했다. 정확한 분석을 위해 참가자들에게는 휴식과 행동 변화에 관한 연구라고 소개했다. 참가자들은 먼저 안락의자에 앉아 약 5분간 휴식을 취했다.

실험은 세 집단으로 나누어 진행되었는데, 첫 번째 집단은 안락의자 바로 옆에 탁자가 있었고, 탁자 위에 간식이 있어 손만 뻗으면 바로 먹을 수 있었다. 두 번째 집단은 안락의자에서 약 70센

티미터 정도 떨어진 곳에 탁자가 있어 그 위의 간식을 먹기 위해서는 팔을 길게 뻗어야 했다. 마지막 집단은 안락의자에서 약 140센티미터 떨어진 곳에 탁자가 있어 간식을 집으려면 자리에서 일어나 몇 걸음 움직여야 했다.

실험 결과, 연구진의 예측대로 간식의 위치가 멀어질수록 먹는 빈도와 양이 현저하게 줄었다. 사람은 나무늘보와 비슷하다. 움직이기 귀찮아하고, 최소한의 움직임으로 최대 만족을 찾으려고 한다. 우리는 때로는 몹시 부지런하지만 주로 에너지를 보존하는 방향으로 발전해 왔다. 그래서 결심이 서기 전까지 움직이지 않는다. 심지어 결심을 하더라도 실천하는 데 아주 많은 노력이 필요하다.

물건 배치만으로 당신의 습관이 형성된다

물리적 위치만 행동에 영향을 미치는 것은 아니다. 예루살렘 히브리대학교 심리학과의 마야 바힐렐Maya Bar-Hillel 교수는 메뉴판의 음식 배치에 따른 선택 변화를 연구했다. 학생들은 메뉴판의 가운데에 있는 음식보다 시작이나 끝, 양쪽 극단에 배치된 음식을 선택할 확률이 2배 이상 높았다. 도대체 간식의 위치를 바꾸거나 메뉴판 배치를 바꾸는 것이 사람들의 선택에 왜 영향을 미칠까?

위 실험들을 통해 다음과 같은 결론을 내렸다. 우리는 '장애물이나 어려움이 없어야' 비로소 행동을 한다. 그리고 가장 먼저 눈에 보이는 것에 반응하기 마련이다(메뉴판의 양쪽 끝에 있는 메뉴처럼). 그러니 손 닿는 곳에 '건강 도우미'를 배치하자. 이를테면 초콜릿이나 쿠키가 아니라 견과류나 말린 과일을 책상 서랍에 넣어두자. 일을 하다가 당이 떨어지면 바로 꺼내 먹을 수 있도록 말이다. 식사 때마다 단백질을 더 많이 먹고 싶다면 냉장고를 열 때마다 가장 눈에 띄는 자리에 닭가슴살을 두는 게 어떨까?

행동할 의지가 부족할 때, 배치가 도움을 줄 것이다. 운동을 꾸준히 하고 싶다면 자주 눈길이 가는 곳에 아령이나 운동화를 두자. 텔레비전 리모콘을 멀리 두고 책을 가까이 하면 텔레비전 시청이 아니라 독서 습관이 들 것이다. 건강한 생활을 돕는 물건에 둘러싸이면 당신의 삶은 자동으로 건강해진다.

> **환경 바꾸기**
> **4**
>
> # 안 좋은 습관에 장벽을 쌓아라

 코로나가 한창이던 2020년, 집에 격리되어 볼만한 프로그램을 찾아 넷플릭스를 넘기다가 《The 정돈된 라이프》라는 시리즈를 발견했다. 클리아 시어러Clea Shearer와 조애나 테플린Joanna Teplin이라는 두 여성 사업가가 설립한 정리 전문 회사 '더 홈 에딧The Home Edit'의 누적 데이터를 기반으로 집 정리법을 안내하는 리얼리티 다큐멘터리다. 첫 화부터 유명 배우 리즈 위더스푼이 출연하며 큰 화제를 모았다.

 프로그램을 보니 집을 보기 좋게, 특히 모든 것을 무지개색으로 정리하는 게 핵심이었다. 주방의 음식도, 옷장 속 옷도, 거실에 놓인 생활 잡화들도 무지개색으로 정리하니 한결 깨끗하고 화사해 보였다. 혹자는 너무 유치하다거나 무채색 위주의 집은 어떻게 꾸미냐고 불평할지 모르겠지만, 실제로 해보면 공간이 몰라보게 달라지고 산뜻해짐을 알 수 있다.

이 프로그램을 보고 내가 한 첫 번째 일은 우리집 식료품 선반을 정리하는 거였다. 나는 투명한 용기와 흰색 라벨을 대량 구매했고, 식품을 종류별로 배치하고자 구역을 나누었다. 파스타면부터 말린 자두까지, 온갖 식품을 투명 용기에 담아 무지개색으로 배치하자 공간은 정말 산뜻하고 아름다워졌다. 하지만 이는 유리 용기가 내 행동에 미칠 영향을 완전히 간과한 행동이었다. 얼마 지나지 않아 투명 용기 속 빵과 과자를 비롯한 간식들은 나에게 유혹의 손길을 보내기 시작했다.

하고 싶지 않다면 '불편하게' 만들어라

몇 년 전 구글 인사팀이 진행해 전 세계에 널리 알려진 유명 실험이 있다. 구글은 볼더와 뉴욕 지사 탕비실의 간식 배치에 따라 직원들의 간식 소비 습관이 어떻게 달라지는지 연구했다. 이들은 설탕 범벅인 사탕과 캐러멜, 젤리, 쿠키 등은 불투명한 용기에 담아 선반의 가장 아래쪽이나 위, 즉 손이 닿기 어려운 곳으로 옮겼다. 반면 유기농 견과류나 말린 과일처럼 건강에 좋은 간식은 투명한 병에 담아 직원들의 평균 눈높이에 맞고 쉽게 손이 닿는 곳에 두었다.

간식 배치를 바꾸고 7주가 지난 뒤 직원들의 열량 섭취량을 조사해보니, 사탕이나 젤리로 섭취하던 열량은 30퍼센트 줄었다. 손이 닿지 않는 곳에 둔 간식은 선택을 받지 못한 것이다. 또한 뉴욕 사무실에서만 직원들이 섭취한 총 열량이 310만 칼로리 감소했다. 간식 보관 용기와 위치만 살짝 바꾸어 놀라운 변화를 이끌어냈다.

건강에 좋지 못한 행동을 하기 '어렵게' 만들기만 해도 사람들의 선택이 달라진다는 연구 결과는 또 있다. 스페인의 명문 IE대학교에서 마케팅을 가르치는 로라 짐머만Laura Zimmermann 교수는 스마트폰 화면 설정에 따른 사용 시간의 변화를 연구했다. 짐머만 교수는 실험 참가자들을 두 집단으로 나누어 한 집단은 스마트폰을 기존 화면 설정 그대로, 다른 집단은 흑백 모드로 바꾸어 사용하게 했다.

스마트폰 화면을 흑백 모드로 바꾸어본 적이 있는가? 나는 전에 실수로 인스타그램을 흑백 모드로 잘못 설정했는데, 그러자 피드를 스크롤하는 일이 놀라울 만큼 재미없고 지루해졌다. 아무리 아름다운 사진도 흑백으로 보면 생생하게 느껴지지 않고, 계속 보고 싶다는 생각이 사라진다. 짐머 교수의 실험에서도 마찬가지로 화면 설정을 흑백으로 바꾼 참가자들은 하루 스마트폰 사용 시간이 무려 50분이나 감소했다.

일상 속의 사소한 '불편'은 우리의 행동을 바꾸어줄 영감의 원천이기도 하다. 조금의 방해로 나쁜 습관을 교정할 수도 있다. 최근에 온라인 쇼핑을 하다가 스마트폰 때문에 일상에 지장이 있는 사람들을 위한 스마트폰 잠금 박스 제품을 알게 되었다. 상자에 스마트폰을 넣고 잠금 장치를 설정하면 정해진 시간이 지난 후에야 열리는 것이다. 의지로 안 될 때는 장벽과 장애물을 설정하면 된다. 그러면 바람직하지 않은 행동은 억제해 좋은 행동과 습관을 유지할 수 있다.

| 환경 바꾸기 5 | 무엇이든 '할 수 있는' 환경 만들기 |

 코로나 팬데믹으로 사회적 거리두기가 시행되던 2020년, 다른 사람들과 마찬가지로 배리 브라운 교수도 강의실과 연구실을 떠나 집 서재에서 줌으로 온라인 강의를 하고 논문을 써야 했다. 그때 달라진 것은 사무실 위치나 강의 방식만이 아니었다고 한다. 격식을 갖추고 출근할 필요가 없어 옷차림도 크게 가벼워졌다.

 "팬데믹 기간에 제가 겪은 가장 큰 변화 중 하나는 옷차림입니다. 학부 건물이나 연구실로 출근하지 않으니 가벼운 운동복을 즐겨 입었지요. 강의를 할 때도, 논문을 쓸 때도 마찬가지였습니다. 운동복을 입고 생활하니 퇴근 직후 바로 나가서 운동하기가 수월하더군요. 그러다 팬데믹이 잦아들고 캠퍼스로 돌아오니 다시 제대로 옷을 갖춰 입게 되었고, 이제 아쉽게도 그때만큼 운동을 자주 하지는 못하게 됐네요."

앞에서 바람직하지 않은 습관을 '불편하게' 만들어 끊어내라고 조언했는데, 이번에는 '좋은' 습관으로 자연스럽게 이어지는 환경 조성법을 이야기하고자 한다. 코로나 팬데믹 당시 브라운 교수가 경험한 것처럼 말이다.

당신에게는 변화할 힘이 있다

이번 챕터에서 전할 메시지는 이 책의 핵심이다. 건강 습관을 들이는 것은 어렵지 않다는 것. 습관은 아주 작은 변화에서 시작된다. 이 책의 제목도 '아주 작은 건강 습관의 기술'이지 않은가.

대부분의 사람들은 '건강 습관'이라 하면 크고 거창한 것을 먼저 떠올린다. 일주일에 5번 헬스장에 가고, 닭가슴살과 섬유질로만 구성된 식단을 하고, 때가 되면 정확히 잠들어 아침 일찍 가뿐히 일어나는 것. 그러나 우리가 이 책 1부에서 살펴봤듯이 그렇게 완벽하지 않아도 건강을 충분히 개선할 수 있다. 잠이 오지 않으면 침대에서 일어나는 것, 가끔 시간을 내 벽을 짚고 팔굽혀펴기 하는 것, 초콜릿 대신 아몬드 먹는 것 등 작은 변화로도 충분하다.

글을 쓰다 보니 이런 사소한 행동을 하지 못하게 막는 장애물을 피할 방법을 생각하게 된다. 나의 대표적인 건강 습관은 실내용 사이클 타는 것이다. 운 좋게도 나는 코로나가 끝난 뒤로도 계속해서 재택 근무를 하기 때문에 시간의 구애를 받지 않고 운동할 수 있다. 그러나 일이 몰려 회의가 이어지는 날은 사이클을 타기 어렵고, 몇 시간 동안 자리에 앉아 있으면 다리가 뻐근하고 퉁퉁 붓는다.

그래서 나는 회의 지옥에 빠진 날 운동을 이어가기 위해 미니 페달 운동기를 사 서재 책상 아래에 두었다. 바쁜 날이면 일하면서 다리만 움직여 운동을 한다. 이 페달 운동기를 마련한 뒤로 아무리 회의가 길어져도 운동 시간을 빼앗기지 않는다.

단적인 예시를 들었지만, 누구나 일상 속에서 건강 습관을 실천할 수 있다. 만약 당신이 재직하는 회사의 복장 관련 규정이 제한적이지 않다면 팬데믹 시절의 브라운 교수처럼 운동복을 입고 출근하는 것은 어떤가? 퇴근하자마자 바로 헬스장을 가거나 조깅할 수 있도록 말이다.

꼭 비싼 운동 기구나 화려한 운동복을 준비하지 않아도 된다. 어렵게 생각할 필요 없다. 이 책의 1부에서 알게 된 작은 건강 습관을 오늘부터 일상에 하나씩 적용하는 것으로 충분하다.

| 환경 바꾸기 6 | '실행 의도'를 설정해 성취감 얻기 |

당신이 최근에 세운 목표를 떠올려 보자. 딱히 기억나는 것이 없다고? 그렇다면 올해 초에 세운 목표는?

사람들이 가장 많이 새로운 계획을 세우는 시기는 연말연시다. 많은 이가 이때 체중을 몇 킬로그램 줄이겠다거나, 새로운 운동을 시작하겠다거나, 책을 몇 권 읽겠다거나, 꾸준히 자기계발을 하겠다는 계획을 세운다. 그러나 대부분은 아무리 포부 넘치게 시작해도 목표를 달성하지 못한다. 그게 몇 년간 반복되고 나이가 들수록 슬프게도 계획조차 세우지 않게 된다.

아무리 좋은 의도를 가지고 원대한 목표를 세워도 실제로 달성하기는 어렵다. 당연한 일이다. 우리는 완벽한 신이 아니라 평범한 인간이기 때문이다. 원하는 것을 한 번에 이루는 전지전능한 존재가 아니므로 꾸준히 노력하며 발전해나가야 한다.

이번에는 완벽하지 못한 우리에게 꼭 필요한 팁을 전수하고자 한다. 목표의 '의도'에 집중해 단계별 성취를 이루는 방법이다.

행동의 조건과 맥락을 만들어라

셰필드대학교에서 사회심리학을 가르치는 토머스 웹Thomas Webb 교수와 노스캐롤라이나대학교에서 심리학과 신경과학을 가르치는 파셜 시런Paschal Sheeran 교수는 목표의 의도와 성취의 관계를 분석한 여러 연구를 메타 분석했다. 47건의 연구 결과를 수집하고 분석한 끝에 이들은 의도와 성취 사이에 큰 간극이 있음을 발견했다. 현실성 있는 목표를 세워도 적절한 실천법을 찾지 못하면 성취하지 못했다. 목표를 달성하기 위해 좋아하는 것을 포기하고 덜 끌리는 것으로 대체해야 한다면 대부분의 사람들은 시작조차 하지 않는다.

심리학자들은 의도와 실천 사이 간극을 메우는 가장 효과적인 방법은 '계획 세우기'라고 말한다. 그 계획을 전문 용어로 '실행의도Implementation intention'라고 부른다. 특히 컨설팅이나 코칭에서 많이 쓰이는 용어로, '특정 상황에서 특정 행동을 한다'처럼 상황에 대한 단서(언제, 어디서, 어떻게 등)와 구체적인 행동을 연결하는 방식이라고 보면 된다. 여기서 중요한 것은 단서다. 구체적으로 단서를 정해 두면 단순히 '나는 어떤 행동을 할 것이다'라고 말하는 것보다 훨씬 행동으로 옮기기 쉬워진다. 아래 예시를 보자.

- **월, 수, 금요일 퇴근 후에는** 헬스장에 가서 운동한다.
- **야식으로 햄버거를 먹고 싶으면** 슬라이스 치즈를 먹는다.
- **5시간 이상 앉아서 일한 날은** 저녁에 30분 이상 산책한다.
- **과음한 다음 날은** 물을 2리터 이상 마신다.

단서를 상세히 명시하는 것이 중요한데, 이때 단서는 내적 단서와 외적 단서를 모두 포함한다. 내적 단서란 스트레스나 감정 기복 등 개인의 생각이나 감각을 가리킨다. 외적 단서는 스마트폰 배달 애플리케이션으로 피자를 시키거나 주방 선반에서 간식으로 먹을 감자칩을 뒤적이는 등 주변 환경과 관련된 것을 뜻한다. 내적이든 외적이든 미리 설정해둔 단서는 행동을 위한 트리거 역할을 한다. 어떤 요일에는 무엇을 한다, 어떤 상황에는 어떻게 대처한다는 식으로 쉽게 행동할 수 있는 조건과 환경을 미리 조성하는 것이다.

실행 의도의 효과를 극대화하기 위해서는 다음과 같이 설정하는 것이 좋다. 일단 단서와 행동을 최대한 구체화하자. 예를 들어 '건강한 음식 먹기' 대신 '닭가슴살 샐러드 먹기', '산책하기' 대신 '집 근처 공원 5바퀴 돌기' 등 구체적으로 명시했을 때 행동이 분명해지고 목표를 달성하기 쉬워진다.

또한 단서는 현실적이어야 한다. 만약 당신이 재택 근무를 한다면 '퇴근하고 집에 도착하자마자'라는 단서는 아무런 소용이 없다. 대신 '업무를 마치자마자'라는 단서를 붙여야 한다. 현실에서 일어날 법한 실질적인 상황을 떠올리고 그에 맞는 행동을 정해야 효과가 있다.

    마지막으로 실행 가능한 것인지 스스로 점검해보라. 만약 당신이 저녁마다 고객사를 응대하는 영업직 종사자인데 '새벽 일찍 일어나 30분간 공원 달리기'와 같은 실행 계획을 세우면 되레 건강을 잃을지도 모른다. 음주나 과식 후의 운동은 오히려 독이 될 수도 있다. 모든 바람직한 건강 습관이 즉시 '실행 가능한' 것은 아님을 늘 염두에 두어야 한다.

환경 바꾸기 7 | 무조건 반사처럼 실행하기

앞에서 구체적인 실행 의도를 세우는 방법을 알아보았다. 이번에는 '단서 기반 계획Cue-based plan'에 대해서 알아보자.

단서 기반 계획은 원하는 행동을 하게 하는 조건이나 계기를 주변 환경에서 찾는다는 점에서 실행 의도와 유사하다. 그러나 실행 의도가 구체적으로 '목적과 의도를 상정하고' 행동하는 것이라면 단서 기반 계획은 조금 더 '무의식적으로', 즉 무조건 반사처럼 행동하는 것을 가리킨다. 인간은 생각하고 행동하는 동물이지만 때로는 무조건적인 반응을 반복함으로써 좋은 습관을 형성할 수 있다.

구체적으로 말하자면 단서 기반 계획이란 '어떤 단서를 마주하면 즉각적으로 어떤 행동을 한다'라는 형태로 볼 수 있다. 여기서 말하는 단서란 목적과 의도와는 달리, '기억을 자극하고 행동을 유발하는 모든 환경'을 뜻한다. 특정 시간대나 장소, 사물, 기분이나 감정 변화, 마주치는 사람 등 모든 것이 단서가 될 수 있다. 단서가 구체적일수록 단서 기반 계획을 떠올리고 행동을 취할 확률이 높아진다.

생각을 하거나 의도를 품지 않아도 실행해서 습관이 될 수 있다는 점에서 단서 기반 계획은 매우 훌륭한 방법이다. 그럼, 단서 기반 계획이 왜 잘 작동하는지 그 원리와 예시를 살펴보자.

일상 속 작은 포인트로 건강 습관 '자동화'하기

단서 기반 계획이 효과적인 이유는 크게 둘로 나뉜다.

일단 같은 행동을 반복하면 습관으로 만들기가 쉽다. 우리가 습관을 들이지 못하는 이유는 대부분 그 행동을 하고 싶지 않거나, 잘 실천하지 못해서다. 그러나 단서 기반 계획을 따르면 생각하기 전에 몸이 먼저 움직인다. 이런 훈련이 되면 뇌는 그 행위를 좋거나 싫다고 생각하지 않고 자동으로 실행한다. 그렇게 형성한 습관은 아주 오래 유지된다.

단서 기반 계획은 미루는 습관을 버리게 해 특히 효과적이다. 많은 사람이 건강에 좋은 행동을 하고 싶지만 여러 이유로 미룬다. 예를 들어 당신이 일상에서 자주 간헐적 고강도 신체 활동 '빌파'를 실행하고 싶다고 가정하자. 아침마다 '오늘은 200미터 전력 질주를 하겠어'라고 다짐해도, 막상 행동으로 옮기기는 쉽지 않다. 200미터를 가늠하기가 어렵고, 전력 질주가 얼마나 힘든 일인지 직관적으로 알기 때문이다.

그러나 지하철역으로부터 200미터 떨어진 지점을 파악하고, 그 지점을 '단서'로 삼아 무조건 달리기 시작하면 아침마다 빌파에 성공할 확률이 높아진다. 단서 기반 계획에서 중요한 것은 생각이 아니라 '행동'이다. 생각을 배제하고 그 상황에 무조건 실행하면 습관이 된다.

단서 기반 계획에 적용하기 위해 목표는 잘게 쪼개고 나누기를 추천한다. 그러면 특정 순간에 무엇을 해야 할지 기억해야 한다는 부담감이 줄어든다. 만약 당신이 일주일에 식물성 식품을 30종류 이상 먹고 싶다면, 요일별로 식품을 정해놓으면 된다. 월요일에는 파프리카와 호두, 화요일에는 호박과 캐슈넛, 수요일에는 양배추와 아몬드 등으로 말이다.

단서 기반 계획의 핵심은 '자동화'다. 생각하기 전에 몸이 저절로 실천하게 시스템화해야 한다. 이 점을 기억하자. 단서 기반 계획을 자세하고 따르기 쉽게 만들수록 건강 습관 만들기에 성공할 가능성이 높아진다.

6장 정리

1 일상의 기본 설정을 바꾸어라.
건강한 식사와 운동을 기본값으로 유지하라.

2 알람을 설정하면 움직이기 쉽다.
물 마시기, 산책하기 등 알람을 맞추면 깜빡하지 않는다.

3 주변에 건강에 도움이 되는 사물을 두어라.
손 닿는 곳에 아령을 두면 틈틈이 운동할 수 있다.

4 장벽을 세워 나쁜 습관을 차단하라.
하고 싶지 않은 습관을 멈추는 가장 좋은 방법이다.

5 건강 습관을 실천할 환경을 만들어라.
간단한 운동 기구를 들이는 것도 좋은 방법이다.

6 상황에 기반해 습관을 설계하라.
특정 상황에 특정 행동을 하면 습관 정착에 도움이 된다.

7 '무조건 반사'처럼 실행하라.
한 번 실행할 때마다 조금씩 건강해질 것이다.

7장 의지

당신의 자제력에 힘을 더하라

몇 년 전, 내 친한 친구가 이혼을 했다. 서로의 귀책사유를 낱낱이 밝히고, 기여도를 통렬하게 따지며 재산 분할을 거치는 이혼 소송은 정신적으로나 육체적으로나 무척 힘든 과정이다. 말 그대로 전쟁이고, 그 지지부진한 과정을 겪으면 사람이 무척 피폐해진다.

친구는 이혼 소송을 진행하며 크게 스트레스를 받았고 생활 패턴이 거의 무너지다시피 했다. 특히 불면증에 심하게 시달렸다. 평소 건강과 웰빙에 관심이 많던 그녀는 밤에 잠을 잘 자려면 낮잠은 피하고, 어둠 속에서 스마트폰을 보지 않으며, 정해진 시간에 규칙적으로 잠자리에 드는 것이 중요하다는 사실을 잘 알고 있었다. 그러나 자제력이 떨어지고 심리적으로 불안해져 숙면에 방해가 되는 행동만 반복했다고 털어놓았다.

눈앞에 급한 일이 있거나 극한의 스트레스 상황에 처하면 사람은 자제력을 잃는다. 이때는 건강한 습관을 들이기는커녕 가지고 있던 좋은 습관까지 잃기 마련이다. 스트레스가 심할수록 명상 앱을 켜 머리를 맑게 하고 심호흡하는 것이 도움이 된다는 사실은 누구나 알고 있지만, 그렇게 행동하는 사람이 몇이나 될까? 대부분의 사람들은 오히려 소셜 미디어를 켜 스크롤을 내리며 자극적인 뉴스를 찾는다. 대체 왜 그렇게 될까?

이유는 간단하다. 뇌가 자제력을 잃고 즉각적인 만족감만 추구하며 충동적으로 변하기 때문이다. 우리는 자제력이 부족할 때 말초적인 자극에 쉽게 넘어가고 자제력이 충분할 때 원하는 대로 행동할 수 있다. 정작 필요할 때는 자제력이 부족해 옳은 행동을 하지 못한다니, 안타까운 일이다. 그래도 희망은 있다. 당신의 자제력은 어쩌면 당시이 생각하는 것보다 훨씬 클지도 모른다.

우리는 정말 의지력과 자제력이 부족한가?

심리학 연구에 따르면 사람들은 스스로 자제력이 굉장히 낮은 편이며 다른 사람과 비교하면 형편없다고 생각하는 경향이 있다. 긍정심리학의 대가로 널리 알려진 미시간대학교 심리학과 박난숙 교수는 성인과 아동 대상 연구에서 연령에 상관없이 모두가

자신의 친화력, 창의성, 도전 정신 등 다른 23가지 성격 특성보다 '자제력'이 낮다고 평가한 사실에 주목했다. 유혹을 단호하게 뿌리친 것보다 유혹에 넘어간 일이 기억에 더 오래 남기 때문이다. 인간은 보통 실수를 더 잘 기억한다.

나는 비교적 최근까지 자제력(특히 식욕을 조절하는 의지)에는 한계가 있어 낮 동안 서서히 고갈된다고 생각했다. 직관적으로 그렇게 보이지 않는가? 체중 감소를 위해 식단 조절을 시작한 대부분의 사람들이 낮에는 건강하게 끼니를 잘 챙기다가 밤만 되면 야식에 무너진다. 반면 아침 9시에 다이어트 결심을 깨는 사람은 없다.

2015년 미네소타대학교 에반 카터Evan Carter 박사가 이끄는 연구팀은 의지력이 제한된 자원인지 밝히고자 '자기 고갈 이론Ego-depletion Theory'이라는 주제에 관한 100건 이상의 연구를 검토했다. 그는 이 연구들이 유의미한 효과 없이는 발표되지 못하는 '발표 편향'에 따른 결과일 뿐이며, 의지력이 한정되어 점차 고갈된다는 이론은 근거가 없다고 반박했다.

스탠퍼드대학교 심리학과 교수이자 세계적인 베스트셀러 『마인드셋』의 저자인 캐럴 드웩Carol Dweck은 의지력이 점점 부족해지는 징후는 의지가 '제한된 자원'이라고 믿는 사람에게서만 나타난다고 밝혔다. 의지력에 한계가 없다고 생각하는 사람은 같은 문제 자체를 겪지 않는다.

우리가 하루에 쓸 수 있는 의지력에는 한계가 없다. 그럼에도 건강에 좋은 행동을 할 때 자제력이 필요하다는 사실에는 누구나 동의한다. 우리를 유혹하는 건강하지 못한 것이 얼마나 많은가? 건강에 좋은 습관은 대부분 장기적으로 보면 좋지만 단기적으로 실행하기는 어렵다. 많은 사람들이 야채보다 고기나 탄수화물, 또 어떤 사람은 당류 위주의 식사를 하고 싶어 한다. 이런 이들에게 식물성 식품 섭취는 고역이다. 여유로운 주말 아침에 거실 소파와 텔레비전 시청을 포기하고 체육관에 가고 싶은 사람이 과연 얼마나 되겠는가?

안타깝게도 상품이나 서비스를 빠르게 소비하고 받아볼 수 있도록 사회 구조와 소비 형태가 변하며 사람들은 점점 즉각적인 만족감과 편리함에 익숙해지고 있다. 원하는 것은 무엇이든 바로 얻을 수 있는 세상에서 오랜 기간 노력해 건강 습관을 들이라는 말은 우습게 느껴질지도 모른다(필요한 경우 간단한 시술로 빠르게 '건강해 보이는 외모'를 얻을 수도 있는 세상이니 말이다).

특히 일상이 바쁘고 스트레스를 받을수록 자제력이 부족해져 건강한 선택을 하기 어렵다. 그러나 그런 이들을 위해 전 세계 행동과학자들은 유혹에 넘어가지 않고 자제력을 극대화하는 법을 연구했다. 이번 장에서는 자제력을 유지하고 수월하게 새로운 습관을 들일 수 있는 전략을 살펴보자.

| 의지 지키기 1 | 새 시작은 의지력을 극대화시킨다 |

한 설문 조사에 따르면, 미국인의 41퍼센트가 연초에 새로운 결심을 한다. 약 1억 4,000만 명에 달하는 사람들이 매년 같은 시기에 목표를 세운다는 뜻이다. 미국뿐만 아니라 다른 나라도 마찬가지다. 당신도 아마 1월 1일에 새해 목표를 세우고 다짐한 경험이 있을 것이다. 설문 조사에 따르면 1년 중 1월에 헬스장에 등록하는 사람의 비율이 가장 높다. 헬스장들이 연말연시에 더 적극적으로 전단지를 뿌리고 새로운 회원을 모집하는 것은 이런 심리를 파고들기 위해서다.

그러나 연초가 지나고 2월이 되면 많은 결심이 물거품이 되고 사람들은 이전의 익숙한 생활로 돌아간다. 한 해를 시작한 다짐과 열정은 사라지고, 대부분은 전과 비슷하게 살게 된다. 그럼에도 많은 사람이 5월 24일이 아니라 1월 1일에 새로운 다짐을 하는 이유는 뭘까? 바로 '시간 지표Temporal landmark' 때문이다. 시간 지표란 무언가를 새로 시작하는 기준점이라고 생각하면 된다.

인생의 새 챕터 열고 시작점 찍기

펜실베이니아대학교 와튼스쿨 교수이자 행동과학자, 『슈퍼 해빗』의 저자 케이티 밀크먼은 2014년 흥미로운 연구를 했다. 그녀는 날짜와 요일에 따라 사람들이 구글에서 '식단 조절'과 '다이어트'라는 단어를 검색하는 빈도를 조사했다. 그 결과 한 주의 시작인 월요일에는 그 빈도가 14퍼센트, 한 해의 시작인 1월 1일에는 무려 82퍼센트가량 늘어난다는 사실을 발견했다. 추수 감사절 등 휴일이 지난 뒤에는 검색 횟수가 평균 10퍼센트정도 늘었다.

밀크먼은 이를 '시간 지표'라고 부른다. 시간 지표란 어떤 사건이나 경험을 비교하는 기준 역할을 하는 중요한 시점을 가리킨다. 생일이나 기념일을 떠올리면 쉽다. 어떤 날짜가 다른 사람들에게는 평범한 날이어도 나에게는 중요한 날이기에 더 잘 기억된다. 이런 날을 시간 지표로 삼을 수 있다.

시간 지표는 꼭 새로운 일을 시작하는 날이 아니라 1월 1일, 매달 1일, 매주 월요일, 공휴일 등 사회적으로 중요하게 여겨지는 날이 될 수도 있다. 사적인 날이든 공휴일이든, 시간 지표는 그날을 중요한 때로 인식하고 일정과 계획을 구조화하는 데 도움을 준다.

밀크먼 교수는 시간 지표의 효과를 확인하기 위해 학내 체육관에 등록한 학생 약 1만 명을 대상으로 방문 횟수와 일자를 확인했다. 그 결과 체육관 방문 횟수는 한 주, 한 달, 한 해가 시작되는 날 가장 많았고 이후 점차 줄어들었다. 체육관 회원들은 주말보다 월요일에 운동할 확률이 33퍼센트 높았고, 종강하는 달보다 학기 첫 달에 체육관에 방문해 운동하는 학생 수가 47퍼센트 많았다.

밀크먼 교수 연구팀은 은행 적금 금액이 시점에 따라 어떻게 달라지는지도 조사했다. 대학교 교직원 6,000명을 대상으로 지금 또는 미래의 특정 시점에 적금 납입액을 늘릴 기회를 준다는 안내문을 발송했다. 이때 해당 날짜가 그 사람의 생일이나 다음 학기 첫날처럼 의미 있는 시점이면 사람들이 납입액을 늘릴 확률이 높았다. 이들은 안내문을 받은 날부터 약 8개월간 납입액이 대조군(의미 없는 날짜를 안내 받은 사람들)보다 25퍼센트가량 늘었고, 연구진은 은행에서 의미 있는 날짜를 택하면 고객들의 저축액이 증가하는 효과가 있다고 결론을 내렸다.

심리학자들은 이런 심리적 변화를 가리켜 '새출발 효과Fresh start effect'라고 한다. 합리적인 이유가 없어도(한 해가 시작되는 날 꼭 운동을 시작할 필요는 없다. 언제든 의지가 생기는 날 시작하면 그만 아닌가!) 새로운 시기나 기간이 시작되면 사람들은 무언가를 개선하려고 스스로 강하게 동기를 부여하고 행동 변화를 꾀한다.

그러니 새로운 습관을 들이고 싶다면 먼저 '시간의 이정표'를 세우길 권한다. 시기가 잘 맞아 새로운 달의 첫날이나 새로운 한 주의 시작에 무언가를 시작하면 습관을 완성할 확률이 높아진다. 꼭 특정 날짜에 맞출 필요는 없다. 인생이라는 책의 새 챕터를 펼친다고 생각하면 그날부터 당신의 의지력이 극대화되고 행동에 변화가 생길 것이다.

의지 지키기 2 | '건강한 나'라는 자아 정체성을 세워라

 나는 어릴 때부터 운동에 소질이 없었다. 달리기 경주에서 매번 꼴찌로 들어오기 일쑤였고, 팀 스포츠에도 소질이 없어 벤치나 스탠드를 지키는 학생이었다. 근육이 잘 잡히는 탄탄한 신체 조건도 아니었고, 누가 봐도 운동을 잘하게 보이지는 않았다. 청소년기를 지나며 빠질 줄 알았던 살은 어른이 되어도 빠지지 않았다. 건강미라고는 찾아볼 수 없었다.

 10대 후반에서 20대 후반까지 약 10년간 이런저런 운동을 했지만 당시 나에게 운동은 목적을 위한 수단이었다. 거의 평생을 다이어트에 매달렸지만 운동을 해서 몸이 얼마나 건강해졌는지가 아니라 5킬로그램이 빠졌는지가 더 중요했다. 몇 군데 헬스장에 등록해 일주일 정도 나가다가 그만두기를 반복했고, 에어로빅 수업은 수백 번쯤 시도했으며, 결국 가장 쉬운 운동인 '걷기'에 정착했다.

걷기에 재미를 붙인 나는 30대에 딸아이를 낳은 뒤 조깅을 하기로 결심했다. 몇 년간 유모차에 밀며 조깅을 했는데, 그러다 무릎에 문제가 생겼다. 물리치료사를 만나고 무릎 치료를 받은 뒤부터는 발레와 필라테스도 시도했으나 꾸준히 하지 못했다.

이렇게 모든 운동과 태생적으로 어울리지 않던 인생이었건만 마침내 빛이 들었으니, 바로 '운동하는 나'에 대한 구체적이 자아 정체성을 확립한 일이었다.

운동과 담 쌓았던 내가 알고 보니 운동 천재?

조깅, 필라테스, 발레에 모두 실패하고 다음에 시도할 운동을 찾아 온라인 서핑을 하던 어느 저녁, 나는 '핏블리스 피트니스 FitBliss Fitness'라는 모임을 발견했다. "여성 건강 중심 피트니스 운동 그룹"이라는 설명이 적혀 있었다. 체중 감량이나 유행과 거리가 멀어 보였고, 영양학 학위를 딴 전문가들이 이끄는 소모임 같았다. 글을 읽고 흥미가 생겼다.

나는 해당 모임에 대해 더 자세히 알아보고자 상담을 신청했다. 그렇게 새미라는 운동 코치를 만났다. 그녀는 내게 근력 운동 루틴을 짜 주었고, 나는 2년간 그녀에게 원격 지도를 받으며 운동을 계속했다. 한 달에 몇 번씩 주기적으로 내 자세를 찍은 영상을 보내면 새미가 확인하고 구체적인 조언을 건네는 식이었다. 코로나 팬데믹을 겪으며 나는 새미와 함께 근력 운동을 계속하기 위해 차고 한쪽에 홈트레이닝 공간도 만들었다.

그렇게 2년간 새미와 함께 운동을 계속하며 나는 난생 처음으로 운동을 해냈다는 성취감을 느꼈다. 절대 운동 체질이 아니라고 생각했던 지난날이 주마등처럼 스쳐갔다. 직접 경험해보니 나는 운동을 좋아하고 생각보다 강하며 신체 능력이 뛰어난 사람이었다. 그것을 체감하니 운동에 재미가 붙었고 이제 나는 새미의 지도 없이도 꾸준히 운동하고 있다.

나는 내가 생각하는 대로 된다

심리학자들은 사람의 자아 정체성이 그 사람의 행동에 지대한 영향을 미친다고 오래전부터 주장해왔다. 자아 정체성이란 '나는 누구인가', '나는 어떤 사람인가'에 대한 인식을 뜻한다. 정체성은 '결정'을 내리는 주체가 되기에 특히 중요하다. 인간은 누구나 자아 정체성과 일치하는 방식으로 행동한다.

'나는 건강한 사람'이라는 자아 정체성은 저지방 식단을 유지하고 유기농 과일과 채소를 먹고 음주를 줄이게 하는 가장 큰 변수다. 『영양 교육 및 행동 저널*Journal of Nutrition Education and Behavior*』에 발표된 연구에 따르면 '나는 과일과 채소를 좋아하는 사람이다',

'채소는 내 몸을 건강하게 하는 꼭 필요한 식재료다'라는 문장에 동의하는 사람은 그렇지 않은 사람보다 과일과 채소를 섭취할 확률이 훨씬 높았다. 정체성을 규정하면 그에 맞게 행동하게 된다.

레인 노턴 박사는 체중을 쉽게 감량하고 유지하는 사람과 그렇지 않은 사람의 가장 큰 차이는 '새로운 자아 정체성 형성 여부'라고 주장한다. '살을 빼려면 헬스장에 가야 해'보다 '나는 헬스장을 좋아하는 사람이야' 또는 '나는 운동 체질이지'라고 생각하는 사람이 체중 감량에 성공할 확률이 더 높다.

노턴 박사는 자신의 친구이자 미국 유명 배우인 이선 서플리Ethan Suplee의 이야기도 들려주었다. 그는 한때 240킬로그램을 찍었다가 무려 100킬로그램까지 체중 감량에 성공했고, 맡은 역할에 따라 체중을 능숙하게 조절하기로 유명하다. 인터넷에 검색하면 그의 다이어트 전후 사진을 쉽게 찾을 수 있다.

"이선은 종종 제게 이런 농담을 합니다. '오늘 내 클론을 죽였어.' 그러면 저는 새로운 정체성을 형성한 거냐고 묻지요. 그는 맞다며 이렇게 답합니다. '바로 그거야. 내 안에는 다른 내가 생기고, 나는 다른 내가 되어 클론을 처리하는 거지.' 이선의 방법을 따르면 다이어트가 어렵고 고통스러운 과정만은 아닙니다. 많은 이가 체중을 감량하겠다고 생각할 뿐, 정체성을 재설정하지는 않습니다. 그러면 생각과 행동을 근본적으로 바꾸지 못하고, 잠시 살이 빠질지 몰라도 금세 이전의 모습으로 돌아갑니다. 정체성을 명확하고 구체적으로 그리는 것이 가장 우선이에요."

나는 지난 5년간 쉬지 않고 규칙적으로 운동을 하며 스스로 '운동을 진심으로 좋아하는 사람', '꾸준히 신체 활동을 하는 강인한 사람'이라는 정체성을 만들었다. 청소년기의 나는 이런 미래를 상상조차 하지 못했다. 40대가 되어서야 어리고 젊은 시절보다 훨씬 무거운 것도 번쩍 들어올릴 수 있는, 건강한 '몸짱' 중년이 되었다는 사실에 깜짝 놀라지 않을까? 당신도 오늘부터 건강한 자아 정체성을 그려 보자. 당신은 당신이 생각하는 사람이 될 수 있다.

| 의지 지키기 3 | 완벽하기보다 조금씩 발전하기 |

나는 완벽주의 성향이 있어 대충 하느니 차라리 시작을 안 하는 편이다. 익히 말한 것처럼 이 책의 초고를 완성할 때는 매일 1,000단어씩 썼다. 심지어 휴가지에서도 하루도 빠짐없이 말이다. 보통 사람들은 휴가를 떠날 때 일을 가져가지 않는다. 그러나 나는 일 중독자다. 휴가지에서도 일을 하지 않으면 불안해지는 사람 말이다.

완벽주의자는 종종 내적 갈등을 겪는다. 한 번 실수를 저지르고 습관 전체가 무너져 버리는 경우도 있다. 예를 들어 내가 일주일간 아침 명상을 하기로 다짐했다고 치자. 월요일과 화요일에는 일찍 일어나 명상을 무사히 마쳤다. 그런데 수요일 아침, 명상을 시작하려는데 감기에 걸린 딸아이가 갑자기 내 방으로 와 안아 달라고 하면 어떻게 될까? 아픈 아이를 안고 달래다 정해놓은 명상 시간을 놓치고, 그러고 나면 의욕이 꺾여 목요일과 금요일에도 명상을 하지 않게 된다.

딱 하루 습관을 못 지킨 것이 얼마나 의욕을 꺾는지, 직접 경험하면서도 놀라울 따름이다. 완벽하게 해내야 한다는 강박이 있을수록 쉽게 포기한다. 내면의 완벽주의자는 나를 질책할 뿐만 아니라 앞으로 명상 습관을 들이기는 글렀다고 속삭인다. 결국 중간에 실패해 포기하느니 차라리 명상을 시작하지 않는 게 나았다는 생각에 이른다. 완벽주의 성향에 시달리는 독자라면 내 말에 공감할 것이다.

느슨한 계획의 중요성

심리학자들은 이런 심리를 '에라 모르겠다 효과What the hell Effect'라고 부른다. 학술적인 용어로 '절제 파기 효과Abstinence violation effect'라고 하기도 한다. 건강 관리, 특히 다이어트와 관련해 연구자들의 흥미를 끄는 주제다. 엄격하게 식단 조절을 하던 사람이 한 번의 실수를 저지른 뒤 완전히 포기해 버리는 경우가 여기에 해당한다. 최근에는 그나마 다이어트 중 일주일에 하루이틀 정도 '치팅 데이'(식단 관리에서 벗어나 원하는 음식을 먹는 날)를 가지는 사람도 많지만 몇 년 전만 해도 그렇지 않았다.

당신이 종일 먹은 게 소스조차 뿌리지 않은 익힌 닭가슴살과 브로콜리뿐이라고 가정해 보자. 그런데 가족 중 한 사람이 갑자기 초콜릿 포장지를 뜯어 한 조각 먹더니 당신에게 권한다. 딱 한 조각은 괜찮지 않을까? 순간의 유혹에 넘어가면 결국 당신은 초콜릿을 다 먹고 그대로 다이어트를 포기하게 된다.

하버드대학교 경영대학원 존 베시어스John Beshears 교수는 운동 루틴이 헬스장 방문 빈도에 영향을 미치는지 연구했다. 연구진은 구글과 협력해 사무실에 갖춰져 있는 헬스장의 방문율을 측정했다. 약 2,000명 정도 되는 직원들은 엄격한 트레이닝 프로그램과 유연한 트레이닝 프로그램에 나누어 배정되었다. 엄격한 트레이닝 프로그램은 '정해진 2시간 동안' 유연한 트레이닝 프로그램은 '아무 때나 원할 때' 헬스장에 방문해 운동을 하는 것이었다. 두 집단 모두 헬스장을 방문하면 약간의 금전적 보상을 주었다.

상식적으로 어떤 일을 규칙적인 루틴으로 삼으면, 즉 같은 시간에 같은 행동을 하면 더 쉽게 습관이 형성될 것이라 생각하지만 이 연구에서는 정반대 결과가 나왔다. 엄격하게 헬스장 방문 시간을 정해둔 집단보다 원할 때 방문한 집단이 더 규칙적으로 운동을 한 것이다. 베시어스 연구팀은 운동 시간을 엄격하게 정해두면 오히려 부담감을 주고 습관 형성에 방해가 될 수도 있다고 결론 내렸다. 연구가 끝난 뒤에도 아무 때나 헬스장에 방문했던 집단이 운동 습관을 오래 유지할 확률이 더 높았다.

앞에서 다이어트의 치팅 데이를 이야기했는데, 여기에도 비슷한 심리가 작용한다. 일주일 내내 건강 식단을 유지한다는 부담감보다 그중 하루는 원하는 달고 짠 음식을 먹어도 된다는 심리적 여유를 가지면 오히려 다이어트 성공 확률이 높아진다.

완만하게 꾸준히 지속하면 반드시 성공한다

펜실베이니아대학교 와튼스쿨의 마리사 샤리프Marissa Sharif 교수와 UCLA 경영대학원의 수전 수Suzanne Shu 교수는 사소한 실패를 겪더라도 목표에 전념할 수 있도록 돕는 '찬스'의 효과를 연구했다. 연구팀은 학교 교직원과 학생 273명을 대상으로 한 달간 평소보다 20퍼센트가량 더 걷는 것을 목표로 설정하게 했다. 그리고 실험 참가자를 두 집단으로 나누어 한 집단은 일주일에 목표 걸음 수를 채우지 못해도 괜찮다는 '찬스권'을 주었다. 다른 집단에는 찬스가 없었다. 그 결과 찬스권을 가진 집단이 그렇지 못한 집단보다 목표를 달성한 날이 40퍼센트 더 많았다. 이들은 평균 걸음 수도 20퍼센트 더 높았다.

사람들의 걸음 수 분석 결과, 찬스가 있었던 이들은 하루 정도 목표를 달성하지 못해도 다음 날 목표를 이룰 가능성이 더 컸다. 쉽게 말해 조금 느슨한 계획을 세운 이들은 사소한 실패나 좌절에 부딪혀도 무너지지 않고 다시 계획으로 돌아올 회복탄력성이 높았다. 연구진은 비슷한 실험을 반복해 두 번째 기회가 주어진 이들은 더 끈기 있게 목표를 달성한다는 사실을 밝혀냈다.

포르투갈 가톨릭대학교 경영경제대학원의 리타 코엘류 두 발 Rita Coelho do Vale 교수와 연구진은 2주간 체중 관리를 하는 집단을 살폈다. 한 집단은 일주일에 하루 치팅 데이가 있었고, 다른 집단은 까다로운 식단을 계속 유지했다. 치팅 데이를 즐긴 집단은 그렇지 않은 집단과 비슷한 수준으로 체중을 감량했고, 체중 감량에 대한 동기나 그 과정에 대한 즐거움은 더 컸다.

결론은 이렇다. 완벽주의자들은 순간의 실수나 실패로 잘 유지하던 루틴을 무너뜨리는 경우가 많다. 그러나 인생은 도미노처럼 하나가 쓰러진다고 연달아 쓰러지는 형태가 아니다. 오늘 실수하면 내일 다시 시작하면 된다. 건강 습관도 마찬가지다. 당신이 어떤 습관을 유지하다가 하루 실수해도 그게 영원한 실패는 아니다. 하루 실패하고 이틀 성공하기를 꾸준히 반복하면 그 습관이 당신을 바꿀 것이다.

| 의지 지키기 4 | 의지력을 길러주는 언어의 힘 |

10년 전쯤 설탕 중독에서 벗어난 뒤로도 저녁 모임이나 행사에서 케이크, 초콜릿, 쿠키 등 디저트를 먹을 기회가 많았다. 사람들은 으레 그렇듯 달콤하게 생긴 아기자기한 디저트를 내밀며 맛을 좀 보라고 했다. 이때 나는 이렇게 대답했다.

"아, 저는 디저트를 별로 안 좋아해요. 괜찮습니다."
"고맙습니다. 그런데 제가 설탕을 끊어서요."

이렇게 답하면 대부분의 사람들은 대단하다는 반응을 보이고 더 이상 권하지 않는다. 간혹 정성을 담아 만들었거나 어디서 힘들게 공수해온 귀한 것이니 한 조각만 먹으라고 재차 제안하는 사람도 있어 그럴 땐 맛을 보기도 한다. 어찌 되었든 나는 이제 디저트를 좋아하지 않는다고 말하고 거절하는 데에 선수가 되었다. 10년 이상 다시 설탕의 유혹에 넘어가지 않고 건강한 식습관을 유지하고 있다.

나의 필요에 의해 시작한 일이지만 '아니오', '괜찮습니다'라고 말하다 보니 말의 힘을 깨달았다. 디저트를 좋아하지 않는다고 계속해서 말하니 실제로 그렇게 되었다. 앞에서 자아 정체성이 건강 습관 형성에 긍정적인 영향을 미친다고 했는데, 일상 속에서 쓰는 언어와 말도 건강 습관에 큰 영향을 미친다. 말은 어째서 이토록 강력한 힘을 지닐까?

언어가 불러오는 어마어마한 차이

원래 유혹에 넘어가는 것이 이겨내는 것보다 훨씬 쉽다. 과거에 설탕을 통째로 들고 퍼먹던 나는 어떻게 더 이상 디저트에 혹하지 않게 되었을까? 말이 우리의 정신에 미치는 영향을 알아보던 중, 흥미로운 연구를 발견했다.

휴스턴대학교에서 마케팅을 가르치는 버네사 패트릭Vanessa Patrick 교수는 언어가 사람의 행동에 미치는 영향에 대한 연구를 진행했다. 그녀는 언어 표현 변화에 따라 유혹을 더 쉽게 끊어내거나 거부할 수 있을지 알아보기 위해 대학생 120명을 모집해 질문지를 던지고 실험을 했다.

연구팀은 먼저 학생들에게 건강한 식단 목표를 설정하는 일이 얼마나 중요한지 물었다. 그리고 그들을 두 집단으로 나누어 건강에 좋지 않은 음식을 거절하는 서로 다른 멘트를 제시했다. 한 집단은 간식을 제안 받으면 '나는 이거 못 먹어'라고, 다른 집단은 '나는 이거 안 먹어'라고 말하게 한 것이다.

그런 뒤 이들에게 간식이나 거절 멘트와는 관련이 없는 다른 과제를 수행하게 한 뒤, 끝나고 실험실 밖으로 내보냈다. 실험의 핵심은 여기다. 실험실 출구에서 연구에 참여한 대가로 간식을 제공했는데, 건강에 좋은 그래놀라 바와 당분만 가득한 초콜릿 바 둘 중에 하나를 택할 수 있었다. 연구진은 거절 멘트에 따라 참가자가 무엇을 택하는지 관찰하고 분석했다.

참가자들은 배운 거절 멘트에 따라 다른 간식을 택하는 성향을 보였다. '나는 이거 못 먹어'라고 말하도록 배운 사람 중 그래놀라 바를 택한 사람은 39퍼센트에 불과했지만, '나는 이거 안 먹어'라고 말하도록 배운 사람 중에는 무려 64퍼센트에 달했다. '못'과 '안'이라는 한 글자가 큰 차이를 만들어낸 것이다.

능동적인 언어를 쓸수록 행동 조절력이 높아진다

'할 수 없다', '못 한다'는 표현은 수동적인 뉘앙스다. 나의 의지보다 능력이 부족해서 못한다는 느낌이 크다. 그러나 '하지 않는다', '안 한다'는 능동적이다. 나의 의지대로 그것을 택하지 않는다는 의미를 내포한다. 그래서 거절할 수 있는 의지력이 생기는 것이다.

내가 디저트를 거절할 수 있었던 것도 같은 원리였다. 만약 내가 '저는 이거 못 먹어요'라고 말했다면 사람들은 왜 못 먹는지, 혈당에 문제라도 있는지 물었을 것이다. 그런 게 아니라고 해명하다 결국 거절을 못하고 디저트를 집어 먹었을지도 모른다. 어쩌면 다시 설탕 중독이 되어 밤마다 초콜릿을 입에 달고 살게 될지도 모른다는 생각에 아찔하다. 그러나 내가 '저는 디저트를 안 먹어요'라고 말하자 사람들은 나를 있는 그대로 인정했다. 무엇보다 내가 나를 인정했고 더 이상 설탕 중독에 빠지지 않을 수 있었다.

언어는 우리 뇌와 행동에 상상 이상으로 큰 영향을 미친다. '못'과 '안'이 만들어내는 차이는 몹시 크다. 앞으로 당신이 무언가를 거절해야 할 때, 무언가를 하고 싶지 않을 때, 건강하지 못한 습관에서 벗어나고 싶을 때, '나는 이걸 하지 않는다'라고 생각해 보라. 못 하는 것이 아니라 안 하는 것이다. 당신이 그렇게 말하고 생각하면 행동을 조절하는 힘이 세진다. 기억하라, 말의 힘은 매우 강력하다.

| 의지 지키기 5 | 순간의 유혹은 '언젠가'로 미루어라 |

 고백하자면 이 책을 쓰면서 원고 집필과 관련 없는 다른 일이 불쑥불쑥 떠올라 내 집중력을 흩뜨리곤 했다. 사방에 해야 할 일이 쌓여 있었다. 중요한 메시지 확인하고 답장하기, 설거지 하기, 필요한 물건 온라인 구매하기 등. 원고를 쓰다 말고 다른 일을 하고 싶어질 때마다 나는 마음을 다잡았다.

 아무리 건강하게 살아가겠다고 다짐해도 충동에 굴하는 상황이 생긴다. 이런 충동은 이성적으로 판단하고 피할 수 있는 것이 아니다. 어느 순간 나도 모르게 무너져 있기 때문에 위험하다. '이러면 안 되는데'라고 생각한 때는 이미 늦었다. 충동을 이기지 못하고 뭔가 실수를 저지른 뒤다.

 어떤 사람들은 충동을 무시하고 그냥 하던 일을 계속하라고 하지만 이는 효과적인 조언이 아니다. 충동을 무시할 수 없는 이유는 쉽게 잠잠해지지 않기 때문이다. 계속 같은 생각이 드는데 억누르고 일하면 결국 집중하지 못하고 시간만 낭비한다.

이번 장에는 충동을 극복하고 순간의 즐거움을 나중으로 미루는 방법을 소개하고자 한다. 먼 미래의 즐거움을 위해서는 당장 눈앞의 즐거움은 잠시 미루어두는 것이 좋다. 인내는 쓰고 그 열매는 달다는 옛말도 있지 않은가.

참을수록 참기 어려워지는 이유, 반동 효과

하버드대학교 사회심리학과 대니얼 웨그너Daniel M. Wegner 교수는 '충동 억제'를 다룬 여러 연구와 실험을 면밀히 살펴보고 이런 결론을 내렸다. '충동을 억제해야 한다고 생각하면 일단 억누를 수 있지만, 정해진 기간이 지나면 오히려 그 충동은 더 강해진다.'

웨그너 교수가 진행한 한 실험에서는 참가자를 두 집단으로 나누어 한 집단에게는 흰색 곰을 떠올리라고, 다른 집단에게는 떠올리지 말라고 했다. 첫 번째 집단 참가자들은 평균적으로 1분에 한 번씩 흰 곰을 떠올렸지만, 두 번째 집단 참가자들은 더 자주 흰 곰을 떠올렸다. 그러나 놀라운 것은 그 다음이다. 전자는 실험이 끝난 뒤 흰 곰 생각을 깨끗이 잊은 반면 후자는 점점 더 많이 했다. 즉 인간은 무언가를 하지 말라는 말을 들으면 오히려 그 생각에 더 골똘히 빠져든다.

웨그너는 어떤 생각을 억누르는 데 정신적 에너지가 들기 때문에 그 생각이 오히려 더 많이 떠오르는 이 현상을 '반동 효과Rebound Effect'라고 설명한다. 단순히 어떤 사물이나 사건을 생각하는 것뿐만 아니라 고통, 슬픔, 불행 등 감정도 억누르면 비슷하게 반동 효과를 겪게 된다.

건강하기 위해 어떤 행동을 하지 않겠다고 다짐하면 오히려 그 행동에 더 이끌리게 된다. 당이 떨어지는 오후, 책상 한쪽에 놓인 초콜릿이 보인다. 초콜릿을 먹지 않겠다고 다짐하면 할수록 머릿속에 초콜릿 생각만 더 떠오를 뿐이다. 이런 경우 차라리 빠르게 한 조각 먹고 잊는 것이 낫다.

충동을 조절하기 위한 작은 지혜

그렇다면 절대 굴복하지 않고 싶은 강력한 충동을 마주하면 어떻게 대처해야 할까? 요크대학교의 니콜 미드Nicole Mead 교수와 휴스턴대학교의 버네사 패트릭 교수는 실험을 통해 효과적인 충동 억제법을 찾아냈다.

이들은 간식을 앞에 두고 문해력 문제를 풀 때 실험 참가자들이 얼마나 집중할 수 있는지, 그리고 간식을 먹는 시점에 따라 집중력이 어떻게 변하는지 실험했다. 참가자를 크게 세 집단으로 나누어 첫 집단에게는 문해력 문제지 옆에 캐러멜이 듬뿍 발린 와플 과자를 두고 '언젠가' 과자를 먹을 수 있다고 생각하며 문제를 풀라고 했다. 두 번째 집단에게는 같은 조건에서 '일주일 뒤에' 과자를 먹을 수 있다고 생각하며 문제를 풀게 했고, 마지막 집단은 과자 없이 문제지에만 집중하게 했다.

첫 번째와 두 번째 집단은 모두 '만족 지연'이라는 조건하에 문해력 테스트를 했다. 그러나 전자는 후자보다 과자를 먹고 싶다는 충동이 훨씬 작았다. 테스트 점수도 과자 없이 테스트를 한 세 번째 집단과 큰 차이가 없었다. 즉 과자를 먹을 구체적인 시점을 떠올리지 않은 집단은 정서적으로 안정되어 방해 받지 않고 문제를 풀 수 있었다.

연구진은 이를 현실에 적용하고자 비슷하지만 조금 다른 실험도 진행했다. 이들은 실험 참가자들에게 아주 좋아하지만 이제는 끊고 싶은 간식을 떠올려 보라고 했다. 그리고 그 간식이 먹고 싶어지면 어떻게 행동할지 실행 의도를 설정하라고 했다. 첫 집단은 '간식이 먹고 싶어지면 나중에 먹을 수 있다고 생각한다'라는 실행 의도를, 두 번째 집단은 '간식이 먹고 싶어지면 며칠 뒤에 먹을 수 있다고 생각한다'라는 실행 의도를 설정했고 마지막 집단은 별다른 실행 의도를 설정하지 않았다.

세 집단 중에 가장 큰 자제력을 발휘한 것은 첫 집단이었다. 마지막 집단은 간식 섭취를 고작 이틀 미루었지만, 나중에 간식을 먹을 수 있다고 생각한 집단은 큰 동기를 얻고 간식 섭취를 일주일이나 미루었다.

어떤 충동이 들면 '나중에'라고 생각하자. 미드와 패트릭은 이 전략이 당장의 유혹에 큰 가치가 없다는 심리적 신호를 주어 매력을 반감한다고 주장했다. 더 이상 그 선택지를 향한 충동이 들지 않는 것이다. 반대로 구체적인 기한을 두어 생각하면 그 유혹에 대해 점점 더 많이 생각하게 된다. 그러나 사고방식을 바꾸자. '언젠가'라는 말로 뇌를 속이면 충동적인 행동을 줄이게 되고, 이는 건강하지 못한 습관으로부터 당신을 지켜줄 것이다.

7장 정리

1 **새롭게 시작하면 의지력이 극대화된다.**
월요일이나 매달 1일부터 건강한 루틴을 실천해 보자.

2 **자아 정체성이 당신의 건강을 좌우한다.**
'건강한 나'의 이미지를 그리고 반복적으로 생각하라.

3 **습관을 한 번에 완벽히 형성할 수는 없다.**
하루 실수하더라도 다음 날 계속하는 것이 중요하다.

4 **나쁜 습관을 버리기 위해 '하지 않는다'고 생각하자.**
'못 한다'보다 '안 한다'가 당신의 능동적인 변화를 이끌어낸다.

5 **욕구를 억누를수록 반동 효과가 생겨 더 참기 어려워진다.**
기약 없는 '나중에'라는 단서를 붙여 유혹에서 벗어나자.

나가며

건강은 당신의 삶 전체를 바꾼다

지금까지 일상에서 쉽게 실천할 수 있는 건강 습관을 살펴보았다. 1부에서는 수면·운동·식사 습관을 소개했고, 2부에서는 그 습관에 소홀해질 때 마음을 다잡을 방법을 안내했다.

처음부터 모든 것을 완벽히 따라 하기란 쉽지 않다. 그러니 난이도를 조절하며 끌리는 습관부터 하나씩 실천하길 권한다. 동기가 부족해질 때, 인간관계나 사회생활에 지칠 때, 생활 환경이 복잡할 때, 의지력과 자제력이 부족해질 때 이 책에 나온 전략을 적용하면 건강 습관을 유지할 수 있다. 책 서두에 단 일주일간 행동을 바꾸는 것만으로 큰 변화가 생긴다고 썼는데, 곧 그 말이 사실임을 깨달을 것이다.

이 책을 집필하는 동안 나는 좋은 기회로 아버지와 동반 인터뷰를 했다. 호주 주요 일간지인 『시드니 모닝 헤럴드The Sydney

Morning Herald』로부터 주말 칼럼에 우리 부녀의 이야기를 싣고 싶다는 제안을 받은 것이다. 어느 화창한 날, 나와 아버지는 담당 기자와 카페에 마주 앉아 인터뷰를 진행했다.

내 아버지는 2009년에 뇌졸중을 겪으셨다. 보통 뇌졸중은 갑자기 찾아오지만, 아버지의 경우 수술을 받다가 생긴 감염 때문에 발병한 것이라 예방할 방법이 더더욱 없었다. 그러나 다행스럽게도 아버지는 뇌졸중을 이겨냈고 오랜 시간 재활을 받으며 회복하셨다. 이후 건강 관리를 꾸준히 하신다. 최근에는 혈당 스파이크를 줄이기 위해 식단 조절을 시작하셨고 일주일에 몇 시간씩 운동을 하며 노년에 인생에서 가장 건강한 시기를 보내고 계시다고 해도 과언이 아니다.

나는 아버지가 뇌졸중에 걸리기 전까지 건강을 돌보는 일은 나에게만 좋은 이기적인 일이라고 생각했다. 과거에 내가 건강해지고자 했던 이유 중 큰 부분은 허영심이었다. 나는 '건강해지기' 위해서가 아니라 '건강해 보이기' 위해 운동을 하고 식단을 했다. 내 몸 상태가 어떤지보다 다른 사람이 보기에 내가 건강하고 활력 넘치는 상태일지를 더 신경 썼다. 그러나 아버지가 뇌졸중에 걸리고 회복하는 내내 옆에서 걱정하시던 어머니와 친지들을 지켜본 뒤, 건강은 나만의 문제가 아님을 깨달았다. 내가 건강하고 무탈하게 지내야 내 주변이 모두 무탈하다.

단기적으로 건강에 집중하기는 쉽다. 푹 자고 일어나면 피로가 싹 가신 기분이 들고 거울을 보면 피부도 한결 밝고 광이 나는 것 같다. 그러나 진짜 건강 관리는 장기전이다. 건강은 단순히 오늘의 컨디션을 좋게 할 뿐만 아니라 당신의 삶 전체를 바꾼다. 건강하지 않으면 어떤 역할도 제대로 해낼 수 없다. 부모님께 좋은 딸이 될 수도, 집안에서 좋은 아내이자 엄마가 될 수도, 직장에서 좋은 상사나 동료가 될 수도 없다. 친구들을 자주 만나지도 못하고, 어쩌다 만나더라도 몸이 좋지 않아 힘들다는 얘기만 하게 될 공산이 크다. 건강해지는 것은 나를 위해서만 좋은 일이 아니라 주변 모두의 삶의 질을 높이는 일이다. 즉 건강하고 싶다는 마음은 이기적이 아니라 이타적인 욕구다.

우리는 살면서 이런저런 일을 겪는다. 예측하고 대비 가능한 일도, 통제 불가능한 일도 있다. 그러나 건강한 생활 습관을 유지하는 것은 충분히 통제 가능한 일이다. 당신이 움직이면 몸은 반드시 달라진다. 이 책을 통해 독자들이 과학적 근거 중심의 전략과 계획으로 새로운 건강 습관을 만들고 유지하길 바란다. 지금 습관을 들이면 남은 평생을 훨씬 건강하고 즐겁게 살 수 있다. 모든 독자 여러분의 건강한 일상을 진심으로 응원하겠다.

감사의 말

나는 오랫동안 건강에 집착했다. 이 집념으로 독자에게 도움이 되는 책을 쓸 수 있다고 믿고 맡겨준 펭귄 랜덤하우스 이지 예이츠 편집장님에게 감사하다. 애슈윈 쿠라나 편집자, 클라이브 허바드 편집자에게도 감사의 마음을 전한다. 그들의 피드백이 이 책을 초고보다 훨씬 나은 책으로 발전시켰다. 이 책이 많은 독자에게 전해지도록 힘써준 홍보와 마케팅 담당자에게도 감사한 마음이다. 나를 펭귄 랜덤하우스와 연결해 준 캐시 베이커에게도 많은 빚을 졌다. 그녀는 원고 작업을 하는 내내 큰 힘이 되었다.

아낌없이 시간을 내 전문 분야를 공유해 주었던 수많은 건강 전문가가 없었다면 이 책은 나오지 못했을 것이다. 지난 몇 년간 내가 즐겨 읽었던 많은 책과 논문의 저자를 직접 인터뷰하고 대화할 수 있어서 정말 영광이었다.

책을 쓰는 데 오랜 시간이 걸렸다. 인벤티움 동료와 팀원들에게도 고마움을 표하고 싶다. 미시 르 프와드뱅과 해나 오코너, 샬럿 러시, 조이 에이큰, 닉 존스턴, 조지아 루틱, 사샤 다르시, 에벌리나 버레니, 잭 애스틀리. 모두에게 정말 고맙다.

외동인 내게 친구들은 형제자매와 같다. 항상 나를 지지하고 응원해준 친구 모니크, 트루디, 타쉬, 스테퍼니, 리사, 사이먼, 션, 리브, 재스, 킴, 빈, 앤드루에게 감사하다. 내가 새롭게 알게 된 사실을 공유할 때마다 함께 놀라고 감탄해 준 덕분에 이 책을 꿋꿋하게 완성할 수 있었다.

그리고 나의 어머니와 아버지. 두 분을 보면 어떠한 역경도 극복할 수 있다는 자신감이 생겨요. 힘든 시기를 잘 견뎌 주신 아버지와 옆에서 용기를 잃지 않고 함께하신 어머니께 정말 감사합니다. 어려운 시기를 함께 이겨낸 두 분을 제 삶의 본보기로 삼을 수 있어 정말 큰 행운이에요.

내 짝 네오, 언제나 든든하고 헌신적인 지지자가 되어 줘서 고마워. 당신이 아니라면 이 책을 완성하지 못했을 거야. 건강에 지나치게 신경 쓰고 때로는 집착하는 나를 늘 옆에서 보살펴주는 당신 덕분에 더 잘 살고 싶다고 생각하게 됐어.

마지막으로 내 사랑 프랭키, 이 책을 네게 바치고 싶구나. 건강해야 할 이유를 찾으면 찾을수록 가장 먼저 떠오르는 얼굴은 너였단다. 언제나 활기차고 에너지 넘치는 엄마로 네 곁에 있을게. 늘 밝게 자라 주어 고맙고 사랑한다.

참고 자료

1부 지금 바로 시작하는 17가지 건강 습관

• 1장 수면: 편안하게 숙면하는 법

1. I. M. Colrain, C. L. Nicholas & F. C. Baker, 'Alcohol and the sleeping brain', Handbook of Clinical Neurology, 2014 (125), 415~431, https://www.ncbi.nlm.nih.gov/pmc/articles/PMC5821259/.
2. R. Nagare, B. Plitnick & M. G. Figueiro, 'Does the iPad Night Shift mode reduce melatonin suppression?', Lighting Research Technology, May 2019 (51;3), 373~383, https://www.ncbi.nlm.nih.gov/pmc/articles/ PMC6561503/.
3. L. Hester, D. Dang, C.J. Barker, M. Heath, S. Mesiya, T. Tienabeso & K. Watson, 'Evening wear of blue-blocking glasses for sleep and mood disorders: asystematic review', Chronobiology International, Oct 2021 (38;10), 1375~1383, https://pubmed.ncbi.nlm.nih.gov/34030534/.

• 수면 습관 2: 잠들기 전에 머리를 비우는 법

1. National Sleep Foundation, 2008 Sleep in America poll, Washington, DC, 2008.
2. M. K. Scullin, M. L. Krueger, H. K. Ballard, N. Pruett & D. L. Bliwise, 'The effects of bedtime writing on difficulty falling asleep: A polysomnographic study comparing to-do lists and completed activity lists', Journal of Experimental Psychology: General, Jan 2018 (147;1), 139~146, https://www.ncbi.nlm.nih.gov/pmc/articles/PMC5758411/.
3. C. M. Morin, 'Insomnia: Psychological assessment and management', American Psychological Association, Guilford Press, 1993, https://psycnet.apa.org/record/1993-98362-000.
4. M. K. Scullin, M. L. Krueger, H. K. Ballard, N. Pruett & D. L. Bliwise, 'The effects of bedtime writing on difficulty falling asleep: A polysomnographic study comparing to-do lists and completed activity lists', Journal of Experimental Psychology: General, Jan 2018 (147;1), 139~146, https://psycnet.apa.org/record/2017-47677-001.
5. N. Goel, H. Kim, R. P. Lao, 'An olfactory stimulus modifies nighttime sleep in young men and women', Chronobiology International, 2005 (22;5), 889~904, https://pubmed.ncbi.nlm.nih.gov/16298774/.
6. E. Karadag, S. Samancioglu, D. Ozden & E. Bakir, 'Effects of aromatherapy on sleep quality and anxiety of patients', Nurs Crit Care, Mar 2017 (22;2), 105~112, https://pubmed.ncbi.nlm.nih.gov/26211735/.
7. G. H. Seol, Y. H. Lee, P. Kang, J. H. You, M Park & S. S. Min, 'Randomized controlled trial for Salvia sclarea or Lavandula angustifolia: differential effects on

blood pressure in female patients with urinary incontinence undergoing urodynamic examination', Journal of Alternative and Complementary Medicine, July 2013 (19;7), 664~670, https://www.ncbi.nlm.nih.gov/pmc/articles/PMC3700459/.
8. A. S. Lillehei, L. L. Halcón, K. Savik & R. Reis, 'Effect of Inhaled Lavender and Sleep Hygiene on Self-Reported Sleep Issues: A Randomized Controlled Trial', Journal of Alternative Complementary Medicine, July 2015 (21;7),430~438, https://www.ncbi.nlm.nih.gov/pmc/articles/PMC4505755/.

- 수면 습관 3: 침대에 너무 오래 누워 있지 마라

1. X. Shen, Y. Wu & D. Zhang, 'Nighttime sleep duration, 24-hour sleep duration and risk of all-cause mortality among adults: a meta-analysis of prospective cohort studies', Scientific Reports, Feb 2016, https://pubmed.ncbi.nlm.nih.gov/26900147/.
2. A. A. da Silva, R. G. de Mello, C. W. Schaan, F. D. Fuchs, S. Redline & S. C. Fuchs, 'Sleep duration and mortality in the elderly: a systematic review with meta-analysis', BMJ Open, 17 Feb 2016 (6;2), https://pubmed.ncbi.nlm.nih.gov/26888725/.
3. T. Z. Liu, C. Xu, M. Rota, H. Cai, C. Zhang, M. J. Shi, R. X. Yuan et al., 'Sleep duration and risk of all-cause mortality: A flexible, non-linear, meta-regression of 40 prospective cohort studies', Sleep Medicine Reviews, Apr 2017 (32), 28~36, https://pubmed.ncbi.nlm.nih.gov/27067616/.
4. S. D. Youngstedt, C. E. Kline, M. R. Zielinski, D. F. Kripke, T. M. Devlin et al., 'Tolerance of chronic 90-minute time-in-bed restriction in older long sleepers', Sleep, Nov 2009 (32;11), 1467~1479, https://www.ncbi. nlm.nih.gov/pmc/articles/PMC2768953/.
5. https://www.idorsia.com/investors/news-and-events/media-release-details?newsId=2667731.
6. D. Griffith & S. Wiegand, 'Health groups' funding faulted: Not-for-profit advocates often have strong ties to the drug industry', The Sacramento Bee, 26 June 2005, A1, https://web.archive.org/web/20051125110732/http://www.sacbee.com/content/news/projects/drugs/story/13132395p-13976434c.html.
7. B. Sivertsen, I. E. Madsen, P. Salo, G. S. Tell & S. Øverland, 'Use of Sleep Medications and Mortality: The Hordaland Health Study', Drugs Real World Outcomes, Jun 2015 (2;2), 123~128, https://www.ncbi.nlm.nih.gov/pmc/articles/PMC4883191/.

- 수면 습관 5: 아침에 일어나면 잠시라도 햇빛을 쬐어라

1. L. Lack, H. Wright & D. Paynter, 'The treatment of sleep onset insomnia with bright morning light', Sleep and Biological Rhythms, July 2007 (5;3), 173~179, https://onlinelibrary.wiley.com/doi/abs/10.1111/j.1479-8425.2007.00272.x.
2. M. Boubekri, I. N. Cheung, K. J. Reid, C. H. Wang & P. C. Zee, 'Impact of windows and daylight exposure on overall health and sleep quality of office workers: A case-control pilot study', Journal of Clinical Sleep Medicine, June 2014(10;6), 603~611,

https://www.ncbi.nlm.nih.gov/pmc/ articles/PMC4031400/.

• 2장 운동: 움직일수록 활력이 생기는 마법

1. Australian Bureau of Statistics (2020~2021), Physical activity, https://www.abs.gov.au/statistics/health/health-conditions-and-risks/physical-activity/latest-release#:~:text=Nearly%20one%20in%20four%20(24.5,on%20five%20or%20more%20days).
2. C. P. Wen, J. P. Wai, M. K. Tsai, Y. C. Yang, T. Y. Cheng, M. C. Lee, T. H. Chan et al, 'Minimum amount of physical activity for reduced mortality and extended life expectancy: A prospective cohort study', Lancet, Oct 2011 (378;9798), 1244~1253, https://pubmed.ncbi.nlm.nih.gov/21846575/.
3. J. A. Blumenthal, M. A. Babyak, P. M. Doraiswamy, L. Watkins, B. M. Hoffman, K. A. Barbour, S. Herman et al., 'Exercise and pharmacotherapy in the treatment of major depressive disorder', Psychosomatic Medicine, Sep–Oct 2007 (69;7), 587~596, https://www.ncbi.nlm.nih.gov/pmc/articles/PMC2702700/.
4. B. Singh, T. Olds, R. Curtis et al., 'Effectiveness of physical activity interventions for improving depression, anxiety and distress: An overview of systematic reviews', British Journal of Sports Medicine, 16 February 2023, https://bjsm.bmj.com/content/early/2023/03/02/bjsports-2022-106195?rss=1.

• 운동 습관 1: 간헐적 고강도 활동, 빌파VILPA로 활력을 찾자

1. E. Stamatakis, M. N. Ahmadi, J. M. R. Gill et al., 'Association of wearable device-measured vigorous intermittent lifestyle physical activity with mortality', Nature Medicine, 2022 (28), 2521~2529, https://www.nature.com/articles/s41591-022-02100-x.
2. E. R. Laskowski, 'How much should the average adult exercise every day?', https://www.mayoclinic.org/healthy-lifestyle/fitness/expert-answers/exercise/faq-20057916.
3. F. C. Bull, S. S. Al-Ansari, S. Biddle et al., 'World Health Organization 2020 guidelines on physical activity and sedentary behaviour', British Journal of Sports Medicine, 2020 (54), 1451˜1462, https://bjsm.bmj.com/content/54/24/1451.

• 운동 습관 2: 하루에 7500걸음씩만 걸어라

1. A. E. Paluch, K. P. Gabriel, F. E. Fulton et al., 'Steps per Day and All-Cause Mortality in Middle-aged Adults in the Coronary Artery Risk Development in Young Adults Study', JAMA Network Open, 2021 (4;9), https://jamanetwork.com/journals/jamanetworkopen/fullarticle/2783711.
2. I. Lee, E. J. Shiroma, M. Kamada, D. R. Bassett, C. E. Matthews & J. E. Buring, 'Association of Step Volume and Intensity With All-Cause Mortality in Older Women', JAMA Internal Medicine, 2019 (179;8), 1105~1112, https://jamanetwork.com/

journals/jamainternalmedicine/fullarticle/2734709.
3. P. F. Saint-Maurice, R. P. Troiano, D. R. Bassett Jr, B. I Graubard, S. A. Carlson et al., 'Association of Daily Step Count and Step Intensity With Mortality Among US Adults', JAMA, 24 March 2020 (323;12), 1151~110, https://pubmed.ncbi.nlm.nih.gov/32207799/.

• 운동 습관 3: 심혈관을 지켜주는 40초의 비밀

1. R. S. Metcalfe, J. A. Babraj, S. G. Fawkner et al., 'Towards the minimal amount of exercise for improving metabolic health: Beneficial effects of reduced- exertion high-intensity interval training', European Journal of Applied Physiology, 2012 (112), 2767~2775, https://link.springer.com/article/10.1007/s00421-011-2254-z.
2. K. Mandsager, S. Harb, P. Cremer, D. Phelan, S. E. Nissen & W. Jaber, 'Association of Cardiorespiratory Fitness With Long-term Mortality Among Adults Undergoing Exercise Treadmill Testing', JAMA Network Open, 2018 (1;6), https://jamanetwork.com/journals/jamanetworkopen/fullarticle/2707428.

• 운동 습관 4: 혈당 관리는 식후 30분으로 충분하다

1. R. E. Climie, M. S. Grace, R. L. Larsen, P. C. Dempsey, J. Oberoi, N. D. Cohen et al., 'Regular brief interruptions to sitting after a high-energy evening meal attenuate glycemic excursions in overweight/obese adults', Nutrition, Metabolism and Cardiovascular Diseases, Sept 2018 (9), 909~916, https://pubmed.ncbi.nlm.nih.gov/30111495/.
2. M. C. Peddie, J. L. Bone, N. J. Rehrer, C. M. Skeaff, A. R. Gray & T. L. Perry, 'Breaking prolonged sitting reduces postprandial glycemia in healthy, normal-weight adults: a randomized crossover trial', American Journal of Clinical Nutrition, Aug 2013 (98: 2), 358~366, https://pubmed.ncbi.nlm.nih.gov/23803893.
3. A. N. Reynolds & B. J. Venn, 'The Timing of Activity after Eating Affects the Glycaemic Response of Healthy Adults: A Randomised Controlled Trial', Nutrients, Nov 2018 (10;11), 1743, https://www.ncbi. nlm.nih.gov/pmc/articles/PMC6267507/.
4. E. Chacko, 'Exercising Tactically for Taming Postmeal Glucose Surges', Scientifica, March 2016, https://www.hindawi.com/journals/scientifica/2016/4045717/.
5. L. DiPietro, A. Gribok, M. S. Stevens, L. F. Hamm & W. Rumpler, 'Three 15-min Bouts of Moderate Postmeal Walking Significantly Improves 24-h Glycemic Control in Older People at Risk for Impaired Glucose Tolerance', Diabetes Care, October 2013 (36;10), 3262~3268, https://diabetesjournals. org/care/article/36/10/3262/30770/Three-15-min-Bouts-of-Moderate-Postmeal-Walking.

• 운동 습관 5: 당신의 노년을 책임질 최소한의 운동

1. S. Abou Sawan, E. A. Nunes, C. Lim, J. McKendry & S. M. Phillips, 'The Health

Benefits of Resistance Exercise: Beyond Hypertrophy and Big Weights', Exercise, Sport, and Movement, 2022 (1;1), https://journals.lww.com/acsm-esm/Fulltext/2023/01000/The_Health_Benefits_of_Resistance_Exercise__Beyond.2.aspx.
2. R. Li, J. Xia, X. I. Zhang, W. G. Gathirua-Mwangi, J. Guo, Y. Li, S. McKenzie & Y. Song, 'Associations of Muscle Mass and Strength with All-Cause Mortality among US Older Adults', Medicine & Science in Sports & Exercise, March 2018 (50;3), 458~467, https://pubmed.ncbi.nlm.nih. gov/28991040/.

• 3장 식사: 균형 잡힌 식습관은 장수의 지름길

1. N. M. Avena, P. Rada & B. G. Hoebel, 'Evidence for sugar addiction: Behavioral and neurochemical effects of intermittent, excessive sugar intake', Neuroscience & Biobehavioral Reviews, 2008 (32;1), 20~39, https://www.ncbi.nlm.nih.gov/pmc/articles/PMC2235907/.
2. S. H. Ahmed, K. Guillem & Y. Vandaele, 'Sugar addiction: Pushing the drug sugar analogy to the limit', Current Opinion in Clinical Nutrition and Metabolic Care, July 2013 (16;4), 434~439, https://justiciaalimentaria.org/wp-content/uploads/2021/12/anexo.2_article_sugaraddiction.pdf.
3. J. Araújo, J. Cai & J.Stevens, 'Prevalence of Optimal Metabolic Health in American Adults: National Health and Nutrition Examination Survey 2009~2016', Metabolic Syndrome and Related Disorders, 2019 (17;1), 46~52, https://www.liebertpub.com/doi/10.1089/met.2018.0105.
4. Harvard T. H. Chan School of Public Health, 'Diet Review: Mediterranean Diet', April 2023, https://www.hsph.harvard.edu/nutritionsource/healthy-weight/diet-reviews/mediterranean-diet/.

• 식사 습관 1: 먹는 순서가 당신의 노후를 결정한다

1. L. Sun, H. J. Goh, P. Govindharajulu, M. Khee-Shing Leow & C. J. Henry, 'Postprandial glucose, insulin and incretin responses differ by test meal macro nutrient ingestion sequence (PATTERN study)', Clinical Nutrition, 2020 (39;3), 950~957, https://www.sciencedirect.com/science/article/abs/pii/S0261561419301542.
2. B. K. Ferguson & P. B. Wilson, 'Ordered Eating and Its Effects on Various Postprandial Health Markers: A Systematic Review', Journal of the American Nutrition Association, Dec 2022, https://www.tandfonline.com/doi/abs/10.1080/27697061.2022.2161664?journalCode=uacn21.
3. P. Zak, 'Measurement Myopia', Drucker Institute, July 2013, https://www.drucker.institute/thedx/measurement-myopia/.
4. Y. Hewings-Martin, 'Is white bread good for you?', Zoe, July 2023, https://joinzoe.com/learn/is-white-bread-good-for-you.

• 식사 습관 2: 몸에 좋은 음식은 입에 쓰다

1. I. C. de Macedo, J. S. de Freitas & I. L. da Silva Torres, 'The Influence of Palatable Diets in Reward System Activation: A Mini Review', Advances in Pharmacological Sciences, 2016, https://www.ncbi.nlm.nih.gov/pmc/articles/PMC4818794/.
2. T. L. Fazzino, K. Rohde & D. K. Sullivan, 'Hyper-Palatable Foods: Development of a Quantitative Definition and Application to the US Food System Database', Obesity, Nov 2019 (27;11), 1761~1768, https://onlinelibrary.wiley.com/doi/abs/10.1002/oby.22639.
3. https://www.betterhealth.vic.gov.au/health/healthyliving/salt.
4. S. Demeke, K. Rohde, L. Chollet-Hinton, C. Sutton, K. L. Kong & T. L. Fazzino, 'Change in hyper-palatable food availability in the US food system over 30 years: 1988~2018', Public Health Nutrition, Jan 2023 (26;1), 182~189, https://pubmed.ncbi.nlm.nih.gov/35581172/.

• 식사 습관 3: 장에 쉴 틈을 주는 시간제한 식사법

1. E. N. C. Manoogian, A. Zadourian, H. C. Lo, S. Golshan, P. R. Taub & S. Panda, 'Feasibility of time-restricted eating and impacts on cardiometabolic health in 24-h shift workers: The Healthy Heroes randomized control trial', Clinical And Translational Report, Oct 2022 (34;10), 1442~1456, https://www.cell.com/cell-metabolism/fulltext/S1550-4131(22)00361-8.
2. K. L. Haganes, C. P. Silva, S. K. Eyjólfsdóttir, S Lydersen, J. A. Hawley & T. Moholdt, 'Time-restricted eating and exercise training improve HbA1c and body composition in women with overweight/obesity: A randomized controlled trial', Clinical And Translational Report, Oct 2022 (34;10), 1457~1471, https://www.cell.com/cell-metabolism/fulltext/S1550-4131(22)00393-X?_returnURL=https%3A%2F%2Flinkinghub.elsevier. com%2Fretrieve%2Fpii%2FS1550413122200393X%3Fshowall%3Dtrue.
3. A. T. Hutchison, P. Regmi, E. N. C. Manoogian, J. G. Fleischer, G. A. Wittert, S. Panda & L. K. Heilbronn, 'Time-Restricted Feeding Improves Glucose Tolerance in Men at Risk for Type 2 Diabetes: A Randomized Crossover Trial', Obesity, May 2019 (27;5), 724~732, https://onlinelibrary.wiley.com/doi/10.1002/oby.22449.

• 식사 습관 4: 가공식품과 초가공식품은 가급적 피하라

1. C. A. Monteiro, G. Cannon, M. Lawrence, M. L. da Costa Louzada & P. Pereira Machado, 'Ultra-processed foods, diet quality, and health using the NOVA classification system', Food and Agriculture Organization of the United Nations, 2019, https://www.fao.org/3/ca5644en/ca5644en.pdf.
2. K. Chang, M. J. Gunter, F. Rauber, R. B. Levy, I. Huybrechts, N. Kliemann et al., 'Ultra-processed food consumption, cancer risk and cancer mortality: A large-scale prospective analysis within the UK Biobank', The Lancet, Jan 2023 (56), https://www.

thelancet.com/journals/eclinm/article/ PIIS2589-5370(23)00017-2/fulltext.

• 식사 습관 5: 식물성 식품이 만드는 미생물의 세계

1. Science Daily, 'Big data from world's largest citizen science microbiome project serves food for thought', Science Daily, May 2018, https:// www.sciencedaily.com/releases/2018/05/180515092931.htm.
2. D. McDonald, E. Hyde, J. W. Debelius, J. T. Morton, A. Gonzalez, G. Ackermann, A. A. Aksenov et al., 'American Gut: An Open Platform for Citizen Science Microbiome Research', mySystems, May 2018 (3;3), https://journals.asm.org/doi/10.1128/mSystems.00031-18.
3. R. G. Xiong, D. D. Zhou, S. X. Wu, S. Y. Huang, A. Saimaiti, Z. J. Yang, A Shang et al., 'Health Benefits and Side Effects of Short-Chain Fatty Acids', Foods, Sept 2022 (11;18), 2863, https://pubmed.ncbi.nlm.nih. gov/36140990/#:~:text=The%20SCFAs%20have%20many%20health,%2C%20hepatoprotective%2C%20and%20neuroprotective%20activities.
4. S. J. Hewlings & D. S. Kalman, 'Curcumin: A Review of Its Effects on Human Health', Foods, Oct 2017 (6;10), 92, https://www.ncbi.nlm.nih.gov/pmc/articles/PMC5664031/.
5. J. Sharifi-Rad, Y. E. Rayess, A. A. Rizk, C. Sadaka, R Zgheib et al., 'Turmeric and Its Major Compound Curcumin on Health: Bioactive Effects and Safety Profiles for Food, Pharmaceutical, Biotechnological and Medicinal Applications', Frontiers in Pharmacology, Sept 2020, (11), https://www. ncbi.nlm.nih.gov/pmc/articles/PMC7522354/.
6. 'How much do we need each day?', eatforhealth.gov.au, https://www.eatforhealth.gov.au/food-essentials/how-much-do-we-need-each-day.

• 식사 습관 6: 간식이 필요한 땐 발효 식품과 견과류를 먹자

1. A. Homayoni Rad, E. Vaghef Mehrabany, B. Alipoor & L. Vaghef Mehrabany, 'The Comparison of Food and Supplement as Probiotic Delivery Vehicles', Critical Reviews in Food Science Nutrition, 2016 (56;6), 896~909, https://pubmed.ncbi.nlm.nih.gov/25117939/.
2. N. Swidey, 'Walter Willett's Food Fight', Boston Globe, 28 July 2013, https://www.bostonglobe.com/magazine/2013/07/27/what-eat-harvard-walter-willett-thinks-has-answers/5WL3MIVdzHCN2ypfpFB6WP/story.html.
3. K. Nett, 'What you eat promotes radiant hair, skin and nails naturally', Mayo Clinic Health System, 26 May 2022, https:// www.mayoclinichealthsystem.org/hometown-health/speaking-of-health/ get-radiant-hair-skin-and-nails-naturally.
4. M. Guasch-Ferré, X. Liu, V. Malik et al., 'Nut Consumption and Risk of Cardiovascular Disease', Journal of the America College of Cardiology, Nov 2017 (70;20), 2519~2532, https://www.jacc.org/doi/ full/10.1016/j.jacc.2017.09.035.

5. M. Guasch-Ferré, X. Liu, V. Malik et al., 'Nut Consumption and Risk of Cardiovascular Disease', Journal of the America College of Cardiology, Nov 2017 (70;20), 2519~32, https://www.jacc.org/doi/ full/10.1016/j.jacc.2017.09.035.
6. https://agdatacommons.nal.usda.gov/articles/dataset/USDA_National_Nutrient_Database_for_Standard_Reference_Legacy_Release/24661818
7. https://www.betterhealth.vic.gov.au/health/healthyliving/nuts-and-seeds.
8. X. Liu, Y. Li, M. Guasch-Ferré et al., 'Changes in nut consumption influence long-term weight change in US men and women', BMJ Nutrition, Prevention & Health, Sept 2019, https://nutrition.bmj.com/content/early/2019/08/27/bmjnph-2019-000034.

• 식사 습관 7: 당신의 근육을 책임지는 단백질

1. K. Keller & M. Engelhardt, 'Strength and muscle mass loss with aging process. Age and strength loss', Muscles, Ligaments and Tendons Journal, Feb 2014 (3;4), 346~350, https://www.ncbi.nlm.nih.gov/pmc/articles/PMC3940510/.

2부 작심삼일에서 벗어나기 위한 24가지 전략

1. C. D. Fryar, J. P. Hughes, K. A. Herrick & N. Ahluwalia, 'Fast food consumption among adults in the United States, 2013–2016', NCHS Data Brief, Oct 2018 (322), https://www.cdc.gov/nchs/products/databriefs/db322.htm.
2. Rise Science editorial team, 'Netflix and stream, responsibly', risesceince.com, https://www.risescience.com/blog/sleep-streaming-binge-watching-netflix.
3. K. M. Kiszko, O. D. Martinez, C. Abrams & B. Elbel, 'The influence of calorie labeling on food orders and consumption: A review of the literature', Journal Community Health, Dec 2014 (39;6), 1248~1269, https://www.ncbi.nlm.nih.gov/pmc/articles/PMC4209007/.
4. D. Fernandes, J. Lynch & R. Netemeyer, 'Financial Literacy, Financial Education, and Downstream Financial Behaviors', Management Science, Aug 2014, https://www.researchgate.net/publication/259763070_Financial_Literacy_Financial_Education_and_Downstream_Financial_Behaviors.
5. S. Bradt, 'Wandering mind not a happy mind', The Harvard Gazette, Nov 2010, https://news.harvard.edu/gazette/story/2010/11/wandering-mind-not-a-happy-mind/.

• 4장 동기: '하고 싶다'는 마음이 모든 것을 이긴다

1. M. Milyavskaya & M. Inzlicht, 'Saying "No" to Temptation: Want-to Motivation Improves Self-Regulation by Reducing Temptation Rather Than by Increasing Self-Control', Journal of Personality and Social Psychology, 2015 (109;4), 677~693, https://carleton.ca/goallab/wp-content/uploads/Saying-No-to-Temptation_Want-to-Motivation-Improves-Self-Regulation-by-Reducing-Temptation-Rather-Than-by-

Increasing-Self-Control.pdf.
2. K. M. O'Connor, C. K. W. De Dreu, H. Schroth, B. Bruce, T. R. Lituchy & M. H. Bazerman, 'What we want to do versus what we think we should do: An empirical investigation into Intrapersonal Conflict', Journal of Behavioral Decision Making, Dec 2002 (15;5), 403~418, https://www.researchgate.net/profile/Terri-Lituchy/publication/333375956_What_We_Want_to_Do_Versus_What_We_Think_We_Should_Do_An_Empirical_ Investigation_of_Intrapersonal_Conflict/links/5cf0a5e2a6fdcc8475f8be91/What-We-Want-to-Do-Versus-What-We-Think-We-Should-Do-An-Empirical_Investigation-of-Intrapersonal-Conflict.pdf.

• 동기 유지하기 1: 하기 싫은 일과 하고 싶은 일 묶기

1. K. L. Milkman, J. A. Minson & K. G. Volpp, 'Holding the Hunger Games Hostage at the Gym: An Evaluation of Temptation Bundling', Management Science, Feb 2014 (60;2), 283~299, https://www.ncbi.nlm.nih.gov/ pmc/articles/PMC4381662/.
2. E. L. Kirgios, G. H. Mandel, Y. Park, K. L. Milkman, D. M. Gromet, J. S. Kay & A. L. Duckworth, 'Teaching temptation bundling to boost exercise: A field experiment', Organizational Behavior and Human Decision Processes, Nov 2020 (161;s),20~35, https://www.sciencedirect.com/science/article/pii/S074959782030385X.

• 동기 유지하기 2: 힘든 일을 즐거운 일로 재해석하자

1. K. Woolley & A. Fishbach, 'Motivating Personal Growth by Seeking Discomfort', Psychological Science, March 2022 (33;4), 510~523, https://journals.sagepub.com/doi/abs/10.1177/09567976211044685?journal-Code=pssa.

• 동기 유지하기 3: 게임에서 레벨업하듯 습관을 실천하라

1. M. S. Patel, D. S. Small, J. D. Harrison et al., 'Effectiveness of Behaviorally Designed Gamification Interventions With Social Incentives for Increasing Physical Activity Among Overweight and Obese Adults Across the United States: The STEP UP Randomized Clinical Trial', JAMA Internal Medicine, Sept 2019 (179;12), 162~1632, https://jamanetwork.com/journals/jamainternalmedicine/fullarticle/2749761.
2. T. Harris, E. S. Limb, F. Hosking, I. Carey, S. DeWilde, C. Furness et al., 'Effect of pedometer-based walking interventions on long-term health outcomes: Prospective 4-year follow-up of two randomised controlled trials using routine primary care data', PLoS Medicine, June 2019 (16;6), https://journals.plos.org/plosmedicine/article?id=10.1371/journal.pmed.1002836.

• 동기 유지하기 4: 습관 트래커로 매일 조금씩 승리하라

1. J. Silverman & A. Barasch, 'On or Off Track: How (Broken) Streaks Affect Consumer Decisions', Journal of Consumer Research, April 2023 (49;6), 1095~1117, https://

academic.oup.com/jcr/advance-article-abstract/doi/10.1093/jcr/ucac029/6623414?redirectedFrom=fulltext.
2. J. Medina, Brain Rules, 2008, Scribe, https://brainrules.net/brain-rules/.
3. T. M. Amabile & S. J. Kramer, 'The Power of Small Wins', Harvard Business Review, May 2011, https://hbr.org/2011/05/the-power-of-small-wins.

• 동기 유지하기 5: '왜?'라고 물으면 분명해진다

1. K. Fujita, Y. Trope, N. Liberman & M. Levin-Sagi, 'Construal levels and self-control', Journal Personality and Social Psychology, Mar 2006 (90;3), 351~367, https://www.ncbi.nlm.nih.gov/pmc/articles/PMC3153425/.

• 동기 유지하기 6: 나의 내면에 솔직하게 물어보기

1. G. Godin, A. Bélanger-Gravel, L. A. Vézina-Im, S. Amireault & A. Bilodeau, 'Question-behaviour effect: A randomised controlled trial of asking intention in the interrogative or declarative form', Psychology & Health, April 2012 (27;9), 1086~1099, ttps://pubmed.ncbi.nlm.nih.gov/22471288/.
2. Suri, G. Sheppes, S. Leslie & J. J. Gross, 'Stairs or escalator? Using theories of persuasion and motivation to facilitate healthy decision making', Journal of Exrimental Psychology: Applied, Dec 2014 (20;4), 295~302, https://pubmed.ncbi.nlm.nih.gov/25180946/.
3. S. Lohmann, C. R. Jones & D. Albarracín, 'The Modulating Role of Self-Posed Questions in Repeated Choice: Integral and Incidental Questions Can Increase or Decrease Behavioral Rigidity', Journal of Experimental Social Psychology, July 2019 (85), https://www.ncbi.nlm.nih.gov/pmc/articles/PMC7442229/#.

• 동기 유지하기 7: 실천하지 못한 자, 벌을 받을지니

1. X. Giné, D. Karlan & J. Zinman, 'Put Your Money Where Your Butt Is: A Commitment Contract for Smoking Cessation', American Economic Journal: Applied Economics, Oct 2010 (2;4), 213~235, https://www.aeaweb.org/articles?id=10.1257/app.2.4.213.
2. S. D. Halpern, B. French, D. S. Small, K. Saulsgiver, M. O. Harhay et al., 'Randomized Trial of Four Financial Incentive Programs for Smoking Cessation', New England Journal of Medicine, May 2015 (372;22), 2108~2117, https://www.nejm.org/doi/full/10.1056/NEJMoa1414293.
3. https://www.stickk.com/

• 5장 관계: 무엇이든 '함께' 하면 훨씬 쉽다

1. M. Graffeo, I. Ritov, N. Bonini & C. Hadjichristidis, 'To make people save energy tell them what others do but also who they are: A preliminary study', Frontiers

in Psychology, Aug 2015 (6), https://www.frontiersin.org/articles/10.3389/fpsyg.2015.01287/full.
2. A. van der Put & L. Ellwardt, 'Employees' healthy eating and physical activity: The role of colleague encouragement and behaviour', BMC Public Health, Nov 2022, 2004, https://www.ncbi.nlm.nih.gov/pmc/articles/PMC9628058/.

- 관계 지속하기 1: 달성할 목표를 세상에 널리 알려라

1. J. Jiao & C. A. Cole, 'The Effects of Goal Publicity and Self-Monitoring on Escalation of Goal Commitment', Journal of Consumer Behaviour, Jan 2020 (19), 219~228, https://onlinelibrary.wiley.com/doi/10.1002/cb.1806.
2. P. U. Nyer & S. Dellande, 'Public commitment as a motivator for weight loss', Psychology & Marketing, 2010 (27;1) 1~12, https://psycnet.apa.org/record/2009-24844-001.

- 관계 지속하기 2: '책임감 친구'를 만들어라

1. https://twitter.com/JaneEspenson/status/252959689820737536.
2. R. Dailey, L. Romo, S. Myer, C. Thomas, S. Aggarwal, K. Nordby, M. Johnson & C. Dunn, 'The Buddy Benefit: Increasing the Effectiveness of an Employee Targeted Weight-Loss Program', Journal of Health Communication, Feb 2018 (23;3), 272~280, https://www.tandfonline.com/doi/abs/10.1080/10810730.2018.1436622.
3. R. R. Wing & R. W. Jeffery, 'Benefits of recruiting participants with friends and increasing social support for weight loss and maintenance', Journal of Consulting and Clinical Psychology, Feb 1999 (67;1), 132~138, https://pubmed.ncbi.nlm.nih.gov/10028217/.
4. T. Rogers, J. Ternovski & E. Yoeli, 'Potential follow-up increases private con tributions to public goods', Proceedings of the National Academy of Sciences of the United States of America, May 2016 (113;19), 5218~5220, https://www.ncbi.nlm.nih.gov/pmc/articles/PMC4868414/.

- 관계 지속하기 3: 남에게 조언하면 나에게도 도움이 된다

1. Lauren Eskreis-Winkler, Katherine L. Milkman, Dena M. Gromet & A. L. Duckworth, 'A large-scale field experiment shows giving advice improves academic outcomes for the advisor', Psychological and Cognitive Sciences, July 2019 (116;30), 14808~14810, https://www.pnas.org/doi/full/10.1073/pnas.1908779116.

- 관계 지속하기 4: 당신의 건강은 주변 사람들의 행복

1. A. M. Grant & D. A. Hofmann, 'It's not all about me: Motivating hand hygiene among health care professionals by focusing on patients', Psychological Science, Dec 2011 (22;12), 1494~1499, https://pubmed.ncbi.nlm.nih.gov/22075239.

- **관계 지속하기 5: 소셜 미디어를 건강 지도로 활용하라**

  1. R. B. Cialdini & M. R. Trost, 'Social influence: Social norms, conformity and compliance', in D. T. Gilbert, S. T. Fiske & G. Lindzey (eds.), The Handbook of Social Psychology, 151~192, https://psycnet.apa.org/record/1998-07091-021.
  2. S. E. Carrell, R. L. Fullerton & J. E. West, 'Does Your Cohort Matter? Measuring Peer Effects in College Achievement', Journal of Labor Economics, July 2009 (27;3), https://www.journals.uchicago.edu/doi/abs/10.1086/600143.
  3. S. Kemp, 'Digital 2021: Global Overview Report', DataReportal, Jan 2021, https://datareportal.com/reports/digital-2021-global-overview-report.
  4. S. D. Young & A. H. Jordan, 'The influence of social networking photos on social norms and sexual health behaviors', Cyberpsychology, Behavior, and Social Networking, Apr 2013 (16;4), 243~247, https://www.ncbi.nlm.nih.gov/pmc/articles/PMC3624629/.

- **6장 환경: 자연스럽게 할 수 있는 환경을 만들어라**

  1. J. Peters, J. Beck, J. Lande, Z. Pan, M. Cardel, K. Ayoob & J. O. Hill, 'Using Healthy Defaults in Walt Disney World Restaurants to Improve Nutritional Choices', Journal of the Association for Consumer Research, Jan 2016 (1;1), https://www.journals.uchicago.edu/doi/abs/10.1086/684364.

- **환경 바꾸기 1: 기본 설정부터 바꾸어라**

  1. P. G. Hansen, M. Schilling & M. S. Malthesen, 'Nudging healthy and sustainable food choices: Three randomized controlled field experiments using a vegetarian lunch-default as a normative signal', Journal of Public Health, June 2021 (43;2), 392~397, https://academic.oup.com/jpubhealth/article/43/2/392/5637580.
  2. J. Jachimowicz, S. Duncan, E. Weber & E. Johnson, 'When and why defaults influence decisions: A meta-analysis of default effects', Behavioural Public Policy, Jan 2019 (3;2), 159~186, https://www.cambridge.org/core/journals/behavioural-public-policy/article/when-and-why-defaults-influence-decisions-a-metaanalysis-of-default-effects/67AF6972CFB52698A60B6BD94B70C2C0.

- **환경 바꾸기 2: 건강 습관 '알람' 설정하기**

  1. S. Orbell, S. Hodgkins & P. Sheeran, 'Implementation intentions and the theory of planned behavior', Personality and Social Psychology Bulletin, Sept 1997 (23;9), 945~954, https://psycnet.apa.org/record/1997-05942-004.
  2. A. Fishbane, A. Ouss & A. K. Shah, 'Behavioral nudges reduce failure to appear for court', Science, Oct 2020 (370;6517), https://www.science.org/doi/10.1126/science.abb6591.
  3. K. L. Milkman, L. Gandhi, M. S. Patel & A. L. Duckworth, 'A 680,000-person

megastudy of nudges to encourage vaccination in pharmacies', Proceedings of the National Academy of Sciences, Feb 2020 (119;6), https://www.pnas.org/doi/full/10.1073/pnas.2115126119.
 4. 'How digital reminders reduced workplace tardiness by 21%', The Decision Lab, https://thedecisionlab.com/intervention/how-digital-reminders-reduced-workplace-tardiness-by-21.
 5. K. Patrick, F. Raab, M. A. Adams, L. Dillon, M. Zabinski, C. L. Rock, W. G. Griswold & G. J. Norman, 'A text message-based intervention for weight loss: Randomized controlled trial', Journal of Medical Internet Research, Jan 2009 (11;1), https://pubmed.ncbi.nlm.nih.gov/19141433/.
 6. S. A. Spohr, R. Nandy, D. Gandhiraj, A. Vemulapalli, S. Anne & S. T. Walters, 'Efficacy of SMS Text Message Interventions for Smoking Cessation: A MetaAnalysis', Journal of Substance Abuse Treatment, Sept 2015 (56), 1~10, https://pubmed.ncbi.nlm.nih.gov/25720333/.
 7. T. Sharot T, The Optimism Bias, Pantheon Books, 2011

• 환경 바꾸기 3: 주변 배치를 바꾸면 행동도 달라진다

 1. S. Rosenthal & N. Linder, 'Effects of bin proximity and informational prompts on recycling and contamination', Resources, Conservation and Recycling, May 2021 (168), https://www.sciencedirect.com/science/article/pii/S0921344921000379.
 2. J. Maas, D. T. de Ridder, E. de Vet & J. B. de Wit, 'Do distant foods decrease intake? The effect of food accessibility on consumption', Psychology & Health, Oct 2012 (27;2), 59~73, https://pubmed.ncbi.nlm.nih.gov/21678172/.
 3. E. Dayan & M. Bar-Hillel, 'Nudge to nobesity II: Menu positions influence food orders' Judgment and Decision Making, June 2011 (6), 333~342, https://www.researchgate.net/publication/227450185_Nudge_to_nobesity_II_Menu_positions_influence_food_orders.

• 환경 바꾸기 4: 안 좋은 습관에 장벽을 쌓아라

 1. L. Bock, Work Rules!: Insights from Inside Google That Will Transform How You Live and Lead, John Murray, 2016, https://www.workrules.net/.
 2. L. Zimmermann & M. Sobolev, 'Digital Strategies for Screen Time Reduction: A Randomized Field Experiment', Cyberpsychology, Behavior, and Social Networking, Jan 2023 (26;1), 42~29, https://www.liebertpub.com/doi/10.1089/cyber.2022.0027.

• 환경 바꾸기 6: '실행 의도'를 설정해 성취감 얻기

 1. T. L. Webb & P. Sheeran, 'Does changing behavioral intentions engender behavior change? A meta-analysis of the experimental evidence', Psychological Bulletin, March 2006 (132;2), 249~268, https://pubmed.ncbi.nlm.nih.gov/16536643/.

• 7장 의지: 당신의 자제력에 힘을 더하라

1. N. Park, C. Peterson, M. E. P. Seligman, 'Character strengths in fifty-four nations and the fifty US states', The Journal of Positive Psychology, Feb 2007 (1;3), 118~129, https://www.tandfonline.com/doi/abs/10.1080/17439760600619567.
2. N. Park & C. Peterson, 'Moral competence and character strengths among adolescents: The development and validation of the Values in Action Inventory of Strengths for Youth', Journal of Adolescence, Dec 2006 (6), 891~909, https://pubmed.ncbi.nlm.nih.gov/16766025/.
3. E. C. Carter, L. M. Kofler, D. E. Forster & M. E. McCullough, 'A series of meta-analytic tests of the depletion effect: Self-control does not seem to rely on a limited resource', Journal of Experimental Psychology: General, Aug 2015 (144;4), 796~815,https://pubmed.ncbi.nlm.nih.gov/26076043/.
4. V. Job, G. M. Walton, K. Bernecker & C. S. Dweck, 'Beliefs about willpower determine the impact of glucose on self-control', Proceedings of the National Academy of Sciences, July 2013 (110;37), 14837~14842, https://www.pnas.org/doi/full/10.1073/pnas.1313475110#F1.

• 의지 지키기 1: 새 시작은 의지력을 극대화시킨다

1. 'Thinking of changing your behavior in 2017? Try moving first,' Society for Personality and Social Psychology, Jan 2017, https://www.sciencedaily.com/releases/2017/01/170113155348.htm.
2. H. Dai, K. L. Milkman & J. Riis, 'The Fresh Start Effect: Temporal Landmarks Motivate Aspirational Behavior', Management Science, June 2014, 1~20, https://faculty.wharton.upenn.edu/wp-content/uploads/2014/06/Dai_Fresh_Start_2014_Mgmt_Sci.pdf.
3. J. Beshears, H. Dai, K. L. Milkman & S. Benartzi, 'Using fresh starts to nudge increased retirement savings', Organizational Behavior and Human Decision Processes, July 2021 (167), 72~87, https://static1.squarespace.com/static/5353b838e4b0e68461b517cf/t/61af987669482d0611646ab0/1638897783454/using-fresh-starts-to-nudge-increased-retirement- savings.pdf.

• 의지 지키기 2: '건강한 나'라는 자아 정체성을 세워라

1. J. Rise, P. Sheeran & S. Hukkelberg, 'The Role of Self-identity in the Theory of Planned Behavior: A Meta-Analysis', Journal of Applied Social Psychology, May 2010 (40;5), 1084~1105, https://onlinelibrary.wiley.com/doi/10.1111/j.1559-1816.2010.00611.x.
2. V. Carfora, D. Caso & M. Conner, 'The role of self-identity in predicting fruit and vegetable intake', Appetite, Sept 2016 (106), 23~29, https://www.sciencedirect.com/science/article/abs/pii/S019566631530129X.

3. S. E. Jung & C. Bice, 'The Role of Self-Identity in Predicting College Students' Intention to Consume Fruits and Vegetables', Journal of Nutrition Education and Behavior, Feb 2019 (51;2), 173~181, https://www.sciencedirect.com/science/article/abs/pii/S1499404618306821?fr=RR-2&ref=pdf_download&rr=790534a6de1d2b2e.

• 의지 지키기 3: 완벽하기보다 조금씩 발전하기

1. B. Leonard, L. Martin & A. Tesser (eds), Striving and Feeling: Interactions Among Goals, Affect, and Self-regulation, Psychology Press, 1996.
2. J. Beshears, H. N. Lee, K. L. Milkman, R. Mislavsky & J. Wisdom, 'Creating Exercise Habits Using Incentives: The Trade-off Between Flexibility and Routinization', Management Science, Oct 2020 (67;7), 4139~4171, https://pubsonline.informs.org/doi/abs/10.1287/mnsc.2020.3706.
3. M. A. Sharif & S. B. Shu, 'Nudging Persistence After Failure Through Emergency Reserves', Organizational Behavior and Human Decision Processes, May 2021 (163), 17~29, https://papers.ssrn.com/sol3/papers.cfm?abstract_id=3847379.
4. M. Sharif & S. B. Shu, 'Nudging Persistence After Failure Through Emergency Reserves'. Organizational Behavior and Human Decision Processes, May 2021 (163), 17~29, https://papers.ssrn.com/sol3/papers.cfm?abstract_id=3847379.
5. R. Coelho do Vale, R. Pieters & M. Zeelenberg, 'The benefits of behaving badly on occasion: Successful regulation by planned hedonic deviations', Journal of Consumer Psychology, Jan 2016, 17~28, https://myscp.onlinelibrary.wiley.com/doi/10.1016/j.jcps.2015.05.001.

• 의지 지키기 4: 의지력을 길러주는 언어의 힘

1. V. M. Patrick & H. Hagtvedt, '"I Don't" versus "I Can't": When Empowered Refusal Motivates Goal-Directed Behavior', Journal of Consumer Research, Aug 2012 (39;2), 371~381, https://academic.oup.com/jcr/article/39/2/371/1797950.

• 의지 지키기 5: 순간의 유혹은 '언젠가'로 미루어라

1. D. M. Wegner, 'Thought suppression and mental control', Encyclopedia of Cognitive Science, Jan 2006, 395~397, https://scholar.harvard.edu/files/dwegner/files/ecs.pdf.
2. D. M. Wegner, D. J. Schneider, S. R. Carter & T. L. White, 'Paradoxical effects of thought suppression', Journal of Personality and Social Psychology, July 1987 (53;1), 5~13, https://psycnet.apa.org/record/1987-33493-001. 2023년 8월 최종 접속.
3. N. Mead & V. Patrick, 'The Taming of Desire: Unspecific Postponement Reduces Desire for and Consumption of Postponed Temptations', Journal of Personality and Social Psychology, Jan 2016 (110;1), 20~35, https://www.researchgate.net/publication/289527851_The_Taming_of_Desire_Unspecific_Postponement_Reduces_Desire_for_and_Consumption_of_Postponed_Temptations.

> 부록

내 몸을 바꾸는
건강 습관 실천 노트

건강은 거창한 결심이 아니라, 매일 반복하는 작은 습관이 만든다. 이 책에 소개한 핵심 전략을 한눈에 보기 좋게 정리했다. 책상 앞에 붙여두고 당장 할 수 있는 것부터 하나씩 실천해보자.

PART 1 | **수면** Sleep
노력하지 마라, 리듬에 맡겨라

수면의 질을 결정하는 건 '의지'가 아니라 '생체 리듬'이다.

☐ **습관 1 기상 시간을 고정하라** (주말 포함)
매일 같은 시간에 일어나야 생체 시계가 고장 나지 않는다.
Check 주말에 늦잠을 자면 몸은 시차 적응을 하느라 피로해진다(월요병의 주범이다).

☐ **습관 2 '걱정 배출' 시간을 가져라**
자려고 누워서 내일 할 일을 걱정하면 뇌는 '근무 모드'로 바뀐다.
Action 자기 전 5분, 내일 할 일이나 걱정거리를 종이에 모두 적는다. 뇌에게 "퇴근해도 좋아"라는 신호를 보내야 한다.

☐ **습관 3 침대 체류 시간을 줄여라**
잠이 안 오는데 누워 있으면 뇌는 침대를 '고민하는 곳'으로 인식한다.
Action 20분 안에 잠들지 못하면 과감히 침실을 나온다. 지루한 책을 읽다가 졸릴 때 다시 들어가야 '침대=꿀잠' 공식이 성립된다.

☐ **습관 4 침대의 '단일 용도'를 지켜라**
침대에서 일하고, TV 보고, 밥 먹지 않는다.
Check 침대는 오직 잠과 휴식을 취할 때만 사용하는 성역으로 남겨둔다.

☐ **습관 5 눈뜨자마자 '빛 샤워'를 하라**
아침 햇살은 수면 호르몬을 끄는 가장 강력한 스위치다.
Action 기상 직후 30분간 1,000럭스 이상의 빛(자연광 혹은 아주 밝은 조명)을 쬐면 밤에 저절로 잠이 온다.

PART 2 | 운동 Exercise
시간 내지 마라, 틈틈이 움직여라

운동복을 입고 헬스장에 가는 것만이 운동은 아니다. 일상의 틈새를 공략해 생활 운동을 하라.

☐ **습관 6 1분의 기적, 빌파VILPA를 활용하라**
따로 운동할 시간이 없다면 일상의 활동 강도를 높인다.
Action 버스 잡으러 뛰기, 계단 두 칸씩 오르기, 아이와 숨차게 놀아주기 등 하루 3~4번, 1~2분씩 숨이 찰 정도로 움직이면 심혈관이 튼튼해진다.

☐ **습관 7 '7,500보'면 충분하다**
'만 보 걷기' 강박을 버리자. 연구에 따르면 건강 효과는 7,500보에서 정점을 찍는다.
Check 무리한 목표보다 꾸준히 걷는 것이 핵심이다.

☐ **습관 8 40초 고강도 인터벌**REHIT**에 도전하라**
가성비 최고의 운동법이다.
Action 20초간 전력 질주(혹은 버피, 무릎 높이 들고 뛰기)를 딱 3회만 반복한다. 짧고 굵은 자극이 긴 유산소 운동보다 효과적일 수 있다.

☐ **습관 9 식후 30분, 움직여라**
밥 먹고 바로 앉거나 눕지 않는다.
Action 식후 30분 즈음 가볍게 걸으면 근육이 포도당을 스펀지처럼 흡수해 혈당 스파이크를 막고 뱃살을 예방한다.

☐ **습관 10 노년을 위한 '생존 근력'을 키워라**
근육은 나이 들수록 연금보다 중요하다.
Action 주 2회, 딱 30분만 투자하라. 집에서 [밀기(팔굽혀펴기) – 당기기(아령/밴드) – 하체(스쿼트)] 3종 세트면 충분하다.

PART 3 식사 Diet
억지로 참지 마라, 전략적으로 먹어라

무조건 적게 먹는 다이어트는 실패한다. '무엇을, 언제, 어떻게' 먹느냐가 관건이다.

☐ **습관 11 거꾸로 식사법(채·단·탄)을 실천하라**
순서만 바꿔도 살이 빠진다.
Check [채소(식이섬유) → 단백질/지방 → 탄수화물(밥/면)] 순서로 먹는다. 혈당 스파이크가 최대 75퍼센트까지 줄어든다.

☐ **습관 12 미각 리셋 훈련을 하라**
자극적인 맛(고지방·고당·고나트륨)은 식욕 폭주를 부른다.
Action 6주만 싱겁게, 자연 그대로 먹어본다. 미뢰가 되살아나 당근 조차 달콤하게 느껴질 것이다.

☐ **습관 13 12시간 공복을 유지하라**
장에게도 퇴근 후 휴식 시간을 줘야 한다.
Action 하루에 음식을 먹는 시간을 10~12시간 안으로 제한한다. 야식만 끊어도 대사 능력이 달라진다.

☐ **습관 14 진짜 음식을 먹어라**
공장에서 만든 포장지 속 초가공식품(과자, 소시지, 빵)을 경계하라.
Check 하루 섭취량의 10퍼센트 미만으로 유지하는 게 좋다.

☐ **습관 15 식탁 위 식물의 다양성을 늘려라**
장 속 미생물에게 뷔페를 차려주면 면역력과 체질을 개선할 수 있다.
Action 일주일에 30종 이상의 식물성 식품(채소, 과일, 통곡물, 콩, 견과류, 허브 등)을 조금씩 다양하게 섭취한다.

☐ **습관 16 간식을 건강식으로 대체하라**
단 게 당길 땐 과자 대신 '발효 식품'과 '견과류'를 찾는다.
Check 그릭 요거트, 치즈, 김치 같은 발효 식품은 장 건강의 구원투수다.

☐ **습관 17 매 끼니 단백질 30그램을 사수하라**
나이 들수록 단백질 흡수율이 떨어진다.
Action 매 끼니 계란, 생선, 살코기, 두부 등을 손바닥 크기만큼(약 30그램) 챙겨 먹는다.

아주 작은 건강 습관의 기술

1판 1쇄 발행 2025년 12월 23일

지은이 어맨사 임버
옮긴이 장혜인
발행인 박명곤 **CEO** 박지성 **CFO** 김영은
기획편집1팀 채대광, 백환희, 이상지, 김진호
기획편집2팀 박일귀, 이은빈, 강민형, 박고은
기획편집3팀 이승미, 김윤아, 이지은
디자인팀 구경표, 유채민, 윤신혜, 권지혜
마케팅팀 임우열, 김은지, 전상미, 이호, 최고은

펴낸곳 (주)현대지성
출판등록 제406-2014-000124호
전화 070-7791-2136 **팩스** 0303-3444-2136
주소 서울시 강서구 마곡중앙6로 40, 장흥빌딩 10층
홈페이지 www.hdjisung.com **이메일** support@hdjisung.com
제작처 영신사

ⓒ 현대지성 2025

※ 이 책은 저작권법에 따라 보호받는 저작물이므로 무단 전재와 복제를 금합니다.
※ 잘못 만들어진 책은 구입하신 서점에서 교환해드립니다.

"Curious and Creative people make Inspiring Contents"
현대지성은 여러분의 의견 하나하나를 소중히 받고 있습니다.
원고 투고, 오탈자 제보, 제휴 제안은 support@hdjisung.com으로 보내주세요.

이 책을 만든 사람들
기획 채대광 **편집** 이상지, 채대광 **디자인** 권지혜